**Immaturi**



Enigmas y Misterios

**Javier Pérez Campos**

# Immaturi

*Los Inocentes*

Planeta

Avda. Diagonal, 662-664, 08034 Barcelona (España)
www.planetadelibros.com

Autor representado por Silvia Bastos, S. L., Agencia Literaria

Iconografía: Grupo Planeta

Ilustraciones del interior: © archivo del autor, © Interfoto / Alamy / ACI, © J. Mauricio Restrepo, © Zde / Wikimedia, © Zeferli / iStock, © Historic Collection / Alamy / ACI, © CassielMx / Shutterstock, © desk006 / Shutterstock, © Antonio J. Moreno López, © zef art / Shutterstock, © History and Art Collection / ACI, © Lanmas / Alamy / ACI, © Newsday LLC / Getty Images, © Zuzha / Shutterstock, Ejemplar original y firmado del Petit Prince que irá acompañado de dos dibujos del autor Antoine de Saint-Exupéry. El ejemplar a la venta en Cazo es una edición original en color de la versión francesa del Principito publicada en Nueva York en 1943 por Reynal & Hitchcock © Philippe Lopez / Getty Images, © Tomás Hijo, © Israel J. Espino

Diseño del interior: J. Mauricio Restrepo
Adaptación de la cubierta: Booket / Área Editorial Grupo Planeta
Imagen de la cubierta: © Magdalena Russocka / Trevillion
Primera edición en Colección Booket: octubre de 2024

Depósito legal: B. 14.325-2024
ISBN: 978-84-08-29363-7
Impresión y encuadernación: CPI Black Print
*Printed in Spain* - Impreso en España

**Biografía**

Javier Pérez Campos (Ciudad Real, 1989) es un periodista que lleva años dedicado a la búsqueda de historias ocultas. En la actualidad, es reportero del exitoso programa de televisión *Cuarto Milenio* (Cuatro). También es autor de los libros *En busca de lo imposible* (Oberón, 2012), *Los ecos de la tragedia* (Planeta, 2013), *Los Otros* (Planeta, 2016), *Los Guardianes* (Planeta, 2019), *Los Intrusos* (Planeta, 2021) e *Immaturi* (Planeta, 2023).

# ÍNDICE

A Mario y Chloe,
Os conozco desde antes
y os quiero desde entonces.

Cuando muere un niño,
un número infinito de futuros llega a su fin.

JOHN CONNOLLY

# PRÓLOGO **HAY MIRADAS QUE SE BUSCAN EN TUS OJOS**

Cada tiempo tiene su propia edad emocional.

Cada experiencia es un pulso con nuestra respiración y con la forma que tenemos de asomarnos a las formas que perfilan cada palmo de nuestra geografía vivencial.

Vivimos a través de nuestros latidos, de nuestros pensamientos, sintiendo.

Esa es la manera en la que surge lo esencial. Ese es el modo en que Javier Pérez Campos se acerca a tu mirada, sintiendo.

Tengo el honor de disfrutar de su amistad desde hace años y siempre he podido percibir que su sensibilidad pasa por su propio contacto con la vida y con cómo esta se expresa de diversas formas. Lo cierto es que, en ellas, Javier mantiene un rasgo muy característico, el de la curiosidad a flor de piel. Busca.

Hemos compartido una buena cantidad de aventuras que nos han llevado por varias vías en las que la sorpresa se ha dado la mano con la reflexión, lo misterioso con lo sensible, y lo divertido con lo insólito. Y siempre he podido sentir cómo él ha mantenido y mantiene un diálogo con su propio silencio.

Este es un detalle que, ahora más que nunca, siento que es evidente en Javier. Ese conversar con su percepción, con su contacto con la realidad, con su propia vida y con lo que la cimenta.

Quizá por eso es que ahora tienes este libro frente a ti. Quizá sea este el tiempo elegido por él para unir los hilos conductores de su experiencia íntima en un lazo de unión con lo enigmático. Puede que sea así, porque lo que está claro es que este es el resultado de un momento único en su vida.

Un momento en el que, en primera persona, sabe lo que es ser el Guardián de sus Inocentes.

En este presente que no deja de avanzar, surge su nuevo libro como vivo testigo de una inquietud que, desde que le conozco, sé que le ha rondado: la envolvente idea de los fantasmas infantiles.

A medida que te adentres por los caminos que te propone, verás que lo que Javier te presenta es una observación a varias ventanas de tiempos, espacios y personas que, de un modo u otro, han vislumbrado esas pequeñas siluetas que se forman más allá de lo que conocemos como realidad.

Son y han sido tantas las ocasiones en las que, surcando carreteras o vías de tren, hemos conversado sobre esa mirilla en la que el misterio se acerca a niños y niñas para hacerlos aparentes protagonistas de lo imposible frente a nuestros ojos y nuestra mente.

En esos rumbos, siempre ha estado y sigue estando bien premunido de preguntas que sabe, con sentido común, que nadie puede responder con certeza. Pero, aun así, las lanza porque sabe que una pregunta callada puede ser una oportunidad perdida.

Hemos lanzado al aire tantas hipótesis, elaborado variadas teorías y pareceres, y nos hemos dado de bruces con la perplejidad y, a la vez, con la emoción de vernos cerca de hechos que han marcado sobremanera a mujeres y hombres de distintas procedencias, edades y sustratos culturales. Personas que han tenido experiencias que los han puesto frente al ventanal de lo difícilmente explicable.

Justamente esa tesitura, la de lo imposible que parece brotar para desbarajustar el corsé de lo cotidiano, es la que se desborda en cada uno de los libros de Javier. Pero lo hace con una naturalidad que no deja de llamarme la atención, pues es el reflejo de una vivencia que puede ser subjetiva para quienes la observamos desde fuera, pero que es totalmente objetiva para quien la protagonizó. No obstante, hay más, porque también es el reflejo del vigía que une todos esos pasajes para ofrecérnoslos con el mismo deslumbramiento y agudeza de quien se acerca al lugar de los hechos de lo enigmático con el deseo de sacar algo más que un chispazo efectista.

Y sigue habiendo más. Lo que acabo de mencionar, se da también en *Immaturi. Los Inocentes*, pero aquí parece latir la proximidad de un hombre que, más allá de reunir y escudriñar casos y experiencias, aporta su sensibilidad ante lo que está exponiendo. En cierto modo, me atrevo a decir que mi buen amigo nos permite ver la cercanía de su sentir ante esos pequeños protagonistas de lo invisible. Y lo hace con el respeto de no saber qué hay detrás de esto, pero también con una empatía nada forzada.

Empatía, sí, aunque suene extraño decirlo.

Hay una poderosa ambivalencia que surge al pensar en la fantasmal presencia de una niña o en el espectro de un infante.

En nuestro imaginario más profundo subyace una profunda descarga que nos remueve con temor, pero también se genera una especialísima forma de compasión, próxima o distante, que no tiene nada que ver con el miedo, sino con nuestra más remota humanidad. Aquí es donde Javier nos sitúa al lado de escenas en las que, como podrás comprobar, podemos sentir que las estamos viendo de cerca. Y hay algo que me gusta mucho.

Al leer esas instantáneas, que se hacen ya atemporales, reconozco algunos nombres de amigos y amigas que conozco y que destacan por su ecuanimidad, parecida al rigor y la delicadeza con los que Javier se acerca a casos y testigos. Lo cierto es que me siento honrado al saber que tengo la valiosa oportunidad de abrir la puerta de un territorio de dignidad y respeto.

Siento el bienestar de saber que he sido invitado a acompañar un libro del cual estarían orgullosos sus predecesores. Pero, además, siento el ímpetu de la investigación que me hace pensar en horas de conversaciones con los implicados y en los momentos de callada tensión y de nervios enmarcados en rostros que, lejos de buscar aprobación, solo quieren expresarse, comunicarse.

Javier me mira y me pregunta por las cosas que, desde mi naturaleza, puedo aportar. Asiente y pregunta. Hacemos lo mismo desde la cápsula espacial que es el coche o el vagón de tren. Respetamos nuestro protocolo de trabajo sabiendo que el pacto de sinceridad resulta esencial para llevar a cabo la labor que nos corresponde. Así, lo que se ve es lo que hay. He de decir que esto nos aporta en el sentido más ético. Aunque, a veces, en esos trajines que solo se pueden valorar al completo cuando los vives, le veo meditabundo y me surge una interrogante.

Me pregunto si, en los kilómetros y kilómetros de viajes de investigación que lleva a sus espaldas, guarda algún as bajo la manga que le haya dejado sin palabras y le haya hecho protagonista de tales deslumbramientos.

Sé que, en su discreción, apelará a la cautela como catalizador. Sin embargo, sospecho que lo que puedes encontrar en sus libros, y en esta nueva entrega, guarda algunas de esas aportaciones que hacen que, tras el fogonazo, llegue el silencio más concentrado, el que simboliza esa introspección de alma tocada de verdad.

Verle caminando, anotando, haciendo fotos o hablando de una investigación invita a elucubrar acerca de lo que estará pasando por la mente de un explorador de la cultura de lo oculto, de esa *ocultura*, que cobra un valor especial cuando descubres que algunos sucesos excepcionales son brillantes señales de vida en estado puro. Esas señales están plasmadas en estas páginas.

No me cabe duda de que, ahora que ya caminas por las atmósferas de esta obra, vas a sentir que, en buena medida, acompañas los viajes de Javier, con todo lo que ello supone.

Permíteme que te sugiera que consideres que has empezado una travesía en la que la sensación de compañía va a tener el sutil encanto de la posibilidad y del hallazgo.

Déjate llevar por las historias de Javier. Él ha ido hacia ellas y ha tocado la puerta de nombres, señales, edades, casas, almanaques, carreteras, nostalgias, despedidas o saludos...

Permíteme sugerirte que, según vayas avanzando, te preguntes qué habrá sentido él al ir por esos lugares y al escribir este libro.

Pregúntate cómo habrá sido para él situarse frente a un folio o delante del teclado a horas tempranas, intermedias o intempestivas. Imagina a Javier y deja que cada episodio reunido en este universo te lleve a su terreno. Él te lo cuenta, aunque Javier ya se ha convertido en parte de esas historias. Porque *Immaturi* ya tiene la vida propia y eterna de los libros que nacen para mirarnos con paciencia, sabiendo que nuestro reloj no está hecho para su piel.

¿Cuál es el reloj que mide el tiempo de un fantasma? ¿Cuál es el tiempo que surca la presencia de un fantasma de una niña que camina despacio hasta enfocarse frente a nosotros y desaparecer cuando vamos a preguntarle quién es?

Déjame decirte que es una gran ocasión para explorar los silencios de mi querido amigo Javi. En ellos también está el niño que vive dentro de él y que, en algún momento, asomó su cabecita hacia la rendija del misterio.

*Y, entonces, todo cambió.*
*Empezó la aventura de su vida.*

Vive esta ocasión, encuéntrate con lo deslumbrante que habita en estas páginas.

Que todo te sea propicio.

Aldo Linares<br>Madrid, 25 de mayo de 2023<br>23.55

# INTRODUCCIÓN **622**

La voz, que se abre paso entre la bruma densa del sueño, me resulta desconocida en un primer momento. Es como un eco lejano y apenas perceptible que va adquiriendo presencia poco a poco.

—Javi...

La segunda vez que oigo mi nombre lo identifico, y mi cerebro empieza a trabajar.

—Javi.

Reconozco la voz de mi mujer, y detecto el miedo contenido.

—Javi.

Salgo del sueño como si me empujaran hacia arriba. El tono de voz de Celia hace que me ponga de pie. Algo va mal, sin duda.

La luz del baño está encendida y por la ventana del dormitorio se cuela una ligera brisa refrescante, propia de altas horas de la madrugada de junio. Pero aún es de noche.

—¿Qué pasa? —pregunto mientras me asomo por el dintel de la puerta.

—Creo que he roto aguas —contesta con cara de circunstancias.

Hago unos cálculos rápidos: es imposible. Es la semana treinta y uno: aún falta casi un mes para que llegue el momento. Aunque es habitual, nos dijeron, que los partos de gemelos se adelanten. Pero... ¿tanto? Tenemos que ir rápido al hospital.

Finjo mi mejor estado de calma para decirle que no pasa nada, que nos vamos; al cabo de cinco minutos, estamos vestidos, preparados y en el coche, rumbo a Urgencias.

Me encuentro la ciudad vacía y solitaria, y conduzco con agilidad para llegar lo más rápido posible. Celia tiene cara de preocupación, se acaricia la tripa casi inconscientemente. Yo acaricio su rodilla, le digo que todo va a ir bien. Pero no puedo pensar en nada. Algo se ha apoderado de mí y me aprieta con fuerza desde dentro, conteniendo cualquier atisbo de nerviosismo, dudas o miedo.

Tras un trayecto que pasa volando, llegamos al hospital, donde aparco; ya en el interior, como en las películas, digo que mi mujer ha roto aguas. Miro a todas partes con cierta desesperación; un auxiliar, pegado a una sonrisa amable, sale empujando una silla de ruedas. Ayuda a sentarse a Celia, que se lo agradece a su vez con su mejor sonrisa. Así es ella, siempre a la altura y correcta, incluso en las circunstancias más delicadas.

—Tengo que llevármela a que la vea el médico, pero tú puedes quedarte en la sala de espera —me dice el auxiliar, apoyando su mano en mi hombro.

El gesto de afecto de aquel desconocido me conmueve, y vuelvo a darle las gracias mientras tomo asiento en un pasillo larguísimo y blanco, como el tantas veces descrito por los que vuelven del Más Allá. Debe de ser algo así...

Saco mi teléfono móvil y llamo a mi padre, que es médico. Su voz ronca revela que lo he despertado. Le explico la situación y me dice que no me preocupe, que viene para acá. Estaba a punto de levantarse para irse a trabajar, añade.

Después llamo a la madre de Celia. Le digo que volveré a llamarla cuando tenga alguna noticia. Luego, al colgar, empiezo la ronda de mensajes. Les escribo a mis hermanos y a su hermana. Todos deben de estar dormidos, no quiero importunarlos cuando aún no dispongo de muchos detalles sobre lo que está pasando. Así que me digo que el mensaje de WhatsApp es lo más adecuado.

Lo que no esperaba es recibir una respuesta a los dos minutos. Es Ángela, su hermana. Me cuenta que ha visto el texto por casualidad. Al parecer, al ir a cambiar de postura en la cama le ha dado un manotazo a su móvil, que se ha caído contra el suelo y la ha despertado. Al ir a comprobar que la pantalla no se había roto, me ha leído. Parece una prueba del vínculo mágico entre hermanas.

Me consuela poder hablar con alguien, le contesto. Al mirar la fecha, algo me llama la atención. Es 22 de junio. Dos doses. No creo en la cábala ni en la numerología. Pero hay dos doses, y yo espero dos hijos. Vaya, qué idiotez, me digo. Una parte de mi cerebro debe de estar aún dormido. Al menos he traído un libro, que he cogido casi en un acto reflejo antes de salir de casa. Ya estoy acostumbrado a las ecografías y a las largas horas de espera en el hospital. Así que siempre llevo un libro conmigo. Miro la portada y me pongo rígido. Se llama *El enigma de la habitación 622*. 6-22. Junio es el 6. Y 22, el día. Otra vez haciendo cábalas.

—Ángela, me estoy rayando. No paro de ver el veintidós por todas partes. Y, para colmo, mira qué libro me he traído para leer mientras espero...

Le mando foto y espero su respuesta. Debe ser paciente, ya sabe que tiene un cuñado que se fascina, digamos, por todo.

Me manda una risa e intenta tranquilizarme. Todo es casualidad, claro. Mi mente asustada está buscando un orden que me proporcione cierta calma. Paradójicamente, así funciona nuestro sistema racionalista.

Durante la espera en el hospital, un 22 de junio, el autor observó algunos juegos de números casuales en los que se repetía el 22 y el 6 (mes de junio).

Entonces me doy cuenta de que no he mirado ni la hora. Al hacerlo, me quedo petrificado. Y, como en una serie de impulsos eléctricos involuntarios, mis dedos se mueven sobre el teclado del móvil:

Ahora son las 6.22.
Otra conexión.
6:22

A los pocos segundos me llega la respuesta de Ángela:

Ja, ja, ja, ¡sí! Al principio pensé que lo decías por eso.
6:22

Me siento bastante desconcertado. ¿Cuál es la posibilidad de, un 22 de junio, tener un libro que lleve en el título *622*, y que al mirar la hora sean, exactamente, las 6.22? Todo dependerá de la importancia que quiera darle, claro. Pero decido creer que está ocurriendo algún tipo de anomalía cósmica que me llega en forma de señal. Me lo tomo con humor, no tengo ningún mal presentimiento.

Ay, me estoy rayando y no paro de ver esos números... Ja, ja, ja. Pero hoy no puede ser... Tienen que aguantar.
6:22

Envío el mensaje a Ángela y llega mi padre. Nos abrazamos y me tranquiliza. No le cuento mis cábalas, ya lo haré más tarde. Él entra en la zona médica, para comprobar cómo está Celia. Al salir me dice que está bien y que van a intentar controlar la rotura de la bolsa, que efectivamente se ha producido.

A los pocos minutos la veo. Sale en camilla y me sonríe. Le cojo la mano y me explica que van a subirla a planta. La dejarán ingresada, para ver cómo evoluciona, aunque hay posibilidad de que le den el alta si consiguen controlar la salida del líquido amniótico.

Eso nos da cierto respiro, y relego toda la locura numérica al final de mis preocupaciones. Ha sido una casualidad, un divertimento, una anécdota sin más. Pero no una señal de que mis hijos van a nacer hoy, porque van a poder mantenerlos en la bolsa.

A mediodía le suben una bandeja con comida y yo bajo a la cafetería a por un bocadillo. Pasamos juntos la tarde, recibiendo llamadas de amigos y familiares que intentan entretenernos. Y todo va bien hasta que empiezan las primeras contracciones.

Veo que Celia se retuerce en la camilla, resopla, se incorpora, baja, se agarra a la barra del gotero, vuelve a sentarse, se hace un ovillo...

Aparece una enfermera que le ajusta la medicación, pero una hora más tarde todo sigue igual, o peor. Finalmente aparece la médica, que solicita que la trasladen a la sala de monitores.

No me dejan acompañarla, y su madre se queda en la sala de espera. Por mi parte, consciente de que esa noche dormiré en el hospital, decido ir a casa a por nuestro perro, Thor, para llevarlo a casa de mis padres. Mientras estoy bajando del coche junto a mi fiel amigo, recibo una llamada. Es la madre de Celia, que me dice con voz susurrante:

—Javi, me han dejado pasar y estoy con ella. No te alarmes, pero le van a hacer una cesárea, porque tiene fiebre.

La noticia me deja noqueado. Es un día cargado de intensidad, de vaivenes, de noticias contradictorias. Pero en mi interior algo sigue apretando, no dejando salir ninguna emoción que pueda desestabilizarme.

Así que vuelvo rápido al hospital y consigo que me dejen entrar. Celia está adormilada, y su madre le aprieta la mano. En ese momento, cuesta disfrutar de la imagen, pero la guardo para más tarde. Madre e hija juntas, compartiendo un momento que ya vivieron, ahora de otro modo. La vida, sus paradojas y los momentos que regala al que sabe mirar.

Recuerdo el 622. Y entonces sé que todo va a ir bien, no tengo ninguna duda.

Adoro a esta familia.

Mario y Chloe llegaron al mundo el 22 de junio a las 21.57. Pasaron un mes en la incubadora, y allí viví de cerca la incertidumbre y la inestabilidad que supone la existencia. En nuestra jornada cotidiana, la rutina nos obliga a pasar de puntillas por los días, anhelando un viaje que sucederá dentro de seis meses, un concierto que se celebrará dentro de un año, o unas vacaciones que pagaremos a plazos. Pero los ritmos de la UCI neonatal son otros. Allí mañana ya es tarde. Solo puedes pensar en las próximas horas. Los doctores nos avisaron de que el carrusel de emociones no debía desbordarnos, de que las buenas noticias lo son hasta que llegan las malas, y de que estas pueden presentarse en cualquier momento.

Allí vimos a padres que lloraban desconsolados ante las frías puertas metálicas de la entrada, empleábamos nuestra fuerza para animarlos, y nos sentíamos profundamente afortunados, más que en toda nuestra vida, porque nuestros niños seguían creciendo sin sobresaltos. Las pruebas médicas eran favorables, y al cabo de pocas semanas ya habían salido de la incubadora y estaban empezando a comer sin sonda.

Un mes después de aquel día de junio, Mario y Chloe salieron del hospital, y vieron el sol del verano, y escucharon los pájaros; lo que para nosotros es cotidiano, para ellos fue como un gran milagro. Fue esa pureza, esa mirada nueva, esa ansia por vivir, lo que me hizo descubrir todo de una forma distinta: más apegada al momento, más reflexiva. Todo había cambiado. Y esa perspectiva diferente iba a hacer que me fijara, también con otra sensibilidad, en algo que siempre me había llamado la atención: el fantasma de un niño. Hasta el momento, siempre había pensado que es el tipo de aparición más terrorífica y más icónica. Las gemelas que se dan la mano al fondo de un pasillo en *El resplandor,* el niño paralítico que tira la pelota en *Al final de la escalera,* el huérfano con una brecha en la cabeza en *El espinazo del diablo,* la niña vilmente asesinada que sale del pozo en *The Ring*, el hijo atropellado y después resucitado en *Cementerio de animales*, o el pequeño asesinado por su padre que regresa para vengarse en *La maldición.*

Es curioso, porque el fantasma del niño es el más temido por todas las culturas, en todas las civilizaciones. Su inocencia, su fuerza y su desconocimiento de la muerte le convierten en un ser especialmente vengativo ante las creencias. Pero mi nueva mirada me hacía poner el foco en los padres y familiares que habían perdido a esos niños. En el dolor y el vacío que dejaba una muerte tan inesperada. Quizá lo más antinatural que puede suceder. Y es posible que sea precisamente eso lo que nos aterra.

Casualmente (una vez más), los casos, los permisos de investigación y los testimonios que vendrían a continuación del nacimiento de mis pequeños iban a estar muy relacionados con el mundo de los fantasmas infantiles.

El mundo de los *Inocentes*.

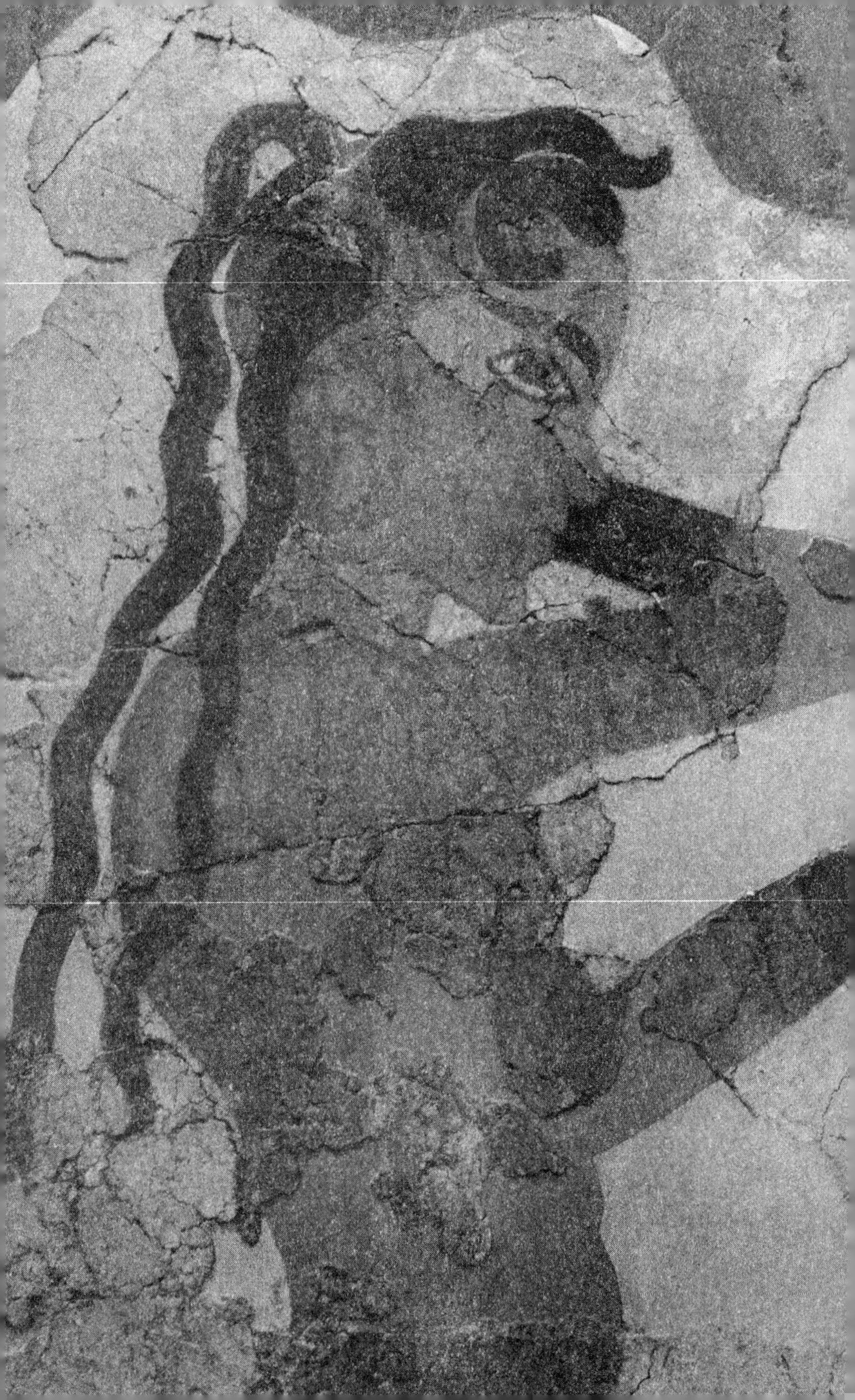

PRIMERA PARTE

# Aoroi

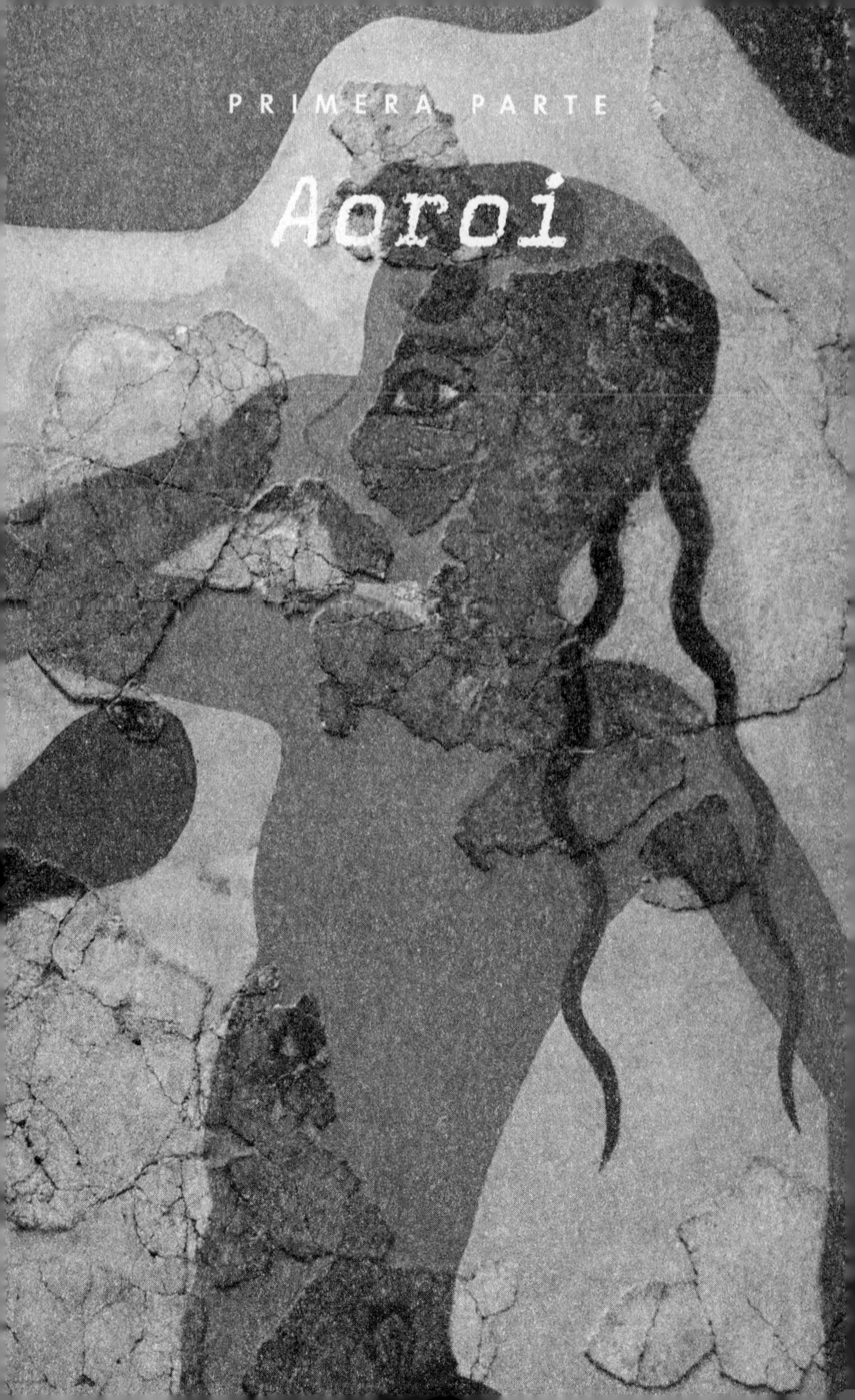

Me gustaría saber si crees en los fantasmas, y si tienen forma propia y algún tipo de poder sobrenatural, o si carecen de sustancia y, en realidad, solo adquieren la forma de nuestros miedos...

Plinio el Joven, siglo II d. C.

A MEDIADOS DEL SIGLO XX, LA ARQUEOLOGÍA empezó a descubrir un tipo de enterramientos muy particular. Historiadores de la talla de Desiderio Vaquerizo, en Córdoba, han denominado tales hallazgos como *sepulturas anómalas*. Se trata de esqueletos de época romana aparecidos en el interior de vasijas o urnas envueltas en cadenas, a modo de contenedores de espíritu. Artilugios diseñados para evitar que el alma del difunto pueda salir a molestar a los vivos. Otros cuerpos aparecieron en posiciones extrañas, o anclados a la tierra con clavos de gran tamaño.

En Baelo Claudia, Cádiz, se encontró el cuerpo de un niño dentro de un ánfora. Y esa era la particularidad de muchos de estos ritos: los que reposaban en estas sepulturas anómalas eran, en muchos casos, niños. Esto demostraba que la civilización ha sentido siempre un respeto muy especial por el fallecimiento de los pequeños. Había que velarlos de manera distinta, y también había que protegerse de ellos.

Precisamente, el término *cesárea* deriva de la expresión latina *sectio caesarea,* 'corte de César' y, ya en la Edad Media, Isidoro de Sevilla, en sus *Etimologías* (9.12), difundió la idea de que el famoso emperador Julio César había nacido por cesárea, y por eso se acuñó el término. Pero la evidencia científica rechaza tal hipótesis, pues en aquella época no existía posibilidad alguna de practicar una cesárea que permitiera a la madre sobrevivir, y Aurelia Cota, madre de Julio César, vivió muchos años después de dar a luz.

La cuestión es que en época romana la cesárea se utilizaba para extraer el feto a las mujeres que morían embarazadas, para enterrarlo en un lugar especial y con ciertas precauciones. Porque si el

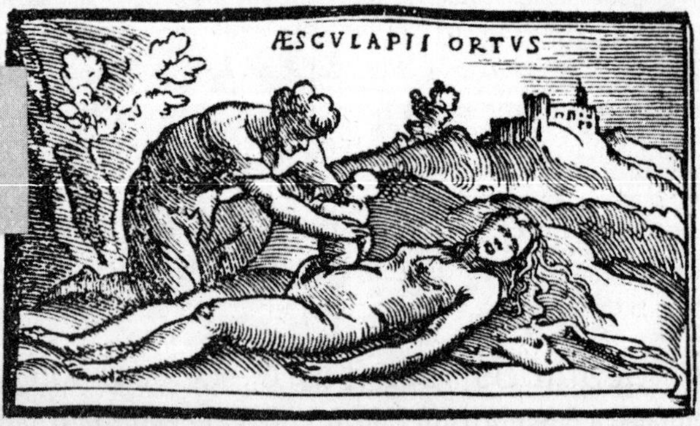


Primera representación de una cesárea, en el mito griego de Asclepio. Su madre, Coronis, había sido infiel a su padre, Apolo. Artemisa, hermana de Apolo, mató a Coronis, y este extrajo del vientre de la difunta a su hijo, Asclepio, dios de la medicina.

niño moría de forma violenta y no se cumplían los ritos adecuados, colocando, por ejemplo, una moneda en la boca para el viaje al otro mundo, este podía regresar de manera furibunda.

Precisamente, en los catálogos de fantasmas que tenían todas las culturas, los niños tenían su propio término. Para los romanos eran los *immaturi,* muertos antes de tiempo. En la antigua Grecia, el fantasma del niño recibía el nombre de *aoroi,* que significa, literalmente, 'fuera de hora'.

Pero incluso en civilizaciones anteriores encontramos ya ritos diferentes para enterrar a los niños. En España tenemos un ejemplo increíble

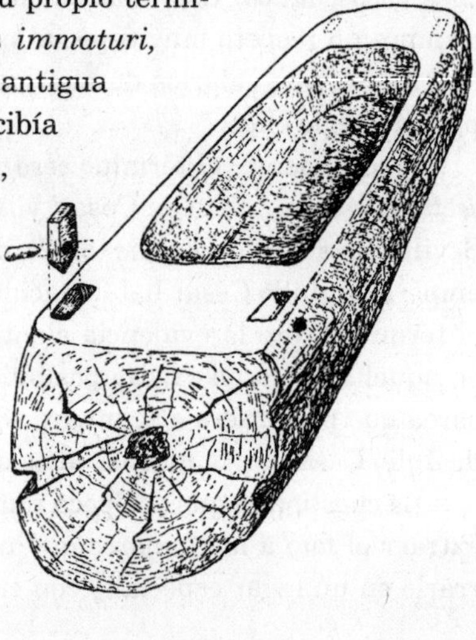

En la cueva de Son Borna (Mallorca) aparecieron estos troncos tallados para enterrar de una forma especial a los muertos.

en Mallorca, de la cultura talayótica, en la Edad de Bronce. Se estima que los primeros pobladores llegaron a la isla en torno al año 4000 a. C., debido a los restos que se hallaron en un abrigo rocoso de Son Matge (Valldemossa).

Pero es alrededor del 1500 a. C. cuando surge la cultura de los talayotes, que supone una auténtica revolución por su carácter religioso. Levantan los grandes monumentos megalíticos o los enormes recintos funerarios como el de Son Real, una ciudad cementerio, construida para los difuntos en un lugar de tránsito: frente al mar. Durante las primeras excavaciones en 1959 aparecieron varias sepulturas extrañas, con muertos atados para mantenerlos doblados y evitar así que salieran de sus tumbas.[1] Pero el ejemplo de enterramiento más extraño (y único) del mundo lo encontramos en la cueva de Son Borna, en la sierra mallorquina de Na Burguesa, de muy difícil acceso y donde aparecieron varios cuerpos, incluidos algunos de niños, en el interior de troncos de abeto vaciados, donde dejaban solo sus carcasas a modo de ataúdes. Eran unos sarcófagos sin igual, construidos, además, en un tipo de madera que no se encontraba en la isla. Los muertos presentaban posturas imposibles, totalmente encorvados y con las piernas flexionadas, como en tantos otros cementerios específicos para los *immaturi*.

La imponente presencia del niño más allá de la muerte ha generado incluso textos como uno de Quintiliano, del siglo I, que relata lo que le sucedió a un matrimonio que vio morir a su pequeño. Días después de la tragedia, el fantasma del niño empezó a aparecerse en la casa, provocando pavor a su padre y alivio a su madre. Es interesante observar que el relato muestra las dos formas de interpretar la aparición: miedo o paz. Precisamente fue su padre quien, aterrorizado, decidió poner fin a tales fenómenos; por eso llevó a cabo un ritual sobre el cadáver de su hijo, anclándolo a la tumba con barras de hierro y piedras (cuyo hallazgo incorporaríamos hoy al grueso listado de sepulturas anómalas). Desde ese momento, el fantasma del niño desapareció, cosa que le provocó una enorme conmoción a su madre, que anhelaba sentir a su vástago, aunque fuera de esa forma. Según el texto de Quintiliano, la madre decidió llevar a su

---

1 Carlos Garrido, *Mallorca mágica, Palma de Mallorca*, Promallorca Edicions, 1987.

En los fondos del Museo Nacional de Arte Romano de Mérida se almacenan algunos clavos que aparecieron en diferentes sepulturas, cuya finalidad era la de anclar al difunto a la tumba para evitar que su espíritu regresara del Más Allá.

marido a los tribunales: lo acusó de maltratos, pues le había arrebatado al fantasma de su hijo.

En esa misma época y en ese mismo contexto, contamos con documentos militares que recogen las denuncias del político y filósofo Marco Tulio Cicerón a su gran enemigo, Publio Vatinio, por sacrificar a niños para después, utilizando los restos de sus cadáveres, convocar a sus espíritus para atormentarle.

Y es que, para la magia y la hechicería, los cuerpos de niños eran los más útiles. Se utilizaban para atraer a estos fantasmas vengativos. Otro ejemplo lo encontramos en el *Satiricón*, de Petronio, del año 66 d. C. Esta novela, considerada una de las primeras de la literatura, narra en uno de sus fragmentos cómo unas brujas acechan en el exterior de una casa donde se está velando el cadáver de un bebé, a la espera del entierro. Para despistar a la familia, estas mujeres provocan una serie de ruidos que hacen que todo el mundo salga al exterior a comprobar qué está sucediendo. Aprovechando la coyuntura, las brujas entran en la vivienda, roban el cadáver del recién nacido y lo sustituyen por un muñeco de paja que han fabricado para la ocasión.

A este respecto, en el Museo Nacional de Arte Romano de Mérida se pueden encontrar multitud de tablillas de invocación con las que los hechiceros convocaban a los fantasmas para utilizarlos a su antojo. Estas prácticas también se realizaban en la antigua Grecia. En una colección conocida como «Papiros mágicos griegos» se recoge un texto de invocación especialmente útil para atraer a los *aoroi* y que debía recitarse en la noche frente a su tumba:

> *Te conjuro, espíritu muerto, por el Destino de los Destinos, que vengas a mí, [inserta tu nombre], en este día, en esta noche, y aceptes mi solicitud de servicio.*
>
> *Y si no lo haces, prepárate para otros castigos.*[2]

Pero, sin duda, uno de los textos más curiosos, cuyo protagonista es el fantasma de un infante, pertenece a la obra hagiográfica *Vitas Sanctorum Patrum Emeritensium*, escrita por un diácono desconocido llamado Paul, que, ya en el siglo VII, contiene un relato hispanovisigodo de fantasmas, que quizá sea el primero ocurrido en la península ibérica, concretamente en la Mérida del siglo VI.[3] Un niño recién fallecido en su celda del monasterio se apareció a algunos de sus amigos, que llegaron a oír su voz en la noche e incluso distinguieron su figura pálida y refulgente bajo la luz de la luna.

Curiosamente, el terror ancestral al niño fantasma se ha manifestado en el arte en forma de ausencia, ya que apenas existen representaciones pictóricas sobre este tema. Una de las pocas se es de 1898, del artista húngaro Adolf Himéry-Hirschl. *Las almas de Acheron* muestra a un conjunto de espíritus cruzando el río Aqueronte. Un escenario profundamente lóbrego y oscuro, donde las almas intentan desesperadamente, con sus brazos en alto, asir a Hermes Necropompos para poder subir a su barca y llegar por fin al infierno.

---

2 *Papyri Graecae Magicae*, siglo I a. C. a siglo VII d. C.

3 Isabel Velázquez (edición de), *Vidas de los santos Padres de Mérida*, Madrid, Trotta Editorial, 2008.

Entre esos muertos recientes y desesperados aparecen los cuerpos lánguidos y pálidos de dos niños, cuya expresión varía respecto a la de los adultos. Mientras estos últimos intentan luchar para llegar al otro lado, los *immaturi* parecen resignados, agotados, perdidos. Son muertos distintos, y también es distinta su actitud frente a la muerte.

Por eso el impacto en quienes se han encontrado con ellos es también distinto.

He decidido bautizar a estos espectros como *los Inocentes* porque, a raíz de mis investigaciones, la sensación general es que ese es precisamente el elemento que les confiere un carácter especial: la inocencia ante la muerte y esa misma actitud inocente ante el testigo. El fantasma, además, es un espejo en el que nos vemos reflejados, y pocas cosas hay más aterradoras que la inocencia perdida.

CAPÍTULO 1

# Un niño de otro tiempo

Claudia Marciane escribió esta memoria funeraria
a Myrinus, niño esclavo de doce años.
Que la tierra te sea leve.

INSCRIPCIÓN FUNERARIA.
Museo Nacional de Arte Romano de Mérida

MARTA SALÍA DE BADAJOZ A ESA HORA DE LA madrugada en que todo es azul. El fulgor de la luna bañaba los montes que bordean la estrecha carretera comarcal que une la capital con Solana de los Barros, un pueblo de dos mil quinientos habitantes ubicado en la orilla izquierda del río Guadajira.

El vehículo se agarraba con fuerza al asfalto serpenteante, húmedo por los primeros fríos del otoño. Unos metros más allá, aprovechando un tramo recto de carretera, soltó el volante y se subió un poco más la cremallera del abrigo, pues la calefacción apenas había empezado a calentar el interior del coche.

A su lado, en el asiento del copiloto, su bolso y su maletín, donde llevaba algunos objetos que utilizaba en la consulta médica desde que empezó a trabajar allí hacía más de una década.

Le sorprendió no cruzarse con ningún otro coche en el camino; era como si la carretera estuviera cortada; a esas horas es habitual encontrarse con el tráfico de aquellos que, como ella, acuden a trabajar a primera hora.

Sin embargo, el verdadero impacto llegó unos doscientos metros más allá, cuando atravesó una zona conocida como Tres Arroyos. Al tomar una curva, el faro derecho de su vehículo iluminó una... ¿pierna?

Aminoró la velocidad instintivamente.

De quinta a cuarta.

Sesenta kilómetros por hora.

De cuarta a tercera.

Treinta kilómetros por hora.

Entonces pudo fijarse en aquella extraña visión. Había dos piernas, sí. Dos piernas desnudas, con unos pies de pequeño tamaño. Un poco más arriba empezó a ver algo blanco. Todo ocurrió en apenas medio minuto, pero la memoria almacena con sorprendente detalle aquello que se sale de lo ordinario.

Pasado el sobresalto inicial, se preguntó si podía ser alguien que necesitara su ayuda. Y disminuyó de marcha una vez más.

De tercera a segunda.

Quince kilómetros por hora.

Distinguió una especie de camisola sin mangas, así como un cinturón en el centro. Era un niño que caminaba de espaldas a ella, por el arcén derecho de la carretera. Si detenía el vehículo, podría subirlo al asiento del copiloto. Pero el mero hecho de imaginar eso le erizó el vello de todo el cuerpo, a la vez que sentía un calambre en la espina dorsal. Fue como una señal interna. Algo alertaba de que el caminante no era un niño. Al menos, no un niño en el sentido que ella creía estar observando.

La parte de atrás de la cabeza mostraba un peinado antiguo, con el pelo cortado a tazón. El cerebro de Marta produjo un chispazo, una sensación de haber visto ese aspecto tan característico en algún sitio, pero el *flashazo* fue tan rápido que apenas pudo detener el pensamiento, y la idea se le escapó.

El pie le temblaba sobre el acelerador y, aunque las palmas de las manos habían empezado a sudar al contacto con el volante, el frío seguía manteniéndola en una tensión que casi había empezado a doler.

No pudo detener el vehículo, porque el niño seguía caminando, ajeno a su presencia. Como si no hubiera detectado que un coche había empezado a rebasarle por la espalda. No lo hizo ni por curiosidad, ni en busca de ayuda, ni por puro instinto de supervivencia... El niño seguía caminando de espaldas a ella, con los pies descalzos y la ropa absolutamente inapropiada para esas horas de una madrugada del mes de octubre.

De manera casi automática, Marta activó el intermitente izquierdo para hacer una maniobra de adelantamiento. Un adelantamiento... ¿a un fantasma?

Fue entonces cuando el miedo, hasta entonces contenido, se apoderó de ella. Y es que, a través del retrovisor, vio que el joven caminante nocturno no tenía rostro. Las luces rojas del coche le iluminaban por completo; las piernas, un poco sucias; la ropa, blanca pero también

La aparición del niño tuvo lugar en el arcén derecho de la carretera que une Badajoz con Solana de los Barros.

algo manchada, el cuello, y, un poco más arriba, la misma negrura absoluta que se adueña de todo, como en un agujero que se vierte hacia el infinito. Un vacío casi cósmico, más negro que la propia noche.

Marta, con el corazón a punto de salírsele del pecho, pisó el acelerador y huyó. Aún tuvo tiempo de ver la sombra del niño, ya a lo lejos, con su eterno peregrinar. Y se preguntó si se había aparecido solo para ella o si en realidad había empezado a caminar horas antes, y seguiría haciéndolo aún unas horas después, acaso mientras durase el influjo de la luna. En ese caso, se consoló, alguien más lo verá, y yo no seré la única que se ha topado con el fantasma del niño que vagabundea por los caminos.

## HALLAZGO EN LA NOCHE

Me reincorporé a la investigación en Mérida, meses después del nacimiento de mis hijos. La casualidad hizo que el protagonista del suceso fuera... otro niño; en este caso, muerto presuntamente miles de años atrás.

La gran antropóloga y periodista Israel Espino fue quien me puso tras la pista del caso y, con su enorme generosidad, quiso hacerme partícipe de todos sus hallazgos. Era ella quien había hablado por primera vez con Marta, la testigo, y había reconocido que, pese a su gran escepticismo, le parecía una voz fiable. La había entrevistado en varias ocasiones y todavía no había encontrado una fisura en su relato, cuando las luces de su coche iluminaron a aquel niño. En una de las ocasiones en que hablaron, Marta le confesó una percepción más subjetiva y, quizá por ello, errada. Es curioso que, ante la descripción perfectamente nítida de un fantasma en una zona solitaria de Badajoz, la testigo solo tuviera sus reparos a la hora de destacar este detalle (lo cual, a mi parecer, le daba cierto rigor): parecía un niño esclavo. Sí, todo lo anterior, la visión, el deambular lineal y ajeno, las piernas pálidas, el manto blanco y su cinturón... Todo eso era así, pero la idea del esclavo era un añadido suyo, una sensación, y quiso dejar claro que había sido una percepción subjetiva.

La noche antes de encontrarnos en Mérida, Israel estaba indagando para otra investigación sobre antiguas iglesias ubicadas, precisamente, cerca de Solana de los Barros. Clicaba en el ordenador de su despacho en archivos digitales sobre ermitas ya desaparecidas cuando algo la dejó helada. La imagino (y seguro que no me equivoco) corroborando el dato una y otra vez, tratando de contrastar aquella coincidencia imposible... Hasta que tuvo la certeza de que el dato era auténtico, y entonces decidió llamarme.

—No vas a creer lo que he encontrado; antes de ir al sitio de la aparición tenemos que visitar un museo.

—¿Un museo? —le pregunté, incapaz de vincular la aparición reciente de un fantasma con un museo.

—Hazme caso, vas a alucinar. Conoces bien el lugar, supongo que no necesitas que te envié la ubicación.

—Sorpréndeme...

—Es en el Museo Nacional de Arte Romano. Esto le da un giro a toda la historia. Aún no puedo creerme lo que he descubierto.

Cuando colgué el teléfono, recordé, efectivamente, haber visitado ese museo en varias ocasiones, siempre sorprendido y junto a Israel. Precisamente allí había documentado la existencia de algunos clavos que se habían encontrado en el interior de sepulturas romanas y que habían servido para anclar el alma del difunto a la tumba y evitar, así, que pudieran volver a la vida.[4]

Lo que no esperaba era encontrar allí una tumba capaz de conectar de lleno la historia de Marta con el entierro de un niño ocurrido hacía miles de años.

## LA TUMBA DE MYRINUS

Tras más de un año de pandemia, volvía a encontrarme con mi amiga Israel Espino a las puertas del museo. Nos dimos un gran abrazo, aún con las mascarillas de protección contra ese dichoso virus que nos había mantenido encerrados largos meses. Pese a la relativa normalidad, aún existían toques de queda por toda España. De hecho, para poder desplazarme hasta allí había tenido que llevar conmigo una especie de visado que me autorizaba a viajar por trabajo. Ahora, mientras escribo estas líneas, descubro que me cuesta creerme a mí mismo. Pero fue así.

No teníamos tiempo que perder, e Israel me condujo por el museo, que conocía como la palma de su mano. Cruzamos inmensos mosaicos romanos, amuletos de fertilidad, exvotos, y llegamos hasta la zona que más me impresionó en su día: las tumbas con livaderos, unos conductos que permitían a los vivos introducir vino y alimentos hacia el interior de la sepultura como ofrenda al fallecido. A veces, incluso, se hacía para paliar su ira, si tras el entierro el muerto seguía manifestándose en su vivienda.

Llegamos al pasillo central, bañado por la luz naranja del mediodía, y desde allí caminamos a una zona ligeramente escondida, contra una pared.

—Aquí está, Javi. Esto es lo que venía buscando.

Era una placa de mármol blanco protegida por un cristal de

4 En su libro *Los Otros* (Barcelona, Ed. Planeta, 2016), el autor habla del fenómeno arqueológico de las sepulturas anómalas, documentadas en todo el mundo, cuya finalidad era evitar que los difuntos pudieran salir de sus tumbas para molestar a los vivos. Los clavos se incrustaban sobre el pecho del muerto, al que en ocasiones se decapitaba, se enterraba boca abajo o al que se le colocaba una enorme plancha de hierro en el pecho.

Lápida funeraria de Myrinus, niño esclavo romano de doce años, ubicada en el Museo Nacional de Arte Romano, en Mérida.

seguridad, con varias líneas escritas en el interior de un recuadro a modo de moldura.

—DMS... —empecé a leer.

—Significa *Dis Manibus Sacrum*. Los dioses manes.

¡Claro! Había estudiado a fondo a estos seres mitológicos tiempo atrás para alguno de mis libros. Los manes eran los dioses familiares y domésticos, espíritus antepasados que protegían el hogar y a los que siempre había que contentar. Estos fantasmas protectores eran también errantes, y había que honrarlos. Por eso era habitual que en muchos sepulcros apareciera la inscripción *Dis Manibus Sacrum*. Curiosamente, la tradición cuenta que los manes se sienten atraídos por el calor del fuego, a la vez que les resulta insoportable el sonido que se produce al chocar varios metales. No es casualidad que en prácticamente todas las culturas el hierro haya sido material fundamental para alejar a los fantasmas.

—Es la tumba de un niño romano. De un niño esclavo, más concretamente. He estado indagando sobre ella —profundizó Israel—, y lo más increíble de todo es que la encontraron a las afueras de Mérida, a la altura del puente romano, en uno de los puntos que pudieron pertenecer a la vía de la Plata y que, seguramente, conectaban con toda esa zona de Badajoz.

No podía apartar la vista de la pequeña losa que parecía darnos claves sobre el caso; la existencia de sepulturas de niños romanos en zonas limítrofes merecía nuestra atención. De hecho, después nos confirmaron que a las afueras de Badajoz habían aparecido otras tumbas similares. Pero esta era especial, y quedaba perfectamente claro no solo por su ubicación en una zona principal del museo, sino porque era distinta a las otras tumbas de esclavos romanos. Mientras estas últimas eran bien sencillas, la de Myrinus tenía una serie de grabados poco habituales en la tumba de un esclavo. Cuando le pregunté a Israel por este asunto, me respondió con una reflexión muy interesante:

—Lo que sabemos por la inscripción es que murió con doce años. Quien le puso esa lápida fue una tal Julia, alguien que le tenía mucho cariño, porque al ser un niño esclavo, es muy difícil que tuviera dinero para pagarse una tumba de esas características. Además, no solamente está dedicada a los dioses manes, sino que termina pidiendo para el joven Myrinus el *sit tibi terra levis*, o lo que es lo mismo: que la tierra te sea leve.

—No era habitual invertir en la tumba de un esclavo, pero quizá se hizo por cariño, o por miedo... Porque el hecho de ser tan joven lo convertía en un tipo de muerto muy particular, que tú y yo conocemos bien —susurré.

—Exacto. El miedo eterno al niño... En la antigua Roma, los niños que morían a tan temprana edad formaban parte de los *Immaturi*... Muertos antes de tiempo. Muertos tempranos y vengativos especialmente violentos. Por eso había que tomar medidas especiales para evitar que pudieran salir de la tumba.

—Estamos hablando de una tumba antigua, de hace miles de años, y de una aparición fantasmal que, evidentemente, no podemos probar de ninguna forma, salvo por la credibilidad de la testigo, que no gana nada contando todo esto... —empecé a reflexionar, tratando de estructurar todo en mi cabeza—. Por tanto, unir ambas cosas es puramente especulativo. Pero nos da una perspectiva muy interesante porque la visión de la testigo le hizo pensar exactamente en un niño esclavo romano...

—Y Myrinus es un niño esclavo romano.

Israel me tendió la ficha arqueológica de la tumba, que en el inventario constaba con el registro CE13867...

**Museo:** Museo Nacional de Arte Romano
**Inventario:** CE13867
**Clasificación genérica:** Epigrafía
**Objeto/Documento:** Lápida
**Título:** MYRINUS SER
**Materia/Soporte:** Mármol blanco
**Técnica:** Grabado, esculpido.
**Dimensiones:** Altura = 23,8 m; anchura = 31 cm; grosor máximo = 4,5 cm.
**Descripción:** Lápida de mármol con un simple recuadro a modo de moldura. Tiene un saltado en el ángulo superior izquierdo. No está trabajada por detrás. Las interpunciones son hojas de hiedra realizadas por el sistema del punto triangular con peciolo, excepto las que cierran las líneas tercera y quinta, que son hojas de hiedra propiamente dichas. Las letras miden 2,5 cm en los dos primeros renglones, 2 cm en el tercero y 2,3 cm en el cuarto. En la última línea las letras varían entre 2 cm y 3,5 cm.
**Inscripciones/Leyendas:** En el campo epigráfico, buril, latín, funerario.
D.M.S. MYRINVS.SER. ANN.XII CL.MARCIANE.F.C. H.S.E.S.T.T.L. (Claudia Marciane puso la memoria funeraria a Myrinus, niño esclavo de doce años.) [Las interpunciones son hojas de hiedra realizadas por el sistema del punto triangular con peciolo, excepto las que cierran las líneas tercera y quinta, que son hojas de hiedra propiamente dichas. Las letras miden 2,5 cm en los dos primeros renglones, 2 cm en el tercero y 2,3 cm en el cuarto. En la última línea las letras varían entre 2 cm y 3,5 cm.]
**Contexto Cultural / Estilo:** Cultura romana

**Lugar de procedencia:** Necrópolis de la salida del Puente Romano, Mérida (Mérida comarca, Badajoz): en las cercanías de la basílica de Santa Lucrecia.
[Supuesta basílica de Santa Lucrecia o ermita de Nuestra Señora del Loreto, en la margen izquierda del Guadiana.]

El documento venía acompañado de unas fotografías con gran detalle que había tomado José María Murciano Calles; en ellas se apreciaba aún mejor cada matiz de la inscripción.

Guardamos unos minutos de respetuoso silencio ante la losa que había cubierto la sepultura del joven; alguien cuyos sueños y preocupaciones habían desaparecido para siempre de manera prematura. Aunque no existe mucha literatura de apariciones de niños, recordé algo que había leído tiempo atrás y que tenía que ver, precisamente, con otro fantasma de niño romano. Se aparecía de manera recurrente en el castillo de Corby, al norte de Cumbria, en Inglaterra, una enorme construcción del siglo XIII perteneciente a la familia Howard. Allí hay una habitación encantada, en el ala más antigua del edificio, junto a una torre de época romana; en ese lugar, algunos se han topado con una bola luminosa en la que ven avanzar a un niño con una toga blanca con detalles dorados, que relacionan, evidentemente, con el pasado del lugar.[5]

## BA022

En pleno confinamiento, la carretera que une Badajoz con Solana de los Barros se encontraba desierta. Había empezado a atardecer y los últimos rayos del sol de otoño parecían incendiar las fincas áridas del entorno. Me acompañaba Israel, que me guiaba por esa carretera llena de tramos rectos por los que de vez en cuando surgían, como lenguas de tierra, caminos particulares que conectaban con casas privadas.

5 Sol Blanco Soler, *Casas encantadas, tesoros y niños perdidos*, Barcelona, Libros Cúpula, 2014.

—Ve aminorando, que ya estamos a punto de llegar al sitio —anunció.

Obedecí, recordando el testimonio de Marta... Era justo allí donde aparentemente había aparecido el fantasma de un niño, como un espejismo. Y estaba a punto de conocer a la persona que lo había visto con toda claridad.

Me desvié por un camino forestal que se abría a la derecha y avancé unos metros, hasta llegar a otro coche aparcado. De su interior salió una mujer de unos cuarenta años y actitud amable.

—Os estaba esperando dentro del coche porque ya empieza a hacer frío —saludó Marta mientras nos tendía la mano.

La costumbre tan habitual de dar dos besos a modo de saludo se había disipado durante la pandemia, y aún costaba relacionarse con normalidad cuando conocías a alguien, así que me quedé un poco bloqueado antes de corresponder también con mi mano y de sonreír inútilmente bajo mi mascarilla.

—Este es el sitio. Reconozco que aún me cuesta un poco parar-

Busto en mármol blanco de un niño romano en el Museo Nacional de Arte Romano de Mérida (siglo I d. C.).

me aquí —me adelantó Marta, con la mano derecha agarrada al cuello de su abrigo, como intentando protegerse aún más del viento, y con los hombros un poco encogidos.

—Es habitual que los testigos recuerden estos encuentros de manera muy vívida y para siempre, como si se almacenaran en un lugar distinto de nuestra memoria... —le dije.

—No sé si es habitual o no, porque de estas cosas nunca he entendido, ni quiero. Es más, es que yo no creo en nada *de eso*. Pero lo que vi lo vi con mis propios ojos, como te estoy viendo a ti ahora mismo —respondió.

—¿Puedes detallarnos cómo fue la experiencia? —le pedí.

—Yo salía hacia mi trabajo de Badajoz, por esta carretera. Sería aproximadamente a finales de octubre, 23 o 24... Aún no se había hecho el cambio horario, por eso era de noche. No me crucé ningún vehículo en la carretera, solo estaba yo con mi coche...

¿Eso es normal?

—¿Encontrar la carretera desierta? No, para nada. Ten en cuenta que mucha gente de Badajoz viene a trabajar a los pueblos de alrededor... Y, al revés, mucha gente de los pueblos va a Badajoz. Así que a esas horas te cruzas con coches en los dos sentidos de la marcha. Pero en aquel momento no le presté atención a ese detalle... Fue después, cuando me pasó lo que me pasó.

Aunque puede parecer un detalle sin importancia, que los testigos transiten por una carretera vacía justo cuando se produce el encuentro es algo recurrente. Por ejemplo, también sucede que, poco antes de la anomalía, todo queda en un silencio tan denso que abruma. Algunos investigadores lo han llamado «efecto campana» o «efecto Oz» (por el mundo mágico —y siniestro— de *El mago de Oz*). También, con gran tino, lo llaman «campana de irrealidad». Los grillos se callan y desaparece el canto de las aves nocturnas. El viento deja de soplar. Los árboles ya no se mecen. Todo ha muerto por un instante. Es el preludio del milagro, la antesala de lo sobrenatural. Y entonces ocurre.

—Y entonces ocurrió... —anunció Marta.

—¿Qué ocurrió?

—Al final de esa zona que ves ahí, conocida como Tres Arroyos, me encuentro que el faro derecho de mi coche, por el arcén del mismo lado, ilumina la pierna de un niño. La pierna estaba limpia, desnuda, sin vello. Era una pierna de un crío de diez, once o doce años, descalzo.

—¿Llegas a ver algo más? —le pregunté, imaginando perfectamente el caminar recto y casi robótico del niño.

—Según me acercaba, vi algo de ropa. Iba vestido con una especie de camisola sin mangas, de manga caída, cortita por medio muslo. Un color clarito, pero sucia, desgastada, con una especie de cíngulo o cinturón que le caía. Como los de las películas romanas —describió con seguridad.

—¿Cómo reaccionaste? —le pregunté mientras descendíamos por un camino de tierra hasta llegar exactamente al punto del andén en que el niño debió de estar caminando (¿o quizá flotando?) aquella madrugada de octubre.

—Bueno, pues en principio me asusto, porque, claro, pienso que puede ser alguien que ha tenido un accidente e igual necesita ayuda. Así que aminoro aún más, me aproximo todo lo que puedo, y entonces veo que aquello no interactúa conmigo. Paso muy cerca, porque el arcén está a muy pocos metros de la ventanilla del coche, prácticamente a su lado. Y aquello no se gira, no se aparta, no hace nada.

—Supongo que te preguntarán habitualmente por qué no detuviste el vehículo del todo, por si era un niño que realmente tuviera problemas —le dije.

—Yo me lo he preguntado mil veces, pero sentí un miedo incontenible. Era como si por dentro supiera que aquello no era normal. No lo sé explicar. Y es que, además, cuando ya lo había adelantado, muy despacio, vi por el espejo retrovisor que no tenía rostro, era una cosa oscura, y, por encima de donde debería estar la cara, le veo el borde del flequillo, que le cae por encima de aquella masa. —La voz de Marta se había vuelto más débil mientras me ofrecía esos detalles.

—¿Qué hiciste cuando adelantaste al niño?

—Pues seguí circulando casi con el piloto automático hasta llegar a mi consulta. Recuerdo que me planteé si contárselo a alguna de mis compañeras, porque necesitaba hablarlo con alguien, pero pensé que me iban a tomar por loca. Y preferí callarme. El caso es que la enfermera, cuando me vio, me preguntó qué me pasaba, porque me vio muy nerviosa. Sin yo haberle dicho nada. Pero le di alguna excusa y me puse a trabajar. No quise ahondar ni explicar nada. Sin embargo, luego seguí dándole vueltas. Pensé que, por la vestimenta, la forma y tal, parecía como los niños romanos esclavos de las películas... Fue por el tipo de tela que llevaba, no se le veía ninguna joya. No sé, iba como desnudo, con esas piernas, descalzo y manchado... Parecía un niño pobre.

Israel y yo nos miramos. Aún no le habíamos dicho nada sobre la tumba de Myrinus, el niño esclavo romano cuya losa funeraria está expuesta en el Museo Nacional de Arte Romano. Había sido ella quien había utilizado la palabra *esclavo*. Israel se acariciaba el brazo, como si acabara de sentir un escalofrío. Yo imité el gesto, con los ojos muy abiertos.

—Y ahora que han pasado unos años y has regresado al lugar, con la perspectiva del tiempo, ¿qué crees que viste? —le pregunté.

—Pues al no verle el rostro... Me da incluso pudor decirlo, pero creo que es algo de otro mundo, o una aparición, o un fantasma, o algo así. Porque evidentemente humano no parecía —concluyó.

Aproveché para sacar mi teléfono y mostrarle una foto que había tomado unas horas antes en el Museo Nacional de Arte Romano de Mérida... Era el busto de un niño romano con el que me había topado muy cerca del pasillo central. Tenía la nariz ligeramente picada por el paso del tiempo, pero lo que me interesaba era ese peinado tan habitual en la antigua Roma, con el flequillo cayendo sobre la frente.

Al ver la foto, Marta asintió y la señaló con vehemencia.

—Lo que yo vi era ese peinado, ese tipo de corte de pelo. Pero debajo no había ojos, ni nariz, ni boca. Nada. Era como una oscuridad total. No había cara.

## EL *QUEJÍO* DE LA RISCA

Tras el encuentro con la testigo, fuimos a cenar a un restaurante a las afueras de Badajoz que tenía una terraza cubierta por toldos. Hacía mucho frío, pero todas las recomendaciones con respecto a la COVID-19 apuntaban a que los lugares abiertos eran los mejores escenarios para evitar el contagio. Nos sentamos con los hombros encogidos y las manos metidas en los bolsillos mientras el camarero nos servía unas raciones con las que entrar en calor.

Aprovechamos el momento para intercambiar impresiones sobre lo que Marta nos había contado; nos había llamado la atención la verosimilitud de sus palabras y el impacto aún perceptible en su voz, en su mirada y en su relación con aquel escenario tan cotidiano y, a la vez, tan único.

Se incorporaba al grupo Luis Uriarte, especialista en tecnología, parte habitual ya del equipo de *Cuarto milenio*, y que llevaba su coche adaptado con varios metros de cables, cámaras en el exterior y monitores ubicados en los asientos para poder ver, en tiempo real, cada ángulo de lo que pudiera suceder en el exterior.

Pasaba la medianoche cuando enfilamos de nuevo la carretera en la que todo ocurrió. Uriarte había puesto en marcha sus cámaras para intentar captar alguna anomalía. Al fin y al cabo, si el fantasma del niño romano acostumbraba a deambular por el arcén, ¿seríamos capaces de grabarlo?

Hicimos el mismo recorrido que había hecho Marta, y al llegar a Solana de los Barros dimos la vuelta para iniciar un nuevo trayecto... Así varias veces, sin ningún resultado. Hasta que un coche de la Guardia Civil apareció a lo lejos, al final de aquella eterna carretera. Las luces de la patrulla se acercaban cada vez más, hasta que se pusieron delante de nosotros y nos indicaron que nos apartáramos en el arcén.

Busqué en mi maletín los documentos que nos autorizaban a todos a estar en el exterior, pues insisto en que aún nos encontrábamos en época de confinamiento. Pero, más que eso, me preocupaba cómo explicarles a los agentes el motivo real de nuestra presencia en esa carretera.

Uno de ellos se apeó del coche y se dirigió a nuestro vehículo. Bajé la ventanilla.

Escanea con tu *smartphone* este código QR para acceder al programa *Milenio Live* en directo desde esta carretera, con experimentación en vivo.

—Buenas noches, ¿qué hacen ustedes por aquí? —preguntó.

—Buenas noches —respondí—. Estamos trabajando.

Silencio por su parte, esperando más detalles. Miré a mi alrededor, pero ninguno de mis compañeros parecía dispuesto a ayudarme con aquello.

—Verá, hemos conocido a una mujer que vio a un niño fantasma deambulando por el arcén de esta carretera. —Decidí ir directo al grano.

Incertidumbre en su cara. Otra vez silencio.

—¿No habrán visto ustedes algo raro por aquí? —me arriesgué a preguntarle.

El agente se marchó al coche patrulla y le dijo algo a su compañero, que decidió bajar con su linterna y venir a comprobar quiénes éramos. Se nos quedaron mirando y, por fin, sonrieron.

—¡Son ustedes de *Cuarto milenio*! —exclamó el recién llegado.

—Sí, estamos realizando un reportaje sobre misterios de la zona... ¿No habrán oído o visto ustedes algo por aquí?

—No, la verdad es que no... ¿Qué es lo que les ha contado esa mujer? —preguntó el primero que había llegado.

Le expliqué la historia del niño romano, de la falta de rostro, del cíngulo y del caminar descalzo. Ambos me dedicaron una mirada llena de matices que no supe —o no quise— interpretar.

—Lamentamos no serles de mucha ayuda —se excusaron.

Antes de marcharse nos dijeron amablemente que estarían patrullando por la zona, en caso de que necesitáramos algo; luego volvieron a su coche y desaparecieron en el horizonte.

En ese momento caminé solo hacia lo alto de uno de los montículos bajo los que discurría la carretera. Recorrí unos metros y me introduje por un camino de tierra que ascendía hacia las ruinas de una vieja casucha. Mi linterna enfocó los huecos de las ventanas y las puertas, que parecían ojos vigilantes. Eran los restos de un pasado glorioso. Durante el siglo XX, aquel lugar se conoció como La Risca; de su historia apenas quedaba ya esa escuela donde se daba clase a los hijos de todos los trabajadores que faenaban en el entorno. Y, como todo lugar próspero, había sufrido también sus periodos de oscuridad y de decadencia.

Curiosamente, allí mismo había tenido lugar un fenómeno extraño mucho más antiguo. En 1940, algunos pastores y labriegos de la zona llevaban tiempo oyendo ciertos aullidos y estertores. Unas voces lastimeras que surgían de la tierra; cuando las oían, muchos pensaban en los lamentos del purgatorio. Una mañana de aquel año, el suelo se abrió en ese mismo punto bajo unos agricultores que estaban arando con su mula y cayeron a un pozo ubicado a varios metros de profundidad. Pero lo cierto es que no era un pozo, sino una sepultura... Una especie de habitáculo lleno de huesos y esqueletos. Desde entonces, los lamentos subterráneos se hicieron más habituales. Los bautizaron como «el *quejío* de la Risca». En mi cuaderno llevaba anotado un cantar popular de la zona que decía:

*Si eres un alma en pena,*
*dime de dónde vienes.*
*Y si estás vivo,*
*dime qué quieres.*

Caminé por el interior de la escuela, con los techos convertidos ya en escombro y las paredes desvaneciéndose, las puertas apenas un tablero encogido y las zarzas y los hierbajos colándose por cada grieta y la luz de la luna bañando el lugar muerto y el olvido gobernando aquel desgaste que solo consigue el paso del tiempo.

Aproveché para dejar una grabadora unos minutos en silencio, pero tampoco capté nada llamativo. El olvido, que todo lo arrasa, parecía haber acabado también con el misterio. Aunque en la zona, cuando alguien sufre una tos quejumbrosa, todavía se le dice, sin entender ya el origen de la referencia, que tiene «el *quejío* de la Risca».

## UN ÚLTIMO VIAJE

Cuando el resto de los compañeros se marchó al hotel, Luis y yo nos quedamos con una decepcionante sensación de vacío. No habíamos captado nada extraño, nada llamativo. Cosa habitual y lógica, por otra parte.

Pero allí estábamos Luis y yo, en aquella gélida investigación, aún a la expectativa. Saqué mi teléfono y ubiqué nuestra posición en la aplicación de mapas. Se lo tendí a Luis.

—Estamos justo aquí —le dije señalando el puntito azul e insignificante que nos representaba a nosotros en la inmensidad del planeta.

—Ya sé por dónde vas... —se adelantó él.

—Sí, no es una zona cualquiera. Es que estamos literalmente al lado de...

—Lo sé, ya lo había visto antes de venir —me cortó, riendo.

—¿Nos acercamos un momentito? —le propuse.

—Pues claro, ya que estamos aquí...

Y sin más preámbulos subí a mi Volkswagen Tiguan y seguí al coche de Luis, atravesando la penumbra treinta kilómetros más allá, camino de otro destino que había sido escenario de una historia secreta y silenciada durante décadas, y que también tenía como protagonista a un niño muerto, y al fantasma vengativo de su madre, que lo buscaba desesperada en noches como aquella.

CAPÍTULO 2

# La Portuguesa

Algunos testimonios civiles afirmaban sin vacilación que al pasar por ese punto exacto de la antigua nacional V los faros del coche habían sorprendido a una figura que parecía ir vestida con retales o harapos portando un bulto en sus brazos. Por lo menos tres juraban, con pánico, haber visto a un bebé en ese bulto.

*La noche del miedo*, Iker Jiménez

EL TRAMO DE LA NACIONAL V QUE UNE EL PUEBLO de Talavera la Real con Villafranco del Guadiana es una recta eterna que atraviesa las Vegas Bajas del Guadiana, un terreno plagado de huertas para la explotación agrícola que llevan funcionando desde la puesta en marcha del Plan Badajoz en los años cincuenta del pasado siglo.

Es precisamente allí donde nace un mito moderno, o quizá una verdad. Y es que, aunque muchos han incluido las apariciones de la chica de la curva en el catálogo de las leyendas urbanas (un comodísimo cajón de sastre donde todo tiene cabida), lo cierto es que a lo largo de mis investigaciones he podido entrevistar a medio centenar de personas que han tenido experiencias directas de este tipo. No me hablaban del amigo de un amigo (o ADA, como bautizó a esta construcción tan típica de las leyendas urbanas el folclorista Jan Harold Brunvand), sino de cosas vividas en primera persona, como en el caso de Marta y el niño romano.

Pero lo peculiar de esta intersección de la Nacional V con la base aérea de Talavera la Real es que se ha convertido en una especie de vórtice para los encuentros inexplicables. En los años setenta, algunos vecinos de Guadajira o de la propia Talavera la Real tuvieron que detener su vehículo ante la presencia de una mujer que surgía junto a la tapia blanca de la base. Llevaba unos ropajes blancos que algunos describían manchados de sangre, y en sus brazos portaba un bebé envuelto en sábanas. A veces, la mujer obligaba incluso al conductor a detener su coche para poder cruzar la carretera hacia el otro arcén, donde, simplemente, se desvanecía. Otros vieron que ese fantasma que llevaba a su hijo en brazos atravesaba el muro de la base hacia el interior de la garita de guardia, como si fuera un holograma.

Tal es así que muchos soldados llegaron a pasar verdaderas noches de pánico durante sus guardias en la famosa garita de la Portuguesa, nombre que recibió la aparición.

Y es que, aparentemente, se trataba de una mendiga de nacionalidad portuguesa que murió atropellada mientras caminaba por ese tramo de carretera. El vehículo que la mató se dio a la fuga, y ella se desangró junto al cadáver de su bebé de cuatro meses, que llevaba en brazos.[6]

## NOCHES DE GUARDIA

El coche de Luis Uriarte ya había llegado al tramo de carretera que discurre en paralelo a un bosque de eucaliptos que pertenece a la base aérea. Le llamé por teléfono para explicarle que debíamos ir con cautela para no alertar al soldado que estuviera haciendo guardia. Lo mejor sería evitar la puerta de entrada y detenernos unos metros antes, en un camino que conduce a unos invernaderos.

En ese momento, iluminada por las luces de mi coche, apareció la famosa garita de la Portuguesa, pegada al muro blanco de forma semicircular. Como un apéndice de la base, es uno de sus puntos más alejados, donde muchos soldados habían hecho público su temor a pasar allí noches enteras en soledad por esa dichosa historia de la Portuguesa. Puede costar creer que personas tan preparadas para conflictos y situaciones de riesgo extremo como estos militares tengan miedo de una simple leyenda. Pero ¿y si no fuera tan leyenda? ¿Y si alguno de los soldados se hubiera quitado la vida allí mismo, en el interior de la garita, por puro terror? Así se lo contaban a los recién llegados. Algunos pensaron en una historia típica para asustar a los novatos, pero otros llegaron a verla, con sus andrajos blancos flotando unos centímetros por encima del suelo, acompañada por el llanto de un bebé.

Uno de los relatos más impactantes de esta visión se lo hizo un soldado al periodista Iker Jiménez, que completó una extraordina-

6 Iker Jiménez, *La noche del miedo*, Madrid, Ed. Edaf, 2004.

Garita de la Portuguesa en la base aérea de Talavera la Real, donde algunos soldados afirmaron haber visto el fantasma de una mujer que portaba el cuerpo de su bebé en brazos.

ria investigación sobre los fenómenos extraños acontecidos en la base. Tal y como transcribe directamente de la entrevista:

Primero escuchó un cántico. Como de un niño [...]. Hacía frío [...] porque era ya el invierno. Se asomó al ventanuco y notó que alguien se había colado dentro. Oyó como si se agitasen las ramas más próximas a la tapia. Cogió el arma, salió fuera... y justo en ese momento se detuvo todo. Se hizo un silencio: como cuando no oyes más que tu propia respiración. No se escuchaba nada. Como el vacío [...]. No sabemos por qué no llamó a nadie, por qué ni siquiera gritó. Dicen que se volvió a sentar y, entonces, apenas tuvo tiempo. Escuchó una voz que decía palabras raras..., en otro idioma..., cada vez más cerca de él..., y después, justo enfrente, apareció una figura a lo lejos. Una mujer alta, vestida de blanco, como con un traje de novia, que se movía con el viento..., o como una mortaja. Luego escuchó una risa. Una risa que se burlaba de él. Alguien malo era. La cara muy alargada, pálida..., la boca llena de arrugas. Se fue acercando poco a poco, abriendo los brazos. Entonces vio que no tenía manos... [...] La mujer avanzaba como si fuese por un carril..., sin doblar las piernas. Entonces este hombre cogió el arma y abrió la boca. Se escuchó un disparo y se reventó la cabeza. Así lo encontraron. Dicen que dejó una nota en la que lo explicaba todo..., por eso los más antiguos nos lo contaron así. No era la primera vez que la había visto, y ya debía estar preso del miedo. El secreto de si habló o no habló con *aquello* se lo llevó a la tumba.[7]

Con gran acierto, Iker iniciaba su libro *La noche del miedo* con ese testimonio, que afirmaba también que en la zona arbolada de la base se había suicidado un hombre años antes de la construcción del recinto militar, cosa que lo presentaba como un lugar maldito desde sus orígenes.

Recordar todos estos datos a la vera del muro me puso la piel de gallina. Era un caso que conocía bien, pues había pasado días entrevistando a diversos testigos de este y de otros hechos de difícil explicación ocurridos allí mismo, en tierras de la Portuguesa.

## EL SONIDO DE UNAS TIJERAS

El 12 de noviembre de 1976, todo transcurrió con relativa normalidad hasta la medianoche en la base de Talavera la Real. Llegada esa hora, todos los soldados dormían, excepto los tres que se encontraban de guardia en la entrada del recinto. Eran José Hidalgo, José María Trejo y Juan Carrizosa, que estaban en diferentes garitas de la zona de combustibles.

—Eso fue un día... Fue un día fatídico —me explicó José Hidalgo en una entrevista que mantuve con él en su casa, en Azuaga, Badajoz, unos años atrás—. Porque, aunque a mí no me pasara nada, hubo gente... Hubo gente que sí salió dañada de allí.

Hidalgo sufría un párkinson en estado muy avanzado cuando le conocí. Alzaba las piernas y los brazos como por impulsos incontro-

7 *Ibid.*

lables, y apenas era capaz de hablar, pero se esforzó en detallarme cada recuerdo de aquella noche que marcó a varios de sus compañeros.

—No sé si eran las doce o la una de la noche... En ese momento nos adentramos en una alameda de eucaliptos que había allí. Me enteré de que la alameda era para que no se viera mucho el combustible... Y todo lo que había allí. Cuando iba por la alameda oí un estruendo fuerte. Algo muy raro. Me asustó, entonces fue cuando pedí el alto. Pero, como no respondieron, solté a los perros.

Uno de aquellos perros era León, un fiel pastor alemán que no se asustaba de nada. Y, sin embargo, fue incapaz de acercarse al lugar del que procedía el ruido, entre los eucaliptos.

—Que los perros no atacaran me pareció algo muy extraño, porque están adiestrados para eso. Y fue entonces cuando salió una luz. Como una... Como un destello muy fuerte hacia la izquierda. Era una luz refulgente, así como verdosa y que quedaba muy cerquita de nosotros. Y la luz iba acompañada de un sonido muy raro. Unas cosas estridentes, como una tijera o algo de eso, así: «Tiii, tiii».

Su intento por reproducir ese sonido me ayudó a imaginar perfectamente aquella escena imposible que el propio Hidalgo y sus otros dos compañeros observaron; se habían acercado a toda velocidad ante aquella luz.

Lo más impactante aún estaba por llegar, pues aquella luz verde era el resplandor que emergía de un ser de más de tres metros de altura que se acercaba a ellos flotando a través del bosque.

—Al ver aquello, mis compañeros empezaron a decir: «¡Que nos matan, que nos matan, que nos matan!». Y yo en ese momento le pegué veintiún tiros a la luz esa.

El ser se acercó unos pasos más, pero terminó disipándose. Algunos de los allí presentes me describieron el final de la aparición como el efecto en la pantalla de un viejo televisor de tubo que se apaga y lanza un último destello en el centro para dar paso a una negrura absoluta.

—Fuera lo que fuera aquello, se desvaneció en ese mismo momento. Y salimos de allí, me acuerdo de que saqué como pude, arrastrándolo, a Carrizosa... Y a Trejo no me acuerdo de cómo lo saqué. El caso es que iban con una diarrea tremenda.

El 12 de noviembre de 1976, varios soldados de la base aérea de Talavera la Real dispararon contra un ser de gran altura envuelto en una luz verdosa.

Esa misma noche fue un auténtico caos en la base. Todo el mundo se despertó con los disparos, y aquella situación hizo aumentar la tensión hasta el descontrol absoluto.

Hidalgo murió en 2020, y fui el último periodista que tuvo el honor de poder entrevistarle en su propio domicilio. En su voz se palpaba la verdad; en su mirada, el horror.

Después conocí a José Manuel Trejo, su compañero aquella noche del 76. El caso de Trejo fue aún más dramático, pues tras el encuentro empezó a sufrir una serie de mareos, desmayos y problemas de visión que siempre atribuyó a aquella experiencia. Lo trasladaron al Hospital del Aire de Madrid, donde pasó más de treinta días ingresado; allí le realizaron todo tipo de pruebas, pues sospechaban que había sido víctima de la exposición a alguna clase de radiación (por los desmayos, los vómitos, los intensos dolores de cabeza, las diarreas y las pérdidas de visión). Su expediente médico, el número 15325, concluye que todo fue fruto de un «shock traumático».

## DISPAROS A CIVILES

Durante las semanas que pasé investigando el caso pude localizar también a Miguel Fernández Chiralt, comandante jefe de Seguridad de la base entre 1970 y 1980, y que estaba de guardia aquella noche. Me recibió en el interior de un enorme balneario en el que estaba pasando unos días de descanso, y me detalló que la noche en que apareció aquel ser ante tres soldados, el miedo y la tensión fueron tales que algunos militares llegaron a disparar contra un vehículo en el que viajaban dos civiles por la Nacional V junto a la tapia blanca:

—Es cierto que aquella noche nos llevamos un buen susto en la base de Talavera. Recuerdo que a altas horas de la madrugada hicieron tocar la sirena, que es un sonido largo. Es entonces cuando la tropa recupera su armamento y su munición, y toman unas posiciones determinadas, establecidas por un plan de defensa. Yo tuve que ocuparme de aquella situación, porque, en medio de todo el revuelo, nos informan de que viene un coche desde el pueblo de Talavera, dirección a Badajoz, que no se detiene cuando los soldados le dan el alto. El automóvil circulaba sin luces y a muy poca velocidad, y por eso le meten unos disparos sobre la cajuela trasera, que no mataron al conductor de puro milagro. —Chiralt, octogenario en el momento de mi entrevista, conservaba una memoria prodigiosa, al menos en lo que respecta a aquella noche del miedo.

Respecto al asunto del vehículo tiroteado, no fue la única víctima colateral. Tal y como me contó en una entrevista un antiguo furriel de la unidad de policía:

—Después, en el cuerpo de guardia, pudo ver ese coche: le habían pegado un tiro entre el acelerador y el embrague. Esa noche hubo varios tiroteos por culpa del terror que se respiraba en el ambiente. Recuerdo que el sargento de guardia, San Miguel se apellidaba, se desmayó porque, después de varias ráfagas de disparos de cetme a su alrededor, se le cayó la gorra; al cogerla, vio que tenía un tiro en la galleta. No lo mataron de milagro. Fue impactante, porque después, al andar por allí, estaba el suelo lleno de vainas. Habían disparado un montón de balas.

El propio Chiralt fue el encargado de frenar el descontrol e intentar apaciguar los ánimos. Solo habían pasado unos minutos desde el encuentro, pero todos hablaban ya del hombre que irradiaba una luz verde y del sonido de tijeras. Al cabo de unos días, muchos tenían miedo de hacer guardia en las garitas de la zona de combustible, así que Chiralt tuvo que actuar de inmediato:

—Me tuve que ocupar de que superáramos esa situación. En una frase que suena a broma, pero que no lo era, acabé por decir: «Al próximo que vea un hombre de color verde, rosa, amarillo o de cualquier otro color, lo meto en el calabozo».

Evidentemente, la obligación de guardar silencio sobre un asunto que afectaba a la seguridad de la base hizo que nadie más hablara de aquello, pero, gracias a la desclasificación de documentos del Ejército del Aire, hoy sabemos que hubo una larga investigación en la que se entrevistó a los tres principales testigos, y que también se buscaron pruebas sobre el terreno.

En plena investigación sobre este espinoso asunto pude localizar al doctor Mariano Royo-Villanova, residente entonces en la comarca gallega de Gondomar, y que recordaba a la perfección los análisis clínicos que había realizado a José Manuel Trejo, uno de los que había estado a pocos metros del *hombre verde*:

—Nunca me dio la sensación, en ningún momento, de que mintiera. No sé si en el tiempo en que le estuve estudiando pude tener alguna duda... Pero la conclusión es que no mentía. Tras muchas pruebas, test y entrevistas, me reafirmé en que Trejo no era ni un simulador ni un mentiroso. Le hicimos repetir su historia una y otra vez... Ante médicos, psiquiatras, enfermeros... Y cada precisión que nos hacía era coherente.

—Algunos intentaron explicar el suceso como un caso de histeria colectiva. El miedo contagiándose casi como una enfermedad infecciosa... ¿Qué opina de esa posibilidad? —le pregunté al doctor mientras revisaba la grabadora, dispuesta en la mesa de su despacho.

—Es algo que siempre hay que tener en cuenta, pero... ¿acaso pueden los animales contagiarse también? Porque el hecho de que el perro se comportara igual, asustado, ante aquello, hace difícil pensar en una ilusión colectiva.

—Entonces, ¿qué pudieron ver aquellos soldados?

—No lo sé. Lo único que puedo decir es que no mentían.

—¿Cree que se intentó silenciar aquel tema?

—Bueno, piense que hay cosas que afectan a la seguridad del Estado y que no pueden hacerse públicas. A mí nadie me obligó a callar, aunque sí recuerdo algo un tanto extraño que me ocurrió... Había unos dibujos de la figura que había visto Trejo; me los hizo él personalmente, porque tenía yo mucho interés y curiosidad sobre aquello. Yo estaba convencido de que tenía eso guardado en el historial, pero, cuando los fui a buscar..., no aparecieron. No estaban.

## TIERRA CALCINADA

Otro de los testigos de aquella noche del miedo a quien pude conocer fue Fernando Caro, cabo de la torre de mando en 1976, que me ratificó todo lo que Iker recogía en su investigación y lo que varios miembros del Ejército del Aire me habían confirmado:

—Cuando pasó todo esto yo estaba durmiendo, nos despertaron, y vimos que se había armado un gran jaleo en el cuerpo de guardia —me explicó Fernando en su casa de Badajoz—. Oí los disparos, pero no sabíamos lo que estaba pasando. Llegamos a pensar que se había producido un atentado, o alguna catástrofe aérea... Es que no sabíamos nada.

—¿Cómo tuvisteis que actuar vosotros? —le pregunté.

—Pues cogimos a otros perros e hicimos un rastreo por la zona. Y los perros se volvían para atrás y no atacaban ni querían entrar ahí. Es una cosa que nos extrañó mucho a todos, porque los perros están preparados para eso.

El bueno de Fernando Caro me estaba repitiendo las mismas conclusiones que había sacado José Hidalgo al ver el comportamiento de su pastor alemán, León.

—También recuerdo que habían descargado allí un montón de munición, porque decían que habían visto a un ser de color verde fluorescente que medía más de dos metros de altura. Los soldados le dispararon, pero aquellos casquillos luego desaparecieron, como si alguien hubiera borrado pruebas de lo sucedido.

—¿Qué recuerdas de los días posteriores?

—Hubo mucho ajetreo con la elaboración de informes, entrevistas y tal. Pero, claro, nadie nos decía nada. Era material al que solo tenían acceso ellos, porque quien investigaba era la oficina de secretos de la base. Y esos documentos pasarían a ser material clasificado.

—Supongo que, pese a la prohibición de contar nada, entre vosotros sí comentaríais algo, o intercambiaríais opiniones sobre qué pudo ser aquello...

—Claro, de hecho, hubo muchos soldados con miedo a hacer guardia en esa zona. En mi opinión, todo aquello no tiene mucha explicación, la verdad. Nunca he sido capaz de hilar lo que pudo haber pasado allí...

Mis andanzas por el caso Talavera concluyeron con una entrevista fundamental para comprobar que algunos elementos que popularmente se decía que formaban parte de leyenda eran más reales de lo que podíamos imaginar. El brigada y controlador aéreo militar Gervasio Villalobos era un hombre profundamente respeta-

Un coche que pasaba junto a la tapia de la base aérea fue tiroteado en plena ola de histeria.

do tras impecables décadas de servicio. Durante aquellos días de noviembre era jefe de la torre de control, y vivió de primera mano todo el revuelo y parte de la investigación posterior.

—A la mañana siguiente del encuentro con la figura esa, varios compañeros examinaron el terreno. Y encontraron una botella de cerveza calcificada. No estaba rota, estaba entera, pero se veía como si estuviera... completamente calcinada. Y a muy alta temperatura —precisó Villalobos.

—¿Qué pasó con aquella botella? —quise saber.

Él puso los ojos en blanco y resopló, como si estuviera preguntándole por la ubicación exacta del Santo Grial.

—Mira, eso se lo llevaron a Madrid. Porque tal y como la encontraron se la enseñaron al coronel, y él ordenó que de manera urgente se pusiera en marcha un avión para entregar aquello en el Ministerio del Aire. Y así se hizo, claro.

—Respecto al coche tiroteado... ¿Cómo pudo descontrolarse tanto una situación? Es decir..., podrían haber muerto civiles.

—El teniente coronel Pérez Jaraíz decidió colocar una patrulla a un lado de la carretera y otra patrulla al otro lado, para registrar a todo el que pasara por allí. Y por ese motivo hubo disparos. Es más, no fue uno, sino dos los coches ametrallados. Y en esa situación..., es que se podían haber matado unos a otros.

Aquella revelación me impresionó.

—Hay una pregunta que os hago a todos los que vivisteis aquello de cerca: ¿cuál es tu conclusión de lo sucedido?

—Pues no tengo ni idea. Pero sí puedo garantizar que se intentó ocultar con todas las de la ley.

—Una última cosa —quise saber antes de despedirme—, ¿se hablaba en la base de la leyenda de la Portuguesa?

—Claro... Decían que era una mujer que se desnudaba y se paseaba por la carretera, hasta que llegó un coche y la mató. Dicen que se aparece siempre al lado de la zona de combustible viejo y, como un fantasma, atraviesa la valla. Hubo un soldado que, una noche, fue a comunicar que la había visto. Estaba en la garita de guardia y apareció... Echó a correr y del susto que se pegó se dejó incluso el fusil abandonado.

## MADRES VENGATIVAS

Estaba sentado en mi solitario vehículo, a pocos metros del muro blanco de la base de Talavera la Real, donde tanto revuelo se había montado aquella noche del año 76, y que, casualmente, era también el escenario concreto de la aparición de la Portuguesa... El cielo encapotado oscurecía aún más la noche ventosa, con las ramas de los árboles doblándose a un lado y a otro como el amenazador saludo de un desconocido. Era extraña la noche. Con ese silencio denso que anticipa un mal porvenir. Con esa ausencia de movimiento, con esa carencia de vida. El barruntar de algo que se gesta en secreto. Un cúmulo de poquedades que termina escalando hasta convertirse, sí, en algo que inquieta; algo desenfocado y nada objetivo, pero que te taladra como una mirada fija en la nuca.

En esa incómoda calma me encontraba, aparcado tras el coche de Luis Uriarte, cuando caí en la cuenta de que la historia de la Portuguesa era muy similar a otras tantas que se cuentan alrededor de todo el mundo y que podrían englobarse en el catálogo de «madres vengativas». Nada hay más doloroso que el desgarro de una madre a la que le amputan ese vínculo sagrado. Y por eso existen multitud de tradiciones de mujeres que han visto morir a sus hijos de manera violenta y que regresan del Más Allá para vengar a sus Inocentes.

Durante mi visita a Japón, para pasar varias noches en el Aokigahara, conocido popularmente como el «bosque de los suicidios»,[8] supe de la existencia de un tipo de fantasma muy concreto llamado *ubume*, que es el espíritu de una mujer que ha muerto embarazada y que regresa con el feto en las manos emitiendo un llanto lastimero y lánguido.

Se trata de uno de los muertos más temidos, junto al *zashiki-warashi*, que es el fantasma de un niño que suele habitar en casas viejas y de gran tamaño, y se representa con el cabello ondulado. Estos tipos de niños espectrales deben ser cuidados con mimo, porque, si no, su venganza puede ser terrible. La tradición afirma que,

---

8 En su anterior trabajo, *Los Otros* (Barcelona, Ed. Planeta, 2016), el autor detalla su pormenorizada investigación en el bosque de los suicidios de Japón, donde muchos aseguran haberse topado con los fantasmas de las personas que han acudido hasta allí para quitarse la vida.

Representación de en torno al año 1700 de una *ubume*, el fantasma de una mujer que, tras morir embarazada, regresa, junto con el feto, para vengar su muerte y la de su hijo.

si se les trata con afecto, atraen prosperidad a los hogares, aunque disfrutan haciendo travesuras como dar la vuelta a las almohadas o emitir sonidos anómalos. Además, se hacen notar a través de pequeñas huellas de ceniza que van dejando por el suelo, y otros niños (vivos, en este caso) de su misma edad pueden verlos.

Pero, sin duda, una de las leyendas más extrañas que pude recoger en mi viaje es la de Hanako-san, una aparición recurrente que se ubica, siempre, en el tercer habitáculo del cuarto de baño de mujeres. Es una niña vestida con falda roja, a la que se puede invocar diciendo tres veces su nombre (una variación muy similar a la conocida en España como Verónica, y que aparece al mencionar su nombre tres veces delante de un espejo). En el caso de Hanako-san, es capaz de conceder un deseo si el invocador lleva encima algún objeto que sea de su agrado; pero, si no le gusta la ofrenda, termina con su vida de forma salvaje y rápida. De hecho, el terror al niño difunto es tal en Japón que existen multitud de libros o películas sobre el tema: desde las impactantes viñetas en manga de Junji Ito a los relatos de Koji Suzuki, autor de *Dark Water*, que relata la desaparición de una niña en un edificio de Tokio y su posterior venganza de ultratumba, o de *La bodega*, con un padre que comete un acto atroz contra su propio hijo. Pero, sobre todo, en la iconografía popular del terror japonés se encuentran la adolescente Samara, que murió asfixiada con una bolsa a manos de su propia madre, quien lanzó su cadáver al interior de un pozo, cuya historia se cuenta en el relato *Ringu* («The Ring»), del mismo Koji Suzuki, o el fantasma del pequeño Toshio Saeki, que aparece en la saga de películas *Ju-On* («La maldición»).

No obstante, sin duda, uno de los seres más parecidos a la Portuguesa es la famosa Llorona, originaria del folclore mexicano; según la tradición, vaga por zonas lacustres en busca de sus hijos, a los que ella misma asesinó ahogándolos en un río (en otras versiones, los niños se ahogan por accidente mientras juegan en el bosque), a la vez que produce un llanto aterrador que se oye en las aldeas más próximas algunas noches de viento. Para muchos antropólogos, las raíces de esta leyenda se remontan a épocas precolombinas, incluso podrían llegar a los momentos de esplendor de la civilización maya. Tal es su fuerza que, en el año 2015, la Asamblea Legislativa del

Distrito Federal la declaró patrimonio cultural intangible de la Ciudad de México.[9]

La imagen de la Llorona se extiende, en realidad, por toda Centroamérica. En Costa Rica se convirtió también en uno los personajes fundamentales de su tradición oral, tal y como señaló el escritor Carlos Luis Sáenz, autor del poema *La Llorona*:

*Cuando anochece en el campo,*
*cuando los yurritos[10] lloran,*
*y en las cañadas el viento*
*corta su llanto en las hojas,*
*orilla, orilla del agua,*
*llora y llora la Llorona*
*Un niño de luna llena*
*se le escapa por las frondas*
*y se le ahoga en el agua*
*verdinegra de las pozas.*
*¡Ay, mi niño, ay, mi niño!...*
*¡Ay, que el agua me lo roba!*
*Todos los ríos son sangre*
*corriendo por mi congoja.*
*Solo las aguas cerradas miran*
*mis ojos donde se asoman.[11]*

La historia fue tan impactante que incluso algunos cronistas como fray Bernardino Sahagún la incluyó en 1793 en su *Historia general de las cosas de Nueva España*,[12] donde relata otra versión de la leyenda en la que el padre de los tres hijos muertos es un colono español.

Aunque Llorona es el nombre por el que se la conoce mundialmente, existen otras variantes en diferentes países de Centroaméri-

---

9 «Declaran leyenda de "la Llorona" patrimonio cultural intangible», *Vanguardia de México*, 29 de septiembre de 2015.

10 *Yurrito*, en jerga costarricense, es sinónimo de 'arrollo' o 'riachuelo'.

11 Carlos Luis Sáenz, *Repertorio americano. 119 motivos del folklore costarricense*, mayo de 1944.

12 Bernardino de Sahagún, *Historia general de las cosas de la Nueva España*, Barcelona, Linkgua Ediciones, 2021.

ca y de América del Sur, como la Sayona o la Sucia en Venezuela, la Tarumama en Colombia, la Malinche en México o la Viuda de Negro en Argentina. Muchas de estas madres vengativas cuentan con esculturas en diferentes plazas de poblaciones donde se cree en ellas con especial fervor. Incluso existe en México una isla consagrada por completo al fantasma de una niña, ubicada en los canales de Xochimilco, al sur de la Ciudad de México. Su propietario, Julián Santana, empezó a colgar cientos de muñecos de las ramas de los árboles después de que el cadáver de una niña pequeña apareciera en las orillas del canal. Fue entonces cuando, según él, empezaron a ocurrir allí fenómenos extraños vinculados al espíritu de la pequeña ahogada. Para aplacar su ira, Julián empezó a obsequiarla con las muñecas que encontraba tiradas en la basura y que, después de su muerte, los visitantes siguen llevando al lugar, como muestra de respeto al fantasma.

Existe una isla en México plagada de muñecas para aplacar la ira del fantasma de una niña que apareció ahogada en sus orillas.

## EL SARGENTO DE GUARDIA

El abrupto sonido del teléfono me sacó del ensimismamiento. Era Uriarte, cuyo coche permanecía aparcado a pocos metros del mío.

—Hace tanto frío que no te atreves a bajar, ¿eh? —le dije, riendo.

—¿Nos acercamos un poco a la base? —disparó sin preámbulos.

Me quedé pensativo. Quizá el soldado de guardia que estaba en la garita de entrada podría proporcionarnos algún dato interesante, tras tantos años sin información sobre el famoso caso Talavera.

—Vamos allá —accedí.

Luis arrancó su coche y salimos del camino que daba acceso a varias fincas privadas de cultivo. Nos dirigimos hacia la carretera principal que conducía a la base.

Una vez allí, antes de apagar los faros del coche, vi movimiento en la garita. El soldado, extrañado, salió.

—Vamos rápido hacia él, antes de que se pregunte qué hacen dos tíos aquí a las tres de la mañana.

Golpe seco de la puerta del coche de Luis al cerrarse, el viento otoñal aullando en el bosque y el sonido de las botas del soldado sobre el asfalto.

—Buenas noches —nos saludó, perplejo.

—¿Qué tal? Buenas noches. Somos periodistas.

El soldado se quedó parado, esta vez dubitativo. A la escasa luz que llegaba de las tenues farolas de la entrada parecía joven, de poco más de veinte años.

—Somos Javier Pérez Campos y Luis Uriarte, trabajamos en *Cuarto milenio* —me presenté.

El joven se relajó, por lo que percibí en el cambio de postura de sus hombros.

—Vale... Veo el programa, sí. ¿Qué quieren?

—Bueno, hace años estuve investigando por aquí, por el caso de aquella aparición luminosa...

Me arrepentí antes de terminar la frase, porque... ¿y si el chico no sabía nada de todo aquello? ¿Y si era yo el que le hablaba por primera vez del hombre verde, de la Portuguesa, del suicidio de un compañero suyo y de los disparos contra civiles? A lo mejor se reía, descreído, y seguía a sus quehaceres, o a lo mejor se aterrorizaba con todo aquello y pasaba la peor guardia de su carrera buscando datos en el teléfono. El pensamiento fue fugaz, apenas los dos segundos que tardó en llegar la respuesta:

—Sí, conozco el caso. En fin, yo era muy joven, pero en los cuarteles siempre se les cuentan estas cosas a los nuevos.

—Pero no como una novatada, ¿no? —quise saber.

—A mí no me lo contaron como una historia para asustarnos... Más bien como una curiosidad de este sitio.

—Pero... ¿ha vuelto a suceder algo de ese tipo?

—No que yo sepa —respondió amable y cauteloso.

—¿Conoces también la historia de la Portuguesa? —me lancé, ya confiado.

—¿La mujer esa que dicen que se aparece en la carretera? Sí, aunque prefiero no pensar mucho en eso.

—No te ha pasado nada nunca, ¿no?

—Nada, nada... Y que siga así —rio nervioso.

—Discúlpanos por molestar a estas horas... Ha sido un placer —empecé a despedirme.

—No es molestia —dijo él.

—Gracias por todo. —Le tendí la mano y él me correspondió al gesto, pero con la otra mano hizo un ademán, como para indicarme que me esperara.

—Un momento, si no os importa... Tengo que avisar al sargento de guardia.

—¿Al sargento de guardia?

—Sí... Esto podría considerarse una incidencia, y tengo que avisarle...

Silencio total. Miré a Uriarte, que conocía bien el Ejército desde dentro. Me hizo un gesto con los brazos... «Es normal», entendí. El soldado había cogido su teléfono y realizó la llamada. Se oían los tonos al otro lado del altavoz.

Uno...

Dos...

Tres...

—¿Y es majo el sargento? —le pregunté, intentando anticipar el desenlace de la situación.

—El de esta noche no —contestó.

Abrí los ojos todo lo posible hacia Luis, que se limitaba a esperar con cara de póker.

—Buenas noches, mi sargento... —empezó a decir el soldado, mientras volvía al interior de la garita.

—¿Crees que acabamos esta noche en el calabozo? —le pregunté a Luis, riendo.

—Dependerá del sargento.

Al cabo de unos minutos, el joven regresó con un cuaderno en la mano.

—Me ha pedido que os identifique. ¿Podéis dejarme vuestros documentos de identidad? —respondió, ya más solemne.

Obedecimos, y le dejamos que anotara nuestros datos.

—Listo. Gracias. —Nos tendió de nuevo los carnés.

—Que tengas buena guardia, y, de nuevo, disculpa la molestia...

—Buenas noches.

Empezamos a subir al coche cuando, a lo lejos, ya en la penumbra, dijo una última frase:

—Y seguid adelante con el programa, hacéis un gran trabajo.

Alzó el dedo pulgar y volvió al interior de la base.

CAPÍTULO 3

# El fantasma de Augusto

Muy entrada la noche, mientras su cuerpo permanecía insepulto en la celda en la que había fallecido, Augusto llamó desde fuera a grandes voces a otro niño de su edad.

*Vidas de los santos padres de Mérida*, ANÓNIMO, siglo VII

TRAS MI VIAJE A BADAJOZ, MIS HIJOS COGIERON una bronquiolitis bastante severa, que nos tuvo varias noches sin dormir por toses, mocos y vómitos. A veces, Celia y yo nos poníamos delante de la puerta de los niños sin saber a cuál atender primero. Al final nos repartíamos el trabajo, y terminábamos intentando dormirlos de nuevo sentados sobre una pelota de pilates. Ese movimiento de vaivén los relajaba y les ayudaba a cerrar los ojos. A nosotros, sin embargo, nos dejaba un terrible dolor de espalda. En cuanto los niños fueron aprendiendo a dormir, deshinché las pelotas y me deshice de ellas con una solemne ceremonia similar a un funeral vikingo.

Una de esas noches estaba leyendo en mi Kindle un texto sobre la historia de Mérida, buscando información sobre un antiguo hospital, cuando me salió al paso un relato inesperado. Mario dormía en mis brazos, con su respiración ya relajada sobre mi cuello, mientras yo iba acercándome a la pantalla del lector electrónico, como si, paradójicamente, esa aproximación física al texto pudiera alejar mi incredulidad sobre aquella información imprevista que me llegaba a las tres y media de la madrugada.

Me froté los ojos, dejé el aparato sobre la isla de la cocina y bebí un vaso de agua muy fría. Estaba convencido de que debía de estar entendiendo mal todo aquello, quizá por el agotamiento. Por la ventana del pasillo se colaba la luz difusa de una farola.

Subí despacio por la escalera, provocando algún crujido ocasional en los peldaños de madera, y me dirigí a la habitación de Mario. Como seguía durmiendo, ya tranquilo, pude dejarlo en su cuna.

Salí despacio y cerré la puerta con cuidado. Me detuve unos

segundos en el pasillo, pensando que lo lógico sería ir a la cama para intentar descansar. Pero aquella historia que acababa de leer reverberaba en mi mente... Estaba tan sobrecogido que no pude evitar caminar en dirección contraria a mi dormitorio, bajar la escalera, coger el Kindle y seguir leyendo en el sofá, con la habitación completamente a oscuras.

Aquel texto hablaba de la primera aparición de un niño fantasma documentada en nuestro país. Un niño al que vieron caminar por el patio de un convento mientras su cuerpo reposaba muerto sobre su lecho, aún insepulto.

## EL MONASTERIO DE SANTA EULALIA

El monasterio de la egregia Virgen Eulalia era un anexo de la actual basílica de Santa Eulalia, ubicada junto a la avenida de Extremadura, en Mérida, y consagrada a una santa cristiana que murió martirizada y decapitada por no aceptar la doctrina del emperador Diocleciano, que prohibía a los cristianos rezar y los obligaba a rendir culto a ídolos paganos.

Y justo allí, a la sombra de la basílica, se construyó un monasterio que daba cobijo a religiosos que cuidaban, a su vez, de los huérfanos que vivían entre sus muros. Los niños que entraban al monasterio solían tener más de diez años, y no solo estudiaban para convertirse en sacerdotes, sino que también eran sirvientes de los monjes.[13]

De nuevo fue Israel Espino quien supo hacer las gestiones necesarias para enseñarme el escenario de la primera aparición de un Inocente dentro del límite de nuestras fronteras, en torno al siglo VI.

Al enterarme de la historia fue la primera persona a la que llamé. Ella se rio, y me aseguró que alguna vez me había hablado de ello.

—La historia la cuento en las rutas de misterio de Mérida —me confirmó.

---

13 Ana Suárez Fernández, «Un relato de fantasmas hispanovisigodo: el caso del pequeño Augusto en las VSPE», *Estudios Medievales Hispánicos*, 5 (2016), pp. 263-290.

—¿Podríamos entrar al lugar? —pregunté entusiasmado.

—Siempre que enseño el sitio lo hago desde fuera. Hay un muro y está cerrado porque todavía están excavando en su interior. Pero déjame que haga unas llamadas, y a lo mejor conseguimos algo. ¡Pero no prometo nada!

Desde que Israel pronunció aquellas palabras, supe que iba a obtener el permiso necesario para mostrarme aquel escenario. Un lugar lleno de capas históricas, en cuyas entrañas podría encontrarse la primera tumba de un niño fantasma.

## LA MUERTE DEL NIÑO AUGUSTO

Una soleada mañana de diciembre, Israel y yo nos plantamos frente al solar donde, siglos atrás, se ubicó el monasterio que dio cobijo al fantasma de un niño conocido como Augusto. Después de aquello, el lugar desapareció, y en sus cimientos se construyó, allá por el si-

Exterior del convento de las Freylas, ubicado sobre el lugar donde se produjo la aparición del fantasma de un niño en el siglo VI.

glo XVI, un nuevo convento, conocido como el de las Freylas de Santiago.

Allí nos esperaba uno de los restauradores que estaba trabajando en las excavaciones y labores de recuperación de esta imponente edificación de estilo renacentista, que no se podía mostrar al público debido a su mal estado de conservación. Sin embargo, nos habían dado un permiso excepcional para poder visitarlo y saber de aquella historia recogida en el libro *Vidas de los santos padres de Mérida*, un relato anónimo del siglo VII que radiografiaba la vida de Mérida durante el siglo anterior, recopilando detalles sobre las relaciones entre obispos, reyes o ciudadanos cualesquiera. Entre esos textos, destaca el que había llamado mi atención unos días antes, de madrugada, mientras intentaba que mi hijo se durmiera en mis brazos. Se titula «La muerte del niño Augusto» y lo redactó en época hispanovisigoda un diácono desconocido llamado Paul. Lo que lo convierte en único es que en esa época apenas existen textos donde el protagonista sea el espíritu de un niño, y menos aún en la península ibérica.

Allí, mirando la silueta del convento recortada contra el cielo azul, recordé las primeras palabras de la narración, que presentaban al pequeño protagonista:

> Un niño de pocos años, a decir verdad, un jovencito, por nombre Augusto, virtuoso, cándido y sin estudios, que con otros compañeros de su edad y en total entrega desempeñaba en el monasterio de la egregia Virgen Eulalia las ocupaciones del oficio que el prepósito de celdas, varón venerable, le había encomendado, se sintió enfermo de repente.

El narrador continuaba detallando que él mismo había visitado a Augusto en su celda cuando enfermó aquella noche indeterminada de invierno de un año también indeterminado.

Todo el personal que atendía al niño estaba tan absorto en lo que este contaba que nadie se percató de la presencia de Paul, que se acercó al pequeño con su lamparilla para saber más de su estado. Este le contestó que apenas sentía sus extremidades, pero al menos podía decir que había visto a Jesucristo.

Podría englobarse dentro de las conocidas como *visiones en el lecho de muerte*, que yo mismo había investigado años atrás para mi libro *Los Otros*. Se trata de enfermos que, a punto de morir, afirman ver a seres queridos alrededor de la cama o incluso dicen observar lugares de aspecto empíreo, tal y como me contó otro niño llamado Colton Burpo, a quien pude entrevistar personalmente años atrás. Este niño, Colton, sufrió una apendicitis grave en marzo de 2003. Le llevaron al hospital y, tras realizarle diferentes pruebas, decidieron operarlo de urgencia. Durante esa primera intervención empezó a ver el quirófano desde arriba, con su padre rezando justo al lado de su propio cuerpo, que estaba siendo manipulado por un cirujano. Sobrevolando el hospital pudo ver que en la habitación de al lado estaba su madre, rezando y hablando por teléfono. Ambos progenitores afirmaron que eso es exactamente lo que estaba ocurriendo mientras su hijo estaba siendo intervenido, completamente dormido. Después, tal y como Colton Burpo me manifestó, siguió ascendiendo hasta llegar a un lugar paradisíaco con una enorme puerta: él interpretó que eran las puertas del cielo. Antes de entrar apareció una niña de su edad, muy parecida a su hermana. Cuando su madre conoció este detalle se quedó sobrecogida, pues había sufrido un aborto a los dos meses de embarazo, y rápidamente pensó que esa niña tendría que ser la hermana perdida de Colton. El niño también aseguró haber visto a su bisabuelo, Bop, que se le presentó durante el encuentro. Lo más sorprendente del caso es que Colton, con apenas doce años, me aseguró haber perdido por completo el miedo a la muerte tras esa experiencia que duró apenas unos segundos.

Muchos médicos afirmaron que aquello podría haber sido provocado por los fármacos y analgésicos que le habían suministrado, pero... ¿cómo explicar una experiencia prácticamente idéntica ocurrida en el siglo VI, cuando dicha medicación no se había descubierto? Eso fue lo que llamó mi atención al leer lo que el niño Augusto le dijo al diácono, pues aseguró que, durante el letargo que le había paralizado las piernas, había estado «en un lugar ameno, donde había muchas flores fragantes, hierbas muy verdes, rosas y lirios, y muchas coronas de piedras preciosas y oro, innumerables tapices de seda y una suave brisa de templado relente que refrescaba todo con un soplo».

Podríamos pensar en la fiebre como motivo de una visión de este tipo, una compleja alucinación causada por la enfermedad. O quizá accedió a otra parte de la realidad que nosotros desconocemos. Sea como sea, el niño estaba convencido de todo lo que había visto, y también sabía que su fin estaba cerca, algo que había aceptado de buena gana tras visitar aquel lugar (igual que le ocurrió a Colton Burpo).

La profecía del infante se cumplió y su muerte llegó a las pocas horas. Como ya era noche cerrada cuando se produjo el óbito, el cadáver del niño Augusto quedó en su celda, sin enterrar, hasta que llegara la luz del día.

El resto de los niños dormían en el monasterio, sin conocer aún la reciente noticia de la muerte de Augusto. Uno de ellos era Quintiliano, que se despertó al oír a alguien gritando su nombre. Aguzó el oído y se percató de que era la voz de Augusto. Aquello le dio miedo, sin saber bien por qué, y no quiso salir. Pero otro compañero de su misma edad llamado Veraniano también se despertó al oír aquellos gritos. Se incorporó en la cama y trató de centrar su atención en el lamento lejano. Entonces pudo reconocerlo: era, sin

Patio del convento de las Freylas, ubicación donde Veraniano vio al fantasma de Augusto, vestido de un blanco inmaculado.

duda, la voz de Augusto. Pero ¿qué hacía ahí fuera, si aún era de noche?

Decidió salir. Una vez en el exterior, la luz de la luna le permitió ver a su amigo Augusto de pie, vestido completamente de blanco. Tenía el rostro pálido y no articulaba palabra. La visión resultó tan impactante que Veraniano comprendió enseguida que estaba ante un fantasma... Un muerto capaz de despertar a otros con su propia voz ya inexistente, anhelando quizá la compañía de un ser querido. La necesidad profunda de una despedida, de un adiós como último impulso hacia otro lugar.

Veraniano estaba aterrorizado, por lo que no pudo hacer otra cosa que correr de vuelta a su celda.

Finalmente, la obra relata el entierro de Augusto en el recinto de la basílica de Santa Eulalia, cosa nada habitual, ya que a los monjes y a los aprendices internos se les solía enterrar en su propia celda. Pero haber anticipado su propia muerte y haberse aparecido como espíritu hicieron que el abad pensara en él como un santo que merecía una sepultura especial.

Respecto a su tumba, nada sabemos hoy del lugar exacto donde reposan los restos del niño que una noche se apareció bajo la luz de la luna.

## LA TUMBA DEL FANTASMA

Caminamos hacia el interior del convento, aunque nuestro guía solo nos permitía adentrarnos con cautela en las habitaciones de la primera planta. El suelo de madera de la planta superior estaba destrozado y podía venirse abajo en cualquier momento.

—Este lugar se empezó a construir en torno al año 1530 y se inaugura sobre el 1600 —me explicaba Israel mientras caminábamos junto a la Puerta de los Perdones, ya tapada, pero que siglos atrás comunicaba con la iglesia de Santa Eulalia para que las freylas pudieran asistir también a los oficios religiosos.

—¿Y quiénes eran estas freylas? —quise saber.

—Eran las mujeres de los freyles, unos caballeros militares que defendían la cristiandad, aunque luego existían también unos freyles religiosos que recurrían a la oración o al ayuno para apoyar la causa.

—Pero, claro..., esto es muy posterior a la historia que nos ocupa.

—Exacto. El relato del fantasma de Augusto es del siglo VI, pero el texto hace alusión a que el emplazamiento del monasterio donde todo sucedió estaba ubicado al lado de la basílica de Santa Eulalia. Por tanto, este es el lugar donde apareció el niño.

—¿Es posible que la historia tenga carácter religioso o moralizante sin más, y que nunca hubiera existido tal niño ni tampoco tal fantasma? —le pregunté tras cruzar las impresionantes columnas que conducían al patio central.

—Lo más fácil es pensar que se trata de una ficción, pero es muy curioso que los historiadores, con el paso del tiempo, hayan ido descubriendo tumbas y elementos auténticos que se mencionaban en ese mismo libro, que es casi como una crónica. Por ejemplo, ahí se menciona la historia de un archidiácono llamado Eleuterio, que siempre se había considerado leyenda, hasta que apareció la tumba de verdad justo en el lugar que identificaba el libro, en la cripta de la basílica de Santa Eulalia. Cuando se hicieron las obras en los años noventa, apareció el recinto original, ubicado bajo la iglesia actual. Por eso, si el mismo libro hablaba de la tumba del archidiácono, que estaba ahí enterrada de verdad, no hay razón para sospechar que la historia del niño Augusto no sea cierta.

Efectivamente, la tumba del archidiácono Eleuterio puede visitarse en el interior de la basílica de Santa Eulalia, donde el cartel explicativo que la acompaña aclara que su historia «se creía en parte fantástica, hasta que el descubrimiento» de esta inscripción confirmó «la existencia del personaje y la fecha de su muerte, asegurando el valor que tienen las *Vidas* como fuente histórica».

Es decir, los propios historiadores han ido comprobando la veracidad de la fuente según iban apareciendo elementos arqueológicos que podían confirmar la información redactada en *Vidas de los santos padres de Mérida*.

—Por tanto, recapitulando, tenemos un texto que parece una fuente histórica bastante fidedigna, y contamos con la ubicación. Pero nos falta la tumba...

—Exacto, la tumba de Augusto nunca ha aparecido, o al menos no se la ha podido identificar —me explicó Israel.

Y es que en el interior de la basílica de Santa Eulalia aparecieron hasta cinco mausoleos y diversos enterramientos durante las obras, pero en el entorno de la basílica y especialmente de la ubicación del viejo monasterio, también enclavado en lo que se consideraba todo el recinto de Santa Eulalia, han aparecido muchas más.

Pregunté a nuestro guía si él había participado en el hallazgo de algunas de esas sepulturas.

—Claro, ten en cuenta que ha habido diversas excavaciones en esta zona. Acompañadme y os enseño —respondió.

Le seguimos y atravesamos de nuevo la entrada del convento para dirigirnos a un terreno contiguo completamente excavado. Era una necrópolis llena de sepulturas excavadas en la tierra. Las raíces de los árboles abrazaban mandíbulas centenarias, y algunos huesos surgían de la tierra como intentando marcar la ubicación de su última morada.

Tumba del archidiácono Eleuterio, encontrada en la cripta de la basílica de Santa Eulalia, que confirma el valor de *Vidas* de los santos padres de Mérida como fuente histórica.

Junto al emplazamiento del antiguo monasterio han aparecido diversas sepulturas infantiles de época visigoda, que podrían haber pertenecido al niño Augusto.

—¿Habéis datado enterramientos infantiles en esta zona? —le pregunté.

—Sí, bastantes. De hecho, si te fijas, ese es uno de ellos. —Señaló un pequeño rectángulo excavado irregularmente en el suelo, donde aún se veían los minúsculos huesos de un pie.

—¿Y de qué época son? —pregunté, tratando de afinar aún más.

—Hay diferentes capas; de hecho, cuando empezamos las excavaciones, en el año 2010, fueron apareciendo restos de distintas épocas.

—¿A qué época pertenecen las más antiguas?

—Los primeros enterramientos son del siglo III y IV —detalló.

—La carambola sería saber si encontrasteis alguna tumba infantil del siglo VI. ¡La tumba de Augusto, vaya! —dije, sonriendo.

Nuestro guía correspondió a la risa y continuó su explicación:

—No podemos certificar que exista esa tumba, porque no hemos encontrado ningún registro al respecto. Pero sí es cierto que han aparecido tumbas infantiles en el contexto de época visigoda. Siglo VI, que es lo que buscas.

—Imagino que, si no tenemos inscripción y no contamos con nada que pueda detallarnos la persona que estaba enterrada...

—... sería como buscar la tumba de un fantasma —concluyó.

CAPÍTULO 4

# Regreso al parador

Las autoridades reconocían lo inadecuado y peligroso para la salud que era mantener las escuelas en esos locales en los que «gran número de niños pobres, en su inmensa mayoría descalzos, sufren muchísimo con la crudeza del invierno».

*Un edificio singular para escuelas,* Máximo Pulido Romero (CEIP, 125 aniversario)

TRAS MI VISITA AL CONVENTO DE LAS FREYLAS Y agradecidísimo a mi querida Israel por todas sus gestiones, regresé al lugar en que me hospedaba en Mérida, y que conocía bien.

El Parador de Mérida, ubicado en pleno casco histórico de la ciudad, fue el convento Jesús Nazareno en el año de su fundación, en 1725. Allí se atendió a enfermos y a pobres, hasta pasar a convertirse en una cárcel (primero de mujeres y después de hombres). Tras esto, a lo largo de su intensa vida, fue casa de dementes y, finalmente, hospital. Durante unos años sufrió un gran abandono, hasta que en 1933 se convirtió en parador.

Lo interesante es que había investigado en aquel edificio años antes, pues muchos trabajadores del equipo de mantenimiento y limpieza habían vivido hechos de difícil explicación.[14] Curiosamente, todos los hoteles con fantasma disponen de una habitación concreta que parece el corazón del misterio, el núcleo del que todo emerge, y que en el parador es la 205, donde había dormido años atrás. El hecho que más habían denunciado los empleados era la visión de un niño de unos cuatro o cinco años que corría por los pasillos y que se desvanecía en zonas donde no había salida posible.

## EL NIÑO DE LAS MANOS MOJADAS

Llegué a la recepción y subí por la escalera principal, de granito y original de la construcción del siglo XVIII, hasta llegar a la segunda

---

14 La investigación detallada que se realizó en el Parador de Mérida apareció publicada en el libro del mismo autor *Los Intrusos* (Barcelona, Ed. Planeta, 2021).

planta. Desde allí atravesé el corredor enmoquetado hasta una zona común donde nacía otra escalera que comunicaba con el tercer piso. Para llegar a mi dormitorio tenía que cruzar, finalmente, un largo pasillo de techo bajo y abovedado que daba a las antiguas celdas de los monjes, ahora convertidas en habitaciones. Al final del todo estaba mi habitación, la 306.

Abrí la pesada puerta de madera, de estilo castellano, y dejé la mochila en el butacón junto a la ventana.

Era una estancia muy cómoda, con una cama de matrimonio, un escritorio y un par de lámparas antiguas sobre las mesitas de noche.

Me senté en la alfombra y aproveché para revisar los correos electrónicos y llamar a casa. Mario y Chloe seguían mejorando, y Celia había podido dormir esa noche. Las buenas noticias me aliviaron; después de aquella videollamada que me había subido el ánimo, me quedé ahí parado sobre el frío suelo de baldosas de terracota, con la cabeza apoyada en las manos. Caí en la cuenta de que la

La escalera del parador que sube desde la recepción a la segunda planta forma parte de los elementos de la construcción original.

última vez que había visitado el parador fue antes de la pandemia, antes del confinamiento, antes de una situación que, allí sentado, me parecía propia de la ciencia ficción.

Durante mi primera visita conocí a Daniel, director del parador, y a su mujer. Formaban por entonces una maravillosa familia, con un hijo de unos ocho años y una pequeña recién nacida. Habían escuchado a los trabajadores contar que el espíritu de un niño les había salido al paso alguna noche, cuando estaban a punto de cerrar el comedor, o que habían oído su voz surgir de la habitación 205, cuando no había ningún huésped alojado. Incluso algunos clientes, ajenos al secreto del edificio, habían sido testigos de la aparición del niño y de otros fenómenos, tal y como me contó el recepcionista Juan Polo, que lleva años trabajando allí.

Daniel y Helen escuchaban con respeto a sus trabajadores, y les permitían hablar de ello con absoluta libertad y normalidad, siempre desde la perspectiva del que atiende escépticamente, sabiendo que a ellos nunca les iba a pasar nada de eso. Pero se equivocaban...

Una noche, Helen y Daniel regresaban de cenar en la ciudad y se encontraban ya en la primera planta del parador, donde se ubica la casa en la que viven. Su hijo, que por entonces tenía unos dos años y medio, señaló al pasillo en penumbra que conduce a las habitaciones y repitió una palabra:

—¡El nene! ¡El nene!

Daniel y Helen se miraron, extrañados, y dirigieron sus miradas hacia el lugar que señalaba el pequeño dedo de su hijo... Pero allí solo estaban las sombras, apelmazándose alrededor de los contornos iluminados por las lamparitas de la pared.

Pasaron las semanas y su hijo seguía saludando al vacío, allá donde no debía haber nadie. Prefirieron no darle más importancia.

Hasta que una noche el llanto del pequeño despertó a sus padres. Decía que el nene había salido del cuarto de baño que había en su habitación y le había tocado los pies con las manos mojadas.

—Eso no me gusta —repetía desconsolado.

Parecía que el nene los había seguido y había terminado por entrar en su casa. Noches más tarde, tras bañarlo, Helen puso el pijama a su hijo y, como solía hacer, empezó a cantar. Sin embargo, esta vez la reacción del niño fue de lo más inesperada.

—Chssst —dijo colocando el dedo sobre su boca—. No le gusta que cantes.

—¿A quién? —preguntó Helen.

Su hijo respondió con dos cortantes palabras, como si fuera lo más evidente del mundo:

—Al nene.

Amparados en la recurrente idea del amigo invisible, Helen y Daniel pudieron seguir con sus vidas y pensar lo menos posible en aquellas intrusiones, hasta que una tarde Helen se convirtió en testigo directo de lo que ocurría allí.

Estaba terminando de hacer algunas tareas de la casa cuando oyó a su hijo llorando dentro de su habitación. Caminó hacia el cuarto. Cuando tenía la mano en el pomo, a punto de abrir la puerta, y oía perfectamente el llanto dentro del dormitorio, oyó también a su hijo jugando en el salón. Pero, si su hijo estaba en el salón..., ¿quién estaba llorando en la habitación? Al abrir la puerta, descubrió la estancia vacía.

Esa fue la primera vez que se le erizó el vello de los brazos.

## UN ENCUENTRO INESPERADO

A la mañana siguiente bajé temprano a desayunar. Había quedado con mis amigos Aldo Linares y Luis Uriarte, que se unían a una nueva aventura en la zona. Como es habitual cuando nos reunimos los tres, hubo sobremesa tras el desayuno; la aprovechamos para comentar algunas de nuestras últimas vivencias. El salón comedor, donde, por cierto, era habitual ver al fantasma del *nene*, ya se había quedado vacío, y en el pasillo exterior aguardaba, paciente, una pareja joven con un libro bajo el brazo.

Cuando terminamos el último sorbo de café nos levantamos. Ya camino del ascensor, la pareja se nos acercó.

—Perdona..., ¿eres Javier Pérez Campos? —me preguntó ella.

Sonreí y asentí con la cabeza. La pareja se miró con sorpresa.

—Y vosotros sois Aldo y Luis... —comentaron, señalando a mis compañeros.

Acto seguido, la chica me mostró el libro que llevaba bajo el brazo. Lo cogí, incapaz de creer en la enorme coincidencia que acababa de darse.

—Llevo tu libro, *Los Intrusos*...

—Pero... —balbuceé.

—Hemos venido al parador porque leímos el libro y queríamos conocerlo. Mañana nos vamos a Toledo.

—¿De dónde venís? —preguntó Aldo.

—De Sevilla —respondió él.

—Imaginaos la casualidad. Venimos a conocer el parador por tu libro... ¡Y os encontramos aquí! —insistió la chica.

—A veces pasan cosas increíbles... —dije mientras cogía el libro y lo abría, buscando el capítulo en el que hablaba del parador.

Por fin encontré lo que buscaba. En la página 303 aparecía la fotografía de Juan Polo, el recepcionista que, una noche, vio a una mujer saludándolo desde la ventana de una habitación vacía.

—Mirad, seguro que Juan podría contaros cosas alucinantes de viva voz si lo veis hoy por aquí. Os gustará escucharle.

Detalle de una de las columnas del patio del parador, que perteneció a una antigua mezquita, antes de ser utilizada para la construcción del convento Jesús Nazareno, en 1725.

—¡Lo vimos anoche! —dijeron, riendo—. Es encantador, y nos habló de otras experiencias recientes que ha tenido con varios huéspedes; algunos incluso le pidieron que los cambiara de habitación.

Aquel encuentro me dejó felizmente sorprendido... Dos lectores acudían a un lugar porque habían leído sobre él en mi libro, y encima habían hecho indagaciones por su cuenta, casi como complementando mi trabajo. Así, durante varios minutos, me contaron sus averiguaciones, felices por poder ofrecerme datos que yo desconocía.

Por ejemplo, Juan les había hablado de que, recientemente, un hombre había bajado en plena madrugada para pedir que, desde la recepción, le buscaran otro hotel, porque no paraba de oír sonidos dentro de su propia habitación; era el ruido que produce el roce de una túnica o un hábito. Anoté aquellos detalles novedosos y, finalmente, les firmé el libro, más que agradecido por su afecto.

Por si fuera poco, antes de marcharme, me hicieron una última y genial pregunta. Fue algo que me hizo profundizar en la historia del parador...

—Una pregunta, Javier —dijo ella mientras yo subía al ascensor—. Este sitio ha sido hospital, cárcel, convento y psiquiátrico. Y, sin embargo, lo que más se ve por aquí es el fantasma de un niño... ¿Por qué, si en esos sitios no suele haber niños?

## BAJO LAS CAPAS DE LA HISTORIA

Unas horas más tarde me reuní para comer en el salón del parador con Helen, Daniel e Israel Espino. Me acompañaban Luis y Aldo, todos sentados a una gran mesa redonda por la que circularon unas raciones de espectacular puerro asado al carbón con jamón ibérico extremeño, tomate aliñado con caballa y otros manjares.

Mientras esperábamos al segundo plato, en mi caso un reconfortante arroz caldoso, saqué a relucir lo que acababa de sucedernos unas horas antes. Daniel me contó que, desde que hicieron público el misterio del edificio, son muchos los que vienen preguntando por el tema e incluso piden expresamente dormir en la habitación 205.

—Me han hecho una pregunta muy buena. Algunos han visto

aquí a un monje, y eso tendría sentido por la época en que este lugar fue un convento. Pero el hecho de que una de las figuras recurrentes que aparecen por las habitaciones sea un niño... ¿Nunca habéis descubierto nada a ese respecto?

—¿No le has contado lo que descubriste hace poco? —le consultó Helen a Israel.

Israel respondió abriendo los ojos como platos, con su energía habitual:

—¡Hostia! ¿No te lo he contado? —me preguntó.

Intenté recordar, pero no conseguí ubicar ningún dato al respecto, y menos recientemente.

—No me suena nada —respondí, concediendo el beneficio de la duda por mi escasa memoria.

—Pues te resumo: sí que fue un colegio. Allá por el siglo XIX, durante un tiempo. Encontré una referencia hace meses en un trabajo de investigación... —Abrió su iPad, tecleó unos segundos y fue deslizando con el dedo sobre la pantalla hasta dar con lo que estaba buscando.

Me tendió el dispositivo mientras el camarero empezaba a servirnos los segundos. Llegó mi plato de arroz, humeante y con un olor lleno de matices a campo. Resultaba irresistible, pero más lo era la información que me estaba entregando Israel, absolutamente desconocida para mí hasta ese momento.

Era un artículo escrito por Máximo Pulido Romero, un autor especializado en la enseñanza emeritense, que había estudiado a fondo la historia de las diferentes escuelas de la ciudad.

El texto llevaba por título: «Un edificio singular para escuelas: el palacio nuevo»:

De apenas un centenar de niños matriculados en 1816 en la única escuela existente, en 1870 pasan de seiscientos alumnos que asisten a los cuatro establecimientos de instrucción primaria que entonces sostiene el municipio.

Mérida contaba con tres edificios y destartalados: el convento de Jesús (hoy parador de turismo), la iglesia convento de Santa Clara (hoy museo arqueológico), desamortizados a la Iglesia, y el Pósito (derribado recientemente, esquina Trajano-Félix Valverde Lillo).[15]

Levanté la vista del iPad y miré a Israel, que aguardaba en silencio, expectante, junto al resto de los comensales, que habían empezado ya a degustar sus platos.

—Sigue, sigue —me indicó, con un gesto circular de la mano derecha.

El detalle del «convento de Jesús, hoy parador de turismo» utilizado como colegio en el siglo XIX era suficientemente sorprendente para dejarme con las cejas arqueadas. Pero lo que venía después lo era aún más:

El estado de estos establecimientos era a todas luces lamentable: tejados con innumerables goteras, locales insuficientes que obligaban al hacinamiento de los escolares, sin iluminación ni ventilación apropiadas, carentes de servicios higiénico-sanitarios, etcétera. Y esto constituía una pesadilla para maestros y discípulos, y preocupación permanente para padres. Las autoridades reconocían lo inadecuado y peligroso para la salud que era mantener las escuelas en esos locales en los que «gran número de niños pobres, en su inmensa mayoría descalzos, sufren muchísimo con la crudeza del invierno».

—¿Cómo te quedas? —preguntó Daniel.

—¡Yo creía que te había hablado de esto! —añadió Israel.

Le pasé el iPad a Aldo y Uriarte, que aguardaban deseosos de saber qué era lo que me había dejado tan impresionado.

—Todo cuadra, entonces. El niño, que no sabíamos ubicar en la historia del edificio, puede tener sentido... —dije.

Evidentemente, podría tratarse de un paciente jovencísimo del antiguo hospital, o, puestos a mostrarnos racionales, de una

---

15 Máximo Pulido Romero, «Un edificio singular para escuelas: el palacio nuevo», CEIP, 125 aniversario.

El sensitivo Aldo Linares percibió ciertas variaciones de energía en los lugares del parador donde muchos trabajadores habían visto una presencia infantil.

alucinación colectiva (y compleja, porque no solo afectaba a los habitantes y trabajadores del parador, sino también a niños muy pequeños que, naturalmente, no han sido sugestionados, y a huéspedes de todas condiciones y orígenes, que habían descrito lo mismo). Pero ahora este nuevo giro daba más sentido a todo lo ocurrido. O quizá solo estuviera sirviendo para ordenar las piezas de puzle que nosotros mismos intentábamos encajar, a veces forzándolas.

—Por cierto, Javi..., ¿recuerdas lo que me dijiste antes de irte la última vez que estuviste aquí? —me preguntó Helen.

—Uff, la verdad es que no mucho —reconocí—. Fue hace años... ¡Antes de la pandemia!

—Pues precisamente tiene que ver con la pandemia... —anunció Helen—. Y con el tiempo que pasamos aquí, confinados, los cuatro solos, dentro del parador...

## CONFINADOS CON UN FANTASMA

El 14 de marzo de 2020, el presidente del Gobierno de España anunció a última hora de la tarde la aprobación del real decreto de la declaración del estado de alarma en todo el territorio español para contener la pandemia del coronavirus, cosa que obligaba a todos los ciudadanos españoles a confinarse en el interior de sus domicilios durante quince días, que terminaron prolongándose durante varios meses.

Muchos cumplimos aquellas medidas en nuestros domicilios normales y corrientes: casas adosadas, pisos de treinta metros cuadrados o chalés a las afueras de las ciudades para los más afortunados.

El caso de Helen y Daniel fue excepcional, pues pasaron semanas encerrados en el antiguo convento del siglo XVII que hoy es el parador, con sus habitaciones, sus corredores y sus comedores completamente vacíos. Solo ellos en el edificio.

—Nosotros vivíamos en la casa que tenemos dentro del parador —me explicó Helen—, pero es cierto que tuvimos la suerte de contar con los refrigeradores industriales de las cocinas con todo el almacenamiento de comida... Y los niños tenían mucho espacio para jugar.

Inevitablemente imaginé al hijo mayor recorriendo los pasillos, antiguos corredores de las celdas, como Danny Torrance en *El resplandor,* o a Daniel paseando a solas por las enormes cocinas, como el padre de familia de la película de Kubrick. En su caso, el hotel no estaba en las remotas Montañas Rocosas, sino en el centro de Mérida. Sin embargo, los vetustos muros, el silencio y la soledad harían muy similar la sensación de aislamiento, que es de lo que trata la historia de Stephen King. En esta última existe un magistral diálogo entre Stuart Ullman, director del hotel Overlook, y Jack Torrance, el escritor alcohólico que va a cuidar del hotel durante la temporada de invierno, cuando este cierra sus puertas para los clientes. Ullman advierte a Torrance sobre la crudeza del invierno y del aislamiento, y le pregunta si conoce la expresión «fiebre de encierro» (en la versión original, *cabin fever*, «fiebre de las cabañas»).[16] Torrance responde afirmativamente, y explica:

---

16 El término tiene su origen en el efecto que les producía a los buscadores de oro el encierro prolongado en las cabañas en que se cobijaban durante largos periodos de tiempo a lo largo del siglo XIX.

> Es la forma popular de denominar una reacción claustrofóbica que puede darse cuando varias personas se encuentran encerradas durante un tiempo prolongado. La sensación de claustrofobia se exterioriza como aversión hacia la gente con quien uno se encuentra encerrado. En casos extremos puede dar como resultado alucinaciones y violencia, que pueden llevar al asesinato por motivos tan triviales como una comida quemada o una discusión sobre a quién le toca lavar los platos.[17]

—¿Y cómo era la rutina en un sitio como este? —quise saber.

—Yo seguía trabajando en todas las gestiones administrativas —contestó Daniel—, y algún día por semana venía alguien de mantenimiento para que todo estuviera a punto. Había zonas donde apagamos el sistema de climatización, pero aun así teníamos que revisar todo a menudo.

—Nosotros estábamos en la casa y luego nos movíamos. Tenemos la suerte de contar con unos jardines preciosos, y los niños también podían correr por ahí —añadió Helen.

—¿No se os ocurrió ver *El resplandor* en una sesión de cine... especial? —dije con una sonrisa.

Todos se rieron ante la idea.

—La verdad es que no se nos pasó por la cabeza —aclaró Daniel—, pero sí vimos alguna película en la sala de la chimenea. Fue toda una experiencia la de estar aquí confinados.

—Y te decía, Javi, que no sé si recuerdas lo que me dijiste antes de irte la última vez que estuviste aquí, cuando mi hija tenía apenas un añito.

—No, no recuerdo bien...

—Pues me dijiste que sería muy interesante ver qué pasaba cuando la niña creciera y empezara a hablar.

—Cierto, me lo has recordado... Porque, claro, imagínate que la niña hubiera visto al mismo niño que decía ver su hermanito cuando tenía dos o tres años...

—Pues no te lo vas a creer..., pero es justo lo que pasó —dijo Helen.

---

17 Stephen King. *El resplandor*, Barcelona, Ed. DeBolsillo, 2004.

Durante el confinamiento, Daniel y Helen vivieron unos meses completamente a solas en el interior del parador.

Estaba a punto de llevarme a la boca una cucharada de arroz, pero automáticamente y de manera inconsciente volví a dejarla en el plato.

—¿Cómo dices? —pregunté con los ojos como platos.

—En ese tiempo, la niña ya hablaba con mucha soltura. Y un día, después de dar un paseo por el parador, saludó al pasillo, al mismo punto donde saludaba nuestro hijo.

—¿Y le preguntaste a quién saludaba?

—Claro. Y me dijo que había un niño que jugaba. Pero yo ya no quise saber más y no volví a preguntarle... —confesó Helen.

Daniel, siempre escéptico ante todo lo que sucedía en su entorno, era incapaz de negar las cosas que él había presenciado, y asintió con la cabeza.

—No me negarás que es curioso que dos niños, en épocas distintas, digan ver lo mismo... —le solté.

—Bueno, eso está claro. Pero yo no he visto nada, todo son cosas que te cuentan, que dicen... Y los niños son niños, tienen mucha imaginación.

Creí intuir que se daba la explicación a sí mismo, así que me limité a sonreír.

Al día siguiente dejamos el parador (no por última vez) y me despedí con afecto de todos. Me alegraba muchísimo verlos, especialmente a Helen y Daniel, con quienes no coincidía desde antes de la pandemia. Les deseé lo mejor, seguro de que volvería a visitarlos cuando pasara por Mérida.

Es curioso lo incierto no del futuro, sino del propio presente, pues no imaginaba entonces que volvería a la ciudad antes de lo esperado, para investigar entonces un caso conectado directamente con la trágica muerte de una niña en la Guerra Civil. Pero para eso quedaban unos meses, y yo, en aquel momento, no lo sabía...

SEGUNDA PARTE

# Imbunche

> En Chiloé, el brujo es otro temor para el indio como autor de sus enfermedades y desgracias; son útiles y pueden penetrar a las habitaciones para hacer el daño; recogen los esputos, se llevan el pelo, etcétera. Para hacer sus maleficios.
>
> *Geografía descriptiva*, 1875

UN NIÑO ES LO MÁS AUTÉNTICO, LO MÁS INOCENTE y, por tanto, también lo más vulnerable. Es arcilla aún por moldear, voluble por su entorno, sus genes y un millón de estímulos que influyen en la que será su personalidad. Y quizá por eso, a lo largo de la historia, muchos han intuido en la ruptura de esas características tan puras y únicas la posibilidad de obtener un verdadero poder capaz de curar, de enriquecerse o de derrotar a un enemigo. He mencionado ya los textos en los que Cicerón acusaba a Vatinio de sacrificar a niños para utilizar los restos de sus cadáveres con la idea de convocar a sus espíritus vengativos. Es el ejemplo perfecto de cómo a lo largo de la historia ha pervivido la creencia de que profanar lo más sagrado puede dar lugar a una fuerza prodigiosa y casi milagrosa. La sangre del niño como un elixir capaz de rejuvenecer, de curar enfermedades o de indicar la presencia de tesoros. Precisamente por esto, en muchas pinturas de Goya con las brujas como protagonistas, estas aparecen con un bebé en sus brazos o en un canasto, a punto de ser utilizado en uno de los habituales rituales de invocación.

El tema me espanta, y más desde que nacieron mis hijos, pero, por desgracia, el uso de niños para la magia sigue estando presente en las páginas de sucesos.

A lo largo de los siglos XIX y XX, en España era habitual que muchos niños murieran asesinados a manos de rateros que después vendían su sangre y su grasa a enfermos de tuberculosis, hemofilia u otras enfermedades, especialmente vinculadas con el plasma.

En mi archivo personal guardo multitud de recortes de prensa a este respecto, que nos pueden ilustrar sobre el poder que tuvo tal creencia hace solo un siglo...

Por ejemplo, en 1910, Bernardo González Parra, un niño de siete años, apareció sin vida en un cortijo de la población de Gádor, Almería. La investigación terminó inculpando como asesino a Francisco Leona, barbero del pueblo, que aceptó tres mil reales a cambio de encontrar sangre de niño para Francisco Ortega, el Moruno, un vecino que padecía tisis y que había recibido cierto consejo de una curandera, Agustina Rodríguez: se recuperaría si bebía la sangre aún caliente de un niño. El Moruno y Agustina fueron ejecutados con el garrote vil. Francisco Leona, que había llevado al niño en el interior de su saco para después matarlo en un cortijo de Araoz, murió en la cárcel, pocos días antes de la ejecución.

En 1913, el cuerpo de Manolito Sánchez apareció tirado entre los cañaverales de la huerta del Coto, en Málaga. Tenía solo nueve años cuando lo degollaron; algunos testigos afirmaron que habían visto un misterioso carruaje negro muy cerca del lugar de la desaparición, donde posiblemente alguien se llevó el cántaro con la sangre para bebérsela recién extraída. Los más osados llegaron a señalar a un importante torero de la época, enfermo de tuberculosis. Pero la investigación jamás arrojó luz al respecto.

Unos años más tarde, en 1920, en el Pico de la Corderina, en la comarca de Las Hurdes, una pastorcilla de doce años fue brutalmente asesinada y su cuerpo apareció sin entrañas, abierto en canal. El diario *La Voz* tituló: «Un bebedor de sangre. A una niña de doce años la abren en canal y la extraen las entrañas». La herida le llegaba desde el pubis hasta la laringe, formando después una cruz con otro corte que le abría el pecho de lado a lado. A unos veinte metros del cadáver apareció un vaso de porcelana que aún contenía unas gotas de sangre humana coagulada. El asesinato, como en el caso anterior, jamás se resolvió.

Este puñado de desagradables sucesos dio lugar a toda una serie de denominaciones para estos despreciables seres que quitaban la vida a los niños para comerciar con sus vísceras; al fin y al cabo, alguien capaz de hacer algo así no podía llamarse humano. Surgieron términos que finalmente se convirtieron en leyenda: Hombre del Saco, Tío Camuñas, cortasebos, mantequeros, sacamantecas, *estripaores*, sacasangres, tíos del unto, sacaúntos... Pero uno de los términos que más me ha impresionado durante esta investigación es el de imbunche o invunche, propio de Chile. La mitología mapuche recoge que se trata de una criatura deforme que custodia determinadas cuevas en las que los brujos realizan sus rituales. Tal y como recoge el diccionario de la Real Academia Española:

> **Imbunche**
> 1. m. Chile. En la tradición popular, ser maléfico, deforme y contrahecho, que lleva la cara vuelta hacia la espalda y anda sobre una pierna por tener la otra pegada a la nuca.

El imbunche es un ser propio de la mitología chilena, cuya presencia se recoge especialmente en determinadas zonas boscosas de Chiloé.

En la descripción original, el imbunche tiene la cabeza torcida hacia atrás, con los ojos casi siempre mirando al cielo. También sus brazos parecen casi dislocados, obligándole a caminar como una araña, pues su pierna derecha siempre va, quebrada, cargando sobre su espalda. De su boca, en una desagradable mueca, surge la lengua, partida en dos como la de una serpiente y siempre fuera, babeando. De la oscuridad de la cueva surge el sonido de su voz, apenas un gemido gutural, como el de un animal rabioso.

En esa misma región chilena de los Lagos existían los brujos de Chiloé, organizados en un sistema de creencias que hundía sus raíces en la naturaleza, el uso de plantas medicinales y la invocación de seres sobrenaturales. En 1879, muchos vecinos denunciaron a multitud de estos brujos por realizar pactos con el diablo. El juzgado de Ancud, una ciudad al sur de Chile, llevó a cabo un proceso contra los brujos de Chiloé, pues sus métodos de actuación se agravaron exponencialmente:

[...] en el último cuarto del siglo XIX [...] no se limitaron a simples actos de hechicería, sino que decididamente se dedicaron a asesinar por cuenta propia y ajena, extendiéndose el terror, en todas las islas y comarcas del archipiélago de Chiloé. Semejante situación movió en 1880 al intendente de la provincia don Luis Martiniano Rodríguez, funcionario relevante por su inteligencia, capacidad y energía, a tomar las medidas necesarias para ponerle término.[18]

El juicio terminó con la declaración de decenas de personas que afirmaron pertenecer a una sociedad secreta denominada «Recta Provincia» o «La Mayoría», cuyos orígenes se remontaban a 1786 y que se reunía en secreto en la cueva de Quicaví,[19] muy cerca del pueblo del mismo nombre, en la comuna de Quemchi, tal y como

18 Marco Antonio León, «Entre el espectáculo y el escarmiento: el presidio ambulante en Chile (1836-1847)», *Mapocho, Revista de Humanidades y Ciencias Sociales*. 1998, n.º 43, primer semestre.

19 *Los brujos de Chiloé*. Célebre proceso del juzgado de Ancud: declaraciones de los reos, Santiago de Chile, Imprenta y Casa Editora de Ponce Hermanos, 1908.

recogió el juez que investigó el caso.[20] En aquella época, el gobernador de Chiloé, Martiniano Rodríguez, también formó parte de la acusación.[21] En el sumario de la época se recogen las declaraciones de algunos de los imputados: Santiago Raín, de setenta y nueve años, Mateo Coñuecar, de setenta años y hermano de Andrés Coñuecar, que tenía el título de «comandante de la Tierra» en la secta, o Aurora Qunchem, de más de cuarenta años.

Algunos afirman que los brujos de Chiloé siguen existiendo y recurriendo a algunos de sus macabros objetos mágicos, como el conocido como *macuñ*, un chaleco hecho con el torso de un cadáver, que se ata a la espalda con unas cuerdas y del que se cuelga un farol relleno con grasa humana a la que se prende fuego para iluminar el sendero del brujo (debido a este detalle, en muchos lugares de Chile son conocidos despectivamente como *pelapechos*). Para evitar que los cadáveres de sus familiares fueran profanados, muchos vecinos de Chiloé llevaban a cabo un corte profundo en el torso de sus fallecidos, para que no se pudiera emplear como chaleco. Umiliana Cárdenas, una maestra rural del archipiélago, recogió casos relativamente recientes, algunos ocurridos, por ejemplo, en isla de Quenac, perteneciente a Chiloé, donde una mujer maldecida por los brujos enfermó gravemente y empezó a vomitar gran cantidad de sardinas en mal estado, a pesar de no haber comido pescado desde hacía mucho tiempo.[22] Algunos lugares donde se reunían de manera habitual estos hechiceros eran la cueva de Salamanca o los cerros de Alhué.[23]

Pero uno de los elementos más terribles es que cuando los brujos de Chiloé no encontraban al imbunche en su guarida decidían crear uno ellos mismos. Como si de un monstruo de Frankenstein se tratara, los brujos raptaban a un niño, siempre el primogénito de una familia y aún sin bautizar. Acto seguido, ya en el interior de la cueva, le partían la pierna izquierda, que le colocaban sobre la espalda; después le dislocaban hombros, rodillas y caderas, hasta con-

---

20 Eduardo Pérez Arroyo, *La hermandad de la casa grande*, Santiago de Chile, Ed. La Pollera, 2021.

21 Marino Mauricio Osorio Cipriano, *Proceso a los brujos de Chiloé*, Santiago de Chile, Ed. Copylandia, 1983.

22 Umiliana Cárdenas Saldivia, *Casos de brujos en Chiloé*, Santiago de Chile, Ed. Universitaria, 2006.

23 *Los brujos de Chiloé*. Célebre proceso del juzgado de Ancud: declaraciones de los reos, Santiago de Chile, Imprenta y Casa Editora de Ponce Hermanos, 1908.

vertirlo en el ser deforme de la mitología. Le destrozaban las vértebras, le cortaban la lengua en dos y finalmente lo encerraban en lo más profundo de la caverna, donde se le visitaba excepcionalmente para alimentarlo, siempre con leche de cabra negra.

Según la tradición, con la creación del imbunche se garantizaba la seguridad de la cueva, para que los brujos pudieran llevar a cabo sus ritos de invocación que perseguían favorecer o perjudicar a quienes compraban sus favores.

Otra versión, recogida en las confesiones de los juicios de Ancud, afirma que, si el imbunche era ya adulto, se le alimentaba con «carne de cabrito o de niños difuntos que robaban en el panteón».[24]

En definitiva, es el ejemplo de cómo, a lo largo de la historia, sin importar el rincón del mundo, los niños han sido víctimas de unas salvajes creencias que, ante nuestro espanto, se siguen llevando a cabo hoy en día.

24 *Ibid.*

CAPÍTULO 5

# Los *zouhris*

> Se considera que los *zouhris* son niños con poderes [...]. Actualmente, hay muchos casos que se están juzgando en Argelia. Son secuestrados, sacrificados. Beben su sangre.
>
> GEORGE FENECH, Comisión francesa de investigación sobre sectas y menores, 2008-2012

LOLA DAVIET DESAPARECIÓ EN UN TRAMO DE apenas trescientos metros.

Eran las tres de la tarde del viernes 14 de octubre de 2022, y la joven, de doce años, acababa de salir del colegio. Volvía a casa para comer, atravesando la rue d'Hautpoul hasta llegar a su piso, en el 119 de la rue Manin, en París. Las cámaras de seguridad registraron las últimas imágenes que se tenían de ella con vida cuando entraba en el portal. Pero nunca llegó a su domicilio. Fue como si se hubiera desvanecido.

Fueron sus padres quienes dieron la voz de alarma, pues Lola era siempre puntual. Por eso no necesitaron más de una hora para percatarse de que algo ocurría. Delphine, su madre, acudió con rapidez a la comisaría de policía más cercana, mientras el padre revisaba las imágenes captadas por las cámaras de seguridad. Allí aparecía su hija junto a una desconocida.[25]

Apenas unos minutos después, la familia lanzó un mensaje de ayuda en las redes sociales, utilizando esa última imagen, borrosa y tomada desde lejos: Lola atravesando la puerta principal junto a otra chica joven que vestía pantalón vaquero y zapatillas deportivas.

Lo que hemos sabido después es que, en esas horas interminables en que sus padres la buscaban con desesperación, Lola aún estaba en el interior del edificio, pero en otro apartamento, donde la sometieron a una serie de vejaciones y torturas. Finalmente, fue víctima de un asesinato que conmocionó a toda Europa.

---

25 Stefano Montefiori, «El asesinato de una niña de 12 años que apareció en una maleta en París podría estar relacionado con el tráfico de órganos», *El Mundo*, 16 octubre de 2022.

## TRÁFICO DE ÓRGANOS

El vuelo de Iberia aterrizó puntual en el aeropuerto de París-Orly a las doce de la mañana. Cogí mi mochila, donde llevaba dos libros, mi cuaderno Moleskine y ropa para un solo día, y avancé por el largo pasillo que conduce a la zona de recogida de maletas y, finalmente, al amplio recibidor. Una vez allí me dirigí rápidamente al quiosco junto a la cafetería, donde compré un ejemplar de *Le Monde*, otro de *Le Figaro* y un *Le Parisien*, que también llevaba en portada la última hora sobre el crimen de Lola. Solo habían pasado seis días, y toda Francia debatía sobre lo sucedido, sobre lo sugerido y sobre lo que nunca se contaría.

En la pequeña televisión de la tienda volvían a mostrar la última imagen con vida de Lola, que era ya un símbolo. Después aparecía una multitud congregada la noche anterior a las puertas de su domicilio, dejando velas y cartas de afecto para sus familiares. Los viajeros disminuían su ritmo al pasar junto al televisor, alzaban la vista unos segundos para leer el rótulo del informativo y volvían, después, a su caminar apresurado.

Tras recibir el cambio de los periódicos salí al exterior, en un día soleado que me obligó a quitarme la gabardina y llevarla bajo el brazo mientras me colocaba en la fila de espera para un taxi. El aeropuerto de Orly está ubicado a unos quince kilómetros de París, pero ese día no había demasiados turistas y avancé con rapidez hasta llegar al coche que me llevaría a mi hotel en la rue Gérard, para dejar mi mochila y dirigirme cuanto antes al lugar donde todo sucedió.

El taxista me preguntó, amablemente, por el motivo de mi visita. Respondí en un nefasto francés que, contra todo pronóstico, fue suficiente para entendernos.

—Vengo a buscar información sobre el crimen de Lola Daviet.

—¡Oh, Lola! Se están diciendo muchas cosas en televisión. Anoche mismo hubo un debate... —respondió él, dando varios volantazos para avanzar entre los coches—. ¿Crees que es cierto lo del tráfico de órganos? Yo vivo en el barrio donde se cometió el crimen, y allí todos creemos en eso.

Se refería a una de las primeras hipótesis que se publicaron

Al aterrizar en París, el autor revisó en el interior del taxi la prensa francesa: «Lola. La historia de una tragedia que ha trastornado a Francia», decía uno de los periódicos.

sobre ese horrendo crimen. Los titulares internacionales hablaban de que habían asesinado a Lola para extraer sus órganos y venderlos en el mercado negro.[26] Sin embargo, a pesar de que había leído todos los artículos de las principales cabeceras del mundo, ninguno explicaba de dónde surgía la hipótesis que, no obstante, todos los medios reputados habían aceptado como factible.

—No sé muy bien de dónde salió la información... ¿Tú conoces el barrio, entonces? Me han dicho que es un poco peligroso —respondí.

Y es que esa noche iba a conectar en directo con el programa *Horizonte*. Unas horas antes, hablando con el operador de cámara que iba a encargarse de la conexión, me recomendó que nos marcháramos de esa calle antes de que anocheciera. Cuando le especifiqué

26 María Carbajo, «Tortura, asfixia, una mujer misteriosa y tráfico de órganos», *ABC*, 16 de octubre de 2022.

que la conexión era, precisamente, por la noche, dejó salir de su boca una risa nerviosa y añadió: «Entonces tengo que llamar a un amigo, la zona es peligrosa».

—Todo París es peligroso ahora —respondió el taxista—. Puedes ir a la torre Eiffel, meterte en una calle pequeña, de noche, y tener problemas. Pero es cierto que ese distrito es muy inseguro. ¿No irás solo?

—No, no, voy con un cámara de televisión... Y creo que nos acompañará un amigo suyo.

—Mejor, no es muy recomendable. Lo que sorprende es la historia de la asesina. En esa foto que han publicado no parece ni mucho menos una indigente. —Casi deletreó las palabras, para que pudiera entenderlo bien.

Según los medios de comunicación, la asesina, que confesó el crimen a las pocas horas, se llamaba Dahbia B., y era una mujer, literalmente, «sin hogar y con problemas psicológicos».[27] Sin embargo, tal y como reseñaba el taxista, algo no casaba en la historia... Y es que, por lo que se veía en las escasas imágenes que se habían difundido hasta el momento, esa chica no parecía cumplir con el estereotipo de una persona sin hogar.

—Lo curioso es que haya trascendido ya tanta información confusa sobre el tema —respondí recurriendo también al inglés para poder explicarme mejor—. Me refiero a datos que son, incluso, contrapuestos; versiones que no casan la una con la otra. Se ha hablado de tráfico de órganos, pero también de ritual. Y otra hipótesis es que se trata del crimen sin sentido de una persona con problemas mentales.

—Esta mañana en la radio daban otra hipótesis. Decían que, a lo mejor, la asesina conocía a los padres de Lola y había tenido problemas con ellos porque no quisieron dejarle una llave del edificio.

—¿Un crimen tan horrible para vengarse por algo tan absurdo?

—Bueno, ya sabes... Si es cierto lo de los problemas mentales... ¡Allí, a la derecha, la catedral!

Cruzábamos el río Sena a través del puente de Austerlitz cuan-

---

27 «Dahbia, una mujer sin hogar y con problemas psicológicos, la principal sospechosa del asesinato de la niña de 12 años en París», La Sexta, 17 de octubre de 2022.

do la catedral de Notre Dame, rodeada de andamios, apareció en el horizonte. Me quedé embobado mirando su fachada, y me vinieron a la mente las impactantes imágenes del incendio de 2019.

Desgraciadamente, en este viaje no tendría tiempo para hacer turismo, pero deambular por la ciudad era ya de por sí toda una experiencia impagable.

El taxi me dejó en la puerta del hotel, un edificio parisino del siglo XIX reacondicionado con pequeñas habitaciones ubicadas alrededor de una escalera principal que daba acceso a seis pisos. Agradecí al taxista su conversación, y este, ante mi asombro, respondió con el pulgar hacia arriba, gritando al otro lado de su ventanilla:

—¡Viva el Real Madrid! ¡Benzema!

Al bajar del taxi me registré en el hotel y subí a la quinta planta, donde se encontraba mi habitación, para dejar la mochila y comer algo antes de dirigirme al distrito 19.

Aquel edificio me hizo pensar en *El quimérico inquilino*, una inquietante película de Roman Polanski en la que el mismo director interpreta a un hombre que alquila un piso en París y que terminará obsesionando por algo que sucedió en el mismo apartamento que él ocupa. Mi hotel, acogedor, limpio y bien cuidado, pese a todo, parecía parte del escenario de esa película.

Cerré la puerta de mi habitación y abrí el balcón, por el que entró una agradable brisa con olor a tormenta. Deseé, sin embargo, que no lloviera, pues eso dificultaría mucho mi búsqueda por el lugar, aparte de complicar la conexión en directo con todo el equipo técnico.

Bajé a comer algo en un agradable bistró llamado Marcel et Clementine, que hacía esquina con la rue de Dunkerque. Me encontraba muy cerca del barrio bohemio, a la sombra de la imponente iglesia blanca del Sacré-Coeur.

Allí, una amabilísima camarera me atendió y me dejó una botella enorme de Coca-Cola junto a un vaso con hielo. Aproveché para sacar mi cuaderno y revisar la última hora del caso, que había ido anotando casi esquemáticamente, como trazando una línea temporal de los acontecimientos.

La ciudad de París vivió con enorme impacto el crimen de la joven Lola, cuya motivación parecía vinculada a un rito ancestral.

## UNA MALETA SOSPECHOSA

El vagabundo solo buscaba un sitio tranquilo donde dormir. Ya conocía la zona y alguna vez se había colado en el patio privado del edificio que hacía esquina en la rue Manin. En uno de sus laterales, una verja daba acceso a unos soportales donde uno podía resguardarse de los consumidores de heroína, que a veces, con el mono, se ponían agresivos. Era una noche fría y buscaba unos cartones entre la basura con los que poder guarecerse. De pronto, algo llamó su atención. Era una maleta sucia, junto a la cancela negra del edificio. El capitalismo, pensó; la gente tira cualquier cosa, a veces en perfecto estado. Se acercó a ella y la inspeccionó con cautela. Había oído hablar de los paquetes bomba de fabricación casera y de otros bultos sospechosos. La palpó ligeramente por fuera y dedujo que no era peligrosa.

Al tirar de la cremallera descubrió que la tela estaba empapada por un líquido pastoso y que la oscuridad de la calle volvía inespecífico. Cuando terminó de abrirla, no pudo más que echar a correr a la comisaría más cercana y dar la voz de alarma. Apenas podía articular palabra.

Había encontrado el cadáver de una chiquilla, con la cabeza casi desprendida del cuerpo.

Eran las once de la noche cuando la policía reconoció haber encontrado el cuerpo de Lola Daviet, de doce años. La autopsia posterior reveló que había sido sometida a torturas,[28] tenía marcas en las muñecas y los tobillos por haber permanecido atada, y le habían grabado unos números en las plantas de sus pies: el uno y el cero.[29] Finalmente, una incisión de un tamaño considerable recorría gran parte de su cuello. La conclusión de la autopsia es que Lola murió «por insuficiencia cardiorrespiratoria con asfixia y signo de compresión cervical».[30]

## EL DISTRITO 19

El taxi me alejaba del bullicio del barrio de Montmartre, dejando atrás los espacios verdes, los restaurantes elegantes, las tiendas de *souvenirs* y las filas de turistas, a la vez que una fina lluvia empezaba a caer sobre los tejados inclinados de cinc de las viejas buhardillas de las *chambres de bonne*, y bañaba con delicadeza la sombra de las gárgolas del Sacre-Coeur, con sus alas contenidas, sus picos abiertos y sus ojos vacíos.

Quedaban atrás los edificios tan particulares de estilo Haussman, y me adentraba en una parte de la ciudad más industrializada, al oeste del Sena, con amplios edificios de apartamentos de estilo desarrollista. Las aceras ya no estaban inundadas de grupos de

---

28 María Carbajo, «Tortura, asfixia, una mujer misteriosa y tráfico de órganos: lo que se sabe del crimen de la niña de 12 años en París», *ABC*, 16 de octubre de 2022.

29 «El misterio de la niña hallada en una maleta y los números encontrados sobre su cadáver». *Semana*, 22 de octubre de 2022.

30 Alberto López Marín, «La asesina de la niña Lola en París declara que la violó y torturó con un cuchillo, y luego se retracta», *El Español*, 18 de octubre de 2022.

estudiantes ni de parejas de recién casados, sino por parisinos recién salidos del trabajo que volvían a casa con caminar cansado, mirando sus teléfonos móviles y esquivando a algún vagabundo tumbado entre cartones.

Era el distrito 19, un barrio de clase obrera y con mucha población inmigrante. Recientemente, me advirtieron, las autoridades habían desarticulado un campamento de heroinómanos en el extrarradio, y ahora estos drogadictos caminaban como zombis por el distrito, en busca de algo que poder robar para después intercambiar por heroína. Precisamente, el operador de cámara que me acompañaría esa noche me contó que a él mismo le habían robado un equipo solo unos días antes de mi visita, mientras grababa una crónica en las puertas del edificio al que me dirigía.

Otros decían, en contraposición, que era un barrio humilde y para nada peligroso.

Sea como sea, me sentía inseguro, sobre todo porque durante unas horas iba a caminar solo, buscando información y preguntando a desconocidos sobre un caso que había generado una enorme crispación en el país. Porque el caso, que a todas luces era un crimen horrible, se había convertido también en una herramienta política, ya que Dahbia B., la asesina confesa, era de nacionalidad argelina y tenía una orden de expulsión del país que no se había ejecutado. Esto había sacado a relucir que en Francia solo se cumplían un 10 por ciento de las órdenes de expulsión de inmigrantes en situación irregular, crispando aún más un ambiente polarizado. Y para echar más leña al fuego, solo unas horas antes se había hecho pública parte de la declaración de Dahbia, en la que especificaba que, tras raptarla y retenerla en el piso de su hermana, que vivía en el mismo edificio que la víctima, la había obligado a darse un baño, casi a modo de purificación, para después asesinarla, degollarla e intentar desmembrarla.[31] Dijo también que había llenado una botella con la sangre para bebérsela.[32]

Cada detalle era más horrible que el anterior, y en mi cabeza

31 «El siniestro ritual tras el asesinato de Lola: la sospechosa confesó que la asfixió y bebió su sangre, pero después dijo que fue "un sueño"», *20 Minutos*, 19 de octubre de 2022.

32 Julia Fernández, «El macabro ritual de la asesina de una niña en París que ha conmocionado Francia», *Heraldo de Aragón*, 19 de octubre de 2022.

todo transcurría cronológicamente como en la pantalla partida de una película: en un lado, el crimen atroz; en el otro, a la misma hora en que Lola, de doce años, moría asesinada vilmente, yo jugaba con mis hijos, tirado en el suelo, construyendo una torre de Lego.

## LA ASESINA *TIKTOKER*

El chico, que llevaba una mochila de colegial, se acercó a mí con cierto interés. Me había visto merodear por los alrededores del 119 de la rue Manin, donde cientos de personas habían dejado flores, cartas y fotografías como muestras de respeto a la víctima y de apoyo a sus familiares. Yo llevaba ya más de media hora intentando hablar con algunos de los vecinos que se adentraban en el portal, pero no había tenido éxito. Quizá por compasión o quizá por simple curiosidad, el colegial, recién salido de la escuela, vino a hablar conmigo. Y lo hizo en un español casi perfecto:

—¿De dónde vienes? —dijo para iniciar la conversación.

—De Madrid, España —respondí con una sonrisa.

—¡Real Madrid! ¡Benzema!

Puse mi mejor cara ficticia de sorpresa y alcé los pulgares. Él correspondió con el mismo gesto.

—¿Sabes lo que ha ocurrido? —me adelanté, cauteloso, sin querer darle detalles que sus padres pudieran haberle ocultado por protegerle.

—Voy al mismo colegio que Lola... Ella era mayor que yo. ¿Quieres que te enseñe dónde está el colegio? Allí también han dejado flores.

Me sorprendió enormemente la confianza de un joven hacia un desconocido en un momento en que había ocurrido un crimen en la zona. Le pregunté si no había alguien esperándole en casa que pudiera asustarse en un momento como ese, pero sonrió y dijo que sus padres estaban trabajando.

—¿Por qué hablas tan bien español? —quise saber.

—En la escuela Georges Brassens estudio español como asignatura.

—Debes aprobar con nota.

—¡Soy el mejor de mi clase! —Alzó los brazos en un gesto de victoria.

El chico me caía muy bien, y la calle había quedado vacía, así que no se me ocurrió nada mejor que acompañarle y charlar un rato con él.

—Yo nunca coincidí con Lola, porque es un colegio grande. Por cierto, los profes nos han prohibido hablar con periodistas. Si me ven contigo, di que me conoces —me advirtió.

—Me haré pasar por tu profesor de español —respondí con fingida seriedad.

Él sonrió y sacó su teléfono móvil. Estaba revisando un grupo de WhatsApp mientras seguía caminando. Pasamos por delante de una cafetería.

—Aquí es donde vieron a Dahbia tirando de la maleta —señaló.

Me quedé helado ante aquella revelación, especialmente por el hecho de que alguien tan joven manejara información tan delicada. Y es que, después del crimen, Dahbia había introducido el cuerpo de la chica en una maleta con la que había recorrido parte de la calle.[33] Después, en esa cafetería, tomó un cruasán, sentada junto al bulto. Y finalmente siguió deambulando tirando de la maleta, la subió a un coche, la llevó a un pueblo a las afueras de París (donde se intentó alojar en casa de un conocido suyo, ahora implicado), y terminó regresando en un Uber, con la maleta.[34] Ya de noche, decidió deshacerse de ella, donde después la encontraría el vagabundo, y se fue a dormir.

Se hizo el silencio hasta que llegamos a las puertas del colegio, ubicado en una calle peatonal. La valla también estaba repleta de flores y cartas de sus compañeros de clase, que habían recibido ayuda psicológica tras la publicación de la noticia.[35]

—¿Sabes que la asesina es una *influencer*? —me dijo el chico, inesperadamente.

—Bueno, es una sintecho.

---

33 Martín Mucha, «La niña Lola en una maleta, crimen en el gran París», *El Mundo*, 22 de octubre de 2022.

34 Gonzalo Barquilla, «Un conductor de VTC llevó el cadáver de la niña de 12 años asesinada en París sin saberlo», *Informativos Telecinco*, 20 de octubre de 2022.

35 «París llora a la pequeña Lola: La niña que no regresó de su centro educativo y que murió asfixiada (los sospechosos y el apoyo psicológico a sus compañeros de clase)», AFP, 17 de octubre de 2022.

—No, no, es una *influencer*. Tiene una cuenta de TikTok en la que sale bailando, con ropa cara y posando al lado de coches de lujo... y demás.

Torcí el gesto, y él respondió pasándome su teléfono móvil con la aplicación de TikTok abierta. Efectivamente, allí se veía a una mujer de unos veinte años muy parecida a Dahbia B.

Busqué en mi teléfono la última hora del caso, por si se hubiera publicado ya algo al respecto, pero no encontré ninguna noticia en ese sentido.

—Es imposible... —dije.

—Me lo han pasado mis amigos por el grupo de clase —respondió, como si aquella fuera una fuente irrefutable.

Me fijé en el nombre de la cuenta... «Diby985»... Al entrar en el perfil, comprobé que el nombre del usuario era Dahbia. Al lado de su nombre había... una bandera de Argelia: verde y blanca, con una media luna roja que abraza a una estrella de cinco puntas.

—Podría ser ella... —dije.

—¡Vamos! Es ella, tío —me contestó el chico, recuperando su teléfono.

La lluvia volvió a apoderarse de la ciudad, y mi improvisado y joven informante me dijo que tenía que irse a casa. No llevaba paraguas, y me ofrecí a acompañarle para dejarlo en su portal. Él me dijo que no tenía miedo, que había nacido en ese barrio, pero me recomendó no andar solo de noche por allí.

Llegamos a la rue Gaston Pinot, una calle empedrada con edificios bajos de ladrillo rojo. Allí vivía su tía, que le ayudaba con los deberes. Le agradecí su confianza y respondió dejando caer su mano derecha con un movimiento universal de muñeca: «No tiene importancia».

—Gracias por la clase de español. ¡Te veré esta noche en la tele!

Sonreí y volví a la calle, ahora empapada y fría.

Pasé parte de la tarde en una cafetería, revisando la cuenta de TikTok de Diby985. Todo parecía cuadrar, tenía que ser ella. De hecho, había una foto tomada desde la casa en la que cometió el crimen, y lo que se veía desde su ventana era, precisamente, el edificio que había frente al 119 de la rue Manin. Otro detalle intrigante es que todas sus publicaciones habían tenido lugar en el día 10 de cada mes. Solo publicaba en los días 10. Y, según fuentes policiales, eran los mismos números que habían aparecido en los pies de la víctima.

Lo más sorprendente de todo es que los medios internacionales hubieran publicado, desde el primer momento, que el móvil del crimen había sido el tráfico de órganos (cuando ni un solo indicio apuntaba en esa dirección), y que la asesina era una indigente con problemas mentales (cuando ni siquiera se habían hecho públicos los exámenes psiquiátricos que le hicieron antes de entrar en prisión y, poco después, la perita psiquiatra que la examinó durante su estancia en prisión preventiva presentó un informe ante el juez de instrucción en el que afirmaba que Dahbia no sufría ninguna enfermedad psiquiátrica).[36] Sin embargo, los medios tradicionales lo aceptaron como la única verdad. Pero aquella noche, en *Horizonte*, se modificó toda la escaleta para poder relatar, en exclusiva, los datos que había recabado sobre el terreno. Algo que ponía en cuestión el valor de la información que se vertía con inmediatez, se reproducía a gran velocidad y se interpretaba según la ideología del medio. Esa noche, bajo un cielo que no terminaba de romperse, hablamos de la verdadera identidad de la asesina confesa y de algunos detalles del caso a los que no se les había dado demasiada importancia.

Antes de volver al hotel me quedé unos minutos a las puertas del edificio. Cada pocos minutos, alguien aparcaba su coche en doble fila y se bajaba para encender unas velas o rezar en silencio.

Algunos secaban sus lágrimas, impotentes ante un crimen que no entendían y que se había convertido en el símbolo nacional de la desprotección de la infancia.

## NIÑOS DESAPARECIDOS

Lola Daviet fue enterrada en Pas-de-Calais, una pequeña población del norte de Francia, de donde era originaria su madre. La llevaron

36 «Selon le rapport d'expertise psychiatrique, Dahbia B., accusée d'avoir tué Lola, est responsable pénalement», BFMTV, 9 de diciembre de 2022.

en un ataúd blanco envuelto en flores del mismo color. La lloraron sus padres, su hermano y todos sus familiares, además de algunos vecinos del bloque donde murió asesinada, que viajaron hasta allí para despedirse. Mientras tanto, se convocaban multitud de manifestaciones por toda Francia al grito de «¡Lola!». Y entre todo ese ruido apareció una voz autorizada que señaló una posibilidad que siempre había estado sobre la mesa, pero a la que nadie quería mirar: la del asesinato ritual.

Fue en un debate del Canal 8 de la televisión francesa donde se habló por primera vez de los niños *zouhris* y de un tipo de morfotipo muy particular.

Georges Feneche había sido presidente de la Comisión de Investigación sobre Sectas y Menores y presidió también, entre 2008 y 2012, MIVILUDES, que significa «Misión Interministerial de Vigilancia y Lucha contra las Derivas Sectarias», y que es una agencia del Gobierno que tiene como objetivo estudiar y combatir las sectas en Francia e informar sobre ellas, publicando informes anuales con sus conclusiones. Se trata, por tanto, de uno de los mayores expertos en sectas del país.

Según dijo Fenech:

> Se considera que los *zouhris* son niños con poderes. En Marruecos y Argelia son niños con un morfotipo y unas características muy específicas. En efecto, suelen ser niños pelirrojos, de ojos azules, o rubios de ojos claros —como la menor asesinada—, y deben presentar una línea continua que cruza la palma de la mano. Actualmente, hay muchos casos que se están juzgando en Argelia. Son secuestrados, sacrificados. Beben su sangre. Hay ritos satánicos. En esta pequeña, estaba el número 1 en la planta de su pie izquierdo y el número 0. La presunta asesina dijo que había bebido su sangre. Este es exactamente el rito satánico de los *zouhris* que encontramos en el norte de África. Necesito saber qué inspiró a esta mujer.[37]

Cuando supe de estas declaraciones llamé inmediatamente a varios expertos en ritos y creencias islámicas, como el arabista An-

37 *Touche pas à mon poste*, 8TV, 19 de octubre de 2022.

drés Guijarro, que me devolvió un mensaje muy interesante. Él no conocía el término *zouhri*, pero me aportó una serie de datos sobre los niños que eran víctimas en diferentes ritos. Según me escribió:

> El tema del niño inocente y con ciertas características especiales (también físicas) que es usado para encontrar un tesoro es antiguo y bebe en la tradición. De hecho, si recuerdas la historia de Aladino, el falso tío (que, por cierto, en la versión original de la historia, en *Las mil y una noches*, es magrebí) escoge a Aladino por esa misma razón. También Dee, Cagliostro y otros magos empleaban a niños con características especiales para fines mediúmnicos. Pero, que yo sepa, no se los mataba.

Compré varios libros por internet y, buscando el término *zouhri*, terminé accediendo a varias bases de datos de periódicos del norte de Marruecos. Así llegué a un artículo publicado en el *Maghreb Observateur* que explicaba que a estos niños *zouhris* se los consideraba «afortunados» y capaces de transmitir su buena suerte, pues estaban capacitados para realizar milagros y, sobre todo, para dar con tesoros escondidos.[38] Según esta información, los niños *zouhris* eran fácilmente reconocibles, pues la tradición los señalaba como jóvenes de pelo rubio, ojos azules y piel clara, que aún no han llegado a la pubertad. Además, suelen tener una mancha muy identificativa en el iris y una línea en la palma de la mano que cruza de lado a lado, desde el dedo pulgar hasta el meñique. A estos niños se los rapta y se los vende a unos brujos conocidos como *fkihs*, que practican un rito muy particular conocido como *taâzima*, que consiste en degollar al inocente para ofrecer su sangre a los *djinn*, los genios de la mitología árabe preislámica, que conocen perfectamente dónde se esconden las fuentes de dinero y riqueza. Según el artículo, una vez que la sangre se le ofrece al *djinn*, muchas de estas mafias venden los órganos de la víctima.

En los años sesenta, muchos de estos buscadores de tesoros recorrieron el suroeste y el oeste de Argelia en busca de tesoros perdidos, secuestrando a niños con tal fin. Se hacían pasar por mendigos

---

38 «Qu'est-ce que les enfants zouhris?», *Maghreb Observateur*, 6 de junio de 2022.

y simulaban leer las palmas de las manos de los más jóvenes para intentar seleccionar a los auténticos *zouhris*. Las personas mayores de la zona todavía recuerdan, según el artículo, la psicosis derivada de aquellas múltiples desapariciones de menores.

Y, aunque pueda parecer algo remoto y en desuso, la realidad es más cruda de lo que yo mismo podía esperar. Tras una búsqueda sencilla, encontré una noticia reciente que hablaba de cómo la Gendarmería había desarticulado una banda que operaba cerca de la escuela de Azilal,[39] y que secuestraba a niños tras inspeccionarles las manos, tal y como relató la Dirección General de Seguridad Nacional.[40]

Después fui conociendo una serie de casos, de niños con nombre y apellidos, que habían sido víctimas de este rito. Naima, una pequeña de cinco años a la que muchos señalaban como *zouhri*, desapareció en Zagora en 2020. Encontraron su cuerpo descuartizado entre unas rocas. Los vecinos y algunos de sus familiares la catalogaron como víctima de estas mafias.[41]

Un año después, Ibtissam, de trece años, no vuelve a casa en la provincia de Tata. Sus padres hacen declaraciones diciendo que su niña no tiene poderes mágicos *zouhris*. Solo un mes después, Ibtissam aparece muerta en una cueva, con los particulares signos del rito *taâzima*.[42]

Y así continuaba la impactante y desagradable información en las páginas de sucesos: Rendouane Al Malki, de nueve años, que desapareció mientras en su pueblo, Sidi Yayha, ubicado veinte kilómetros al sur de Rabat, se denunciaba la presencia de una banda de buscadores de tesoros.[43] Lo mismo ocurre con Saïd Idrissi, de nueve años, con Noureddine Taji, de doce años, o con Aït Amghar Brahim, de seis años. Todos ellos, pequeños desaparecidos sin dejar rastro, siempre ante la extraña presencia de unos adultos que, previamen-

---

39 «Azilal: 4 personnes arrêtées pour leur implication présumée dans le kidnapping de mineurs pour dénicher des trésors», Medi1News, 10 de enero de 2017.

40 Omar Sara, «Kidnapping d'enfants "zouhri": quatre arrestations à Azilal», *Telquel*, 11 de enero de 2017.

41 Kawtar Firdaous, «L'affaire Naïma. Les parents racontent toute l'histoire derrière l'abominable meurtre de leur fillette», *L'Observateur*, 30 de septiembre de 2020.

42 Jamil Manar, «Disparition mystérieuse à Tata», *Le Canard Libéré*, 10 de marzo de 2021.

43 Abderrafii Aloumlikip, *Maghess*, 23 de enero de 2009.

te, habían ido por sus pueblos inspeccionando las palmas de las manos de los más jóvenes.

Precisamente por todos estos datos, Georges Fenech pedía que, dada la nacionalidad de la asesina confesa, originaria del norte de Marruecos, se tuvieran en cuenta estas creencias para estudiar el asesinato de la joven Lola Daviet. Sin embargo, algunos medios se negaron a ofrecer siquiera esta información, por miedo a que los catalogaran de racistas, como si las creencias y la raza tuvieran alguna relación.

Actualmente, el caso sigue bajo secreto de sumario y no ha trascendido ninguna información al respecto.

Por otro lado, aunque la creencia en los *zouhris* pueda parecernos algo lejano y casi exótico, lo cierto es que en España se han cometido crímenes espeluznantes y sus víctimas eran niños cuya sangre, aparentemente, podría llegar a salvar vidas.

A mi regreso de París terminaría topándome con un caso que había ocurrido a principios del pasado siglo, a menos de cien kilómetros de mi casa.

CAPÍTULO 6

# Los tres esqueletos

Los pobres niños han sido hallados muertos en lo alto de la sierra de Venta de Cárdenas, término de Fuencaliente, a una legua del Horcajo. A los tres cadáveres les faltan los ojos, arrebatados, sin duda, por las aves de rapiña. Las gorritas de las infortunadas criaturas estaban a corta distancia, llenas de madroños.

*El Imparcial*, 8 de diciembre de 1900

EL PUEBLO ABANDONADO DE MINAS DEL HORCAJO se ubica en la frontera de Ciudad Real con Córdoba, en el corazón de Sierra Madrona.

Para llegar a él hay que atravesar la serpenteante N-420, que cruza el puerto de Niefla, y desviarse después por un sendero que atraviesa el barranco del Lobo, hasta llegar a un imponente túnel de un kilómetro excavado en la roca.

Cuando llegué a su entrada, bajé del coche y busqué entre los arbustos que crecían en la boca de la gruta. Me habían dicho que allí había un pulsador que iluminaba una luz roja al otro lado del paso para indicar que alguien estaba circulando por el interior y prohibir el acceso en el sentido contrario, pues en su interior solo cabía un vehículo. Miré entre los jarales y las retamas, que crecían más allá de mi cintura, pero era incapaz de dar con el dichoso botón.

Al final, como era una tarde de sol, tan seca, decidí cruzar el túnel sin más, pues imaginé que no habría nadie intentando pasar desde el otro lado.

Encendí las luces del coche y me adentré en la húmeda galería, donde, de forma repentina, la temperatura descendía varios grados. Bajé las ventanillas para escuchar el sonido del agua, que caía desde el techo de piedra hasta el suelo ligeramente embarrado.

Cada doscientos metros se abrían oquedades en la piedra para que los caminantes que atravesaban el paraje a pie pudieran guarecerse en caso de encontrarse con un coche. Pero uno de esos conductos, casi llegando a la salida, era más profundo que el resto... Se trataba de una de las entradas a la mina, que había sido cegada décadas atrás y que era el único motivo por el que aquel lugar estuvo habitado una vez.

Y es que el pueblo al que me dirigía ya casi no tenía vecinos. Había pasado de sumar cuatro mil habitantes a tener prácticamente cero en cuestión de pocos años. Llegó a ser un punto neurálgico de la minería española e incluso europea, pues sus entrañas estaban llenas de plomo y plata que dieron trabajo a cientos de mineros.[44] Sin embargo, en la actualidad, Minas del Horcajo es un pueblo muerto, con las ruinas de la escuela, de la iglesia y de algunas humildes viviendas como única muestra de una época esplendorosa. Y en lo alto, coronando el valle desde la cima de una montaña, un monolito que recuerda la misteriosa muerte de tres niños, de quienes solo se encontraron unos huesos, junto a sus gorritas, llenas de fruto de madroño.

## EL TÚNEL DEL TIEMPO

El conducto que separa Minas del Horcajo del resto del mundo es como un túnel del tiempo capaz de transportarte al pasado. Nada más atravesarlo, aparecen ya las estructuras de las pocas casas que quedan en pie y que son una ínfima parte de las más de quinientas viviendas que se construyeron a principios del siglo XX, cuando los mineros se dedicaban a extraer de las entrañas del paisaje los filones de plata de mayor calidad de la época. Las viejas fotos del pueblo muestran la proeza de construir un verdadero pueblo en una zona tan agreste como es el valle de Alcudia, de difícil acceso. Una localidad que contaba con servicios como hospitales, bibliotecas, economatos, iglesia, círculos literarios y hasta un colegio segregado para niños y niñas.

Al llegar a la entrada de las ruinas conocí a Andrés Caballero, una de las pocas personas vivas que habían nacido en Minas del Horcajo. Me alertó de que era peligroso caminar por algunas zonas espesas de zarzas y maleza, pues había alacranes y víboras que atacaban directamente al tobillo. Correspondí con mi mejor sonrisa ur-

44 José Félix Fernández Megías, *Minas del Horcajo: la aldea olvidada*, Ciudad Real, Ed. Puertollano, 2020.

Andrés Caballero, nacido en Minas del Horcajo, sentado a las puertas de la que fue su escuela.

banita mientras me subía los calcetines y recolocaba las botas por debajo del pantalón vaquero.

Andrés, el amable vecino, que era propietario de una casa rural en la zona, me acompañó a visitar la antigua iglesia, pegada a la escuela, de la que solo quedaba la estructura, como un armazón invadido por la broza.

—Aquí llegué a ir al colegio, justamente aquí. Estuve yendo hasta que tuve nueve años —me explicó.

—Qué pena que se haya conservado tan mal —reflexioné, mirando las pocas estructuras que quedaban en pie alrededor.

—Es muy complicado. Cuando se acabó la explotación minera, en torno a 1911, este no era un sitio donde poder vivir con facilidad. La gente se fue. Y a los que nos quedamos tampoco nos dejan construir ni tocar las estructuras, paradójicamente, como forma de proteger el entorno. Así que imagínate...

—¿Y hasta cuándo vivieron aquí?

—Yo tendría diez años, mis padres, que tenían aquí un comercio y un bar, decidieron llevárselos a Fuencaliente. Porque ya dejó de haber vida y el negocio se fue a pique.

Aunque los registros oficiales hablan de que no hubo accidentes mortales, la prensa de sucesos de la época dice todo lo contrario. El 21 de abril de 1904 se hundió parte del terreno del pozo de San Juan,[45] enterrando en vida a cinco mineros.[46] El 21 de febrero de 1905, en el mismo pozo, el desprendimiento de un montacargas acabó con la vida de otro minero[47] y dejó a dieciséis gravemente heridos.[48]

A todo esto se suman otra serie de sucesos luctuosos que pude descubrir en la hemeroteca tras pasar varios días buscando noticias que hubieran ocurrido en Minas del Horcajo. Así, di con la historia de dos pastores que aparecieron carbonizados después de que les cayera encima un rayo durante una tormenta,[49] o la de un arriero asesinado con una cuchillada en el cuello y a cuyos asaltantes jamás apresaron.[50]

Pero, sin duda, el hecho más trágico que se recuerda en la historia del pueblo es el de tres niños a los que, aparentemente, un médico asesinó para extraerles la sangre.

## 1101

Ocurrió un 1 del 1 del año 1. Una fecha que, sumada, da tres. Como los tres niños protagonistas de nuestro macabro cuento de Navidad. Se llamaban Bonifacio Rubio, Alejandro Muñoz y León Piernas, y, como cada mañana, habían salido a jugar por el monte. Dicen los más mayores que habían ido a coger fruta del madroño que se erigía, solemne, en el interior del camposanto y que había dado lugar a un dicho local: «¡Cuídate de ir a la madroña!» (o, lo que es lo mismo: ten cuidado, no vayas a acabar muerto).

Junto con Bonifacio, Alejandro y León, iba un cuarto niño, más pequeño, que se salvó de un destino fatal cuando unos arrieros con

45 «Catástrofe en las Minas del Horcajo», *ABC*, 3 de mayo de 1904.

46 «Hundimiento en las Minas del Horcajo», *Nuevo Mundo*, 5 de mayo de 1904.

47 «En las Minas del Horcajo», *El Imparcial*, 24 de febrero de 1905.

48 «Accidente en una mina: Un muerto y 16 heridos», *El Correo Español*, 24 de febrero de 1905.

49 «Se conocen nuevos detalles de los estragos causados por la tormenta», *El Sol*, 3 de mayo de 1920.

50 *Heraldo de Madrid*, 10 de junio de 1893.

los que se cruzaron pudieron coger a este último, pues corría más despacio que el resto, y lo llevaron de vuelta al pueblo. Años después, Andrés Caballero tuvo la oportunidad de conocer al cuarto niño, que fue de visita, y en un bar de la zona preguntó cómo llegar al monolito erigido en honor de Bonifacio, León y Alejandro... Dijo que él ya contaba con más de setenta años, y gracias a Dios, pues sus tres amigos no corrieron la misma suerte. Cada día pensaba que su nombre podría haber estado en la fría losa de mármol que hoy corona el valle.

Cuando se corrió la voz de que tres niños habían desaparecido en Minas del Horcajo, los vecinos hicieron batidas por los alrededores, con las campanas de la iglesia tocando para indicar que un crío se había perdido. En realidad, eran tres. Ascendieron por el camino del cementerio y llegaron hasta la parte más alta del monte, conocida como el *gastaero*, un lugar donde los pastores llevaban a morir a sus ovejas enfermas para alimentar a los carroñeros. Una especie de cementerio de animales, lleno de huesos y colgajos de piel. Y nada más.

Gritaron sus nombres con desesperación hasta perder la voz; cuando se fue la luz del sol y el frío convirtió la tiritera en convulsiones, los padres siguieron buscando a sus hijos. Pero nunca nadie respondió a sus llamadas.

Solo pasaron tres días cuando alguien entró en el pueblo alarmado, diciendo que había encontrado los esqueletos de tres niños en el *gastaero*, aquel cementerio de animales que ya habían inspeccionado... Era como si alguien los hubiera depositado allí, tal vez para intentar que los buitres se los comieran y así hacerlos desaparecer.

Junto a los tres cuerpos se encontraban sus gorritas, perfectamente colocadas, llenas de fruto de madroño.

## LA HUIDA DEL MÉDICO

Aquella semana negra se dijeron muchas cosas. Que los niños se perdieron al caer la noche y fueron devorados por las alimañas. Que se envenenaron comiendo fruto de madroño. Que se congelaron. Que murieron de inanición. Pero había un detalle que no casaba con aquellas explicaciones fatales: el hecho de que los cuerpos habían aparecido en un lugar donde los vecinos ya habían buscado en varias ocasiones.

Pero había un rumor que empezó contándose de boca a oído y terminó convirtiéndose en la verdad popular, aunque nunca probada. Y es que el médico de Minas del Horcajo tenía un hijo afectado por la tuberculosis, y en el pueblo todos estaban convencidos de que el mismo médico había capturado a los niños para extraerles la sangre y transfundírsela a su hijo enfermo. Después, una vez llevada a cabo la operación, había llevado los cadáveres exangües al *gastaero*, para que los animales no dejaran ni rastro.

Cuando el médico empezó a sentirse señalado, hizo las maletas y desapareció, de la noche a la mañana y sin avisar a nadie.

Así me lo relataron Andrés Caballero o Francisca Romero, tal y como se lo habían contado sus padres... Tal y como lo contaban siempre los más mayores.

Cuesta creer que en este paraje plagado de casas ruinosas existiera un pueblo habitado por cerca de cinco mil personas.

Tal y como me lo relataban allí, también sobre el terreno, Pedro Martín Romo, un joven investigador local y escritor, y Antonio Moreno, un historiador, que me habían acompañado al pueblo ya abandonado en busca de las últimas pruebas del suceso.

Nuestra intención aquella calurosa tarde era llegar al pico más alto, donde aparecieron los cuerpos. Al parecer, allí resistía a la intemperie un monolito de piedra en recuerdo a los tres niños fallecidos.

Pero para llegar hasta arriba no había carreteras ni caminos forestales. Debíamos atravesar un estrecho sendero de tierra que ascendía durante más de un kilómetro a través de la maleza.

—Es curioso, pero el caso tiene ingredientes que lo asemejan a un cuento infantil, como *Hansel y Gretel*, con su moraleja y todo para los niños. De hecho, así se contó años después a los más pequeños, para evitar que salieran al campo de noche —reflexionaba junto a mis dos amigos mientras subíamos por el monte.

—Cierto... Hay ingredientes que son casi propios de algo mitológico —coincidió Antonio—. Por ejemplo, el hecho de que los niños fueran a coger frutos de madroño, y que estos aparecieran en el interior de sus gorritas, junto a los cadáveres. No sé si sabes que el madroño, desde la antigüedad, se ha relacionado con la eternidad y con la vida de ultratumba.

—Por eso había un madroño en el cementerio...

—Y hay otro elemento interesante, Javi —aportó Pedro—. Cuando desaparecieron los niños, el 1 de enero de 1901, la luna estaba creciente. Y a los tres días, cuando aparecieron, había luna llena. Precisamente en esta zona se tenía mucho miedo al alunamiento, que era algo que ocurría justo cuando había luna creciente y luna llena. Se pensaba que si los niños recibían esa luz, podían enfermar. Es una creencia muy propia de esta zona, de Sierra Madrona y del Valle de Alcudia. Precisamente por eso se fabricaban aquí pequeños amuletos que tenían forma de asta de venado, para proteger del alunamiento a los más pequeños.

Aquellos datos, perfectamente comprobables, daban al suceso un aura casi legendaria. Pero había un detalle más que compartí con mis amigos. Precisamente, la desaparición de los tres niños tuvo lugar muy cerca de esa frontera del final del año y principio de otro.

En esas fechas, la Navidad no era el periodo alegre que hoy celebramos, rodeados de seres queridos, bañados por la luz del árbol y cantando villancicos. Más bien era todo lo contrario, y seguramente la forma de celebrarla de hoy en día sea una respuesta contundente al periodo de crudeza que supuso durante siglos, porque diciembre era el mes más duro del año cuando no había luz eléctrica. De hecho, para las tradiciones celtas y de la vieja Europa, las últimas semanas del año pertenecían a los conocidos como «días de oscuridad», en que el frío lo poblaba todo y arrasaba las cosechas.[51] No había nada que hacer fuera de casa cuando pasaba el mediodía. El viento provocaba ruidos en los aleros de los tejados y hacía batir con fuerza los postigos. Por eso, a los más pequeños se les contaba que, en esas fechas del final del año, aparecían unos seres que tenían predilección por los niños, a los que devoraban o raptaban en sacos. En la comarca de Tierra de Trives, en Galicia, existía, por ejemplo, el Apalpador, un carbonero que bajaba por la montaña e iba tocando los vientres de los más jóvenes para comprobar si habían comido lo suficiente durante el año. Si notaba los estómagos llenos, les dejaba castañas y regalos, pero si percibía que el niño no se había alimentado decentemente, los castigaba con crueldad. La Nochebuena era conocida como la *Noite do Apalpadoiro*.[52] Y lo mismo hacía el famoso Olentzero de Navarra, que hoy sobrevive en una versión dulcificada, pero que originalmente tenía 366 ojos (tantos como días tenía el año) y que bajaba por las chimeneas en busca de los restos de la cena de Nochebuena. Si no encontraba nada del banquete, hacía picadillo con su hoz a toda la familia, que aparecía descuartizada la mañana de Navidad.[53] Pío Baroja relató cómo de niño fue asustado con esta figura y añadió un detalle que dotaba de verosimilitud al relato: el Olentzero metía a los niños en un saco para lanzarlos al mar en la playa de Zurriola (San Sebastián). Esto provocó el pavor de algunas familias, que mantenían vivo el fuego de la chimenea durante la noche para impedir que el Olentzero pudiera acceder a sus casas. Otro ser terrible de la Navidad era la Viejanera, de Cantabria, una anciana es-

51 Israel Espino, *Gente de muerte y otros cortejos sobrenaturales*, Córdoba, Ed. Almuzara, 2022.

52 VV. AA, *Navidades paganas. Raíces y sombras de una liturgia*, Barcelona, Ed. Hermenaute, 2017.

53 Javier Prado, *Monstruos ibéricos*, Málaga, Ed. Maldragón, 2021.

pectral, muy delgada, que también se colaba por las chimeneas o por el desván, y que con una uña muy larga abría en canal a los niños que no habían cenado para alimentarse de sus vísceras. Y así podríamos elaborar un enorme listado hablando del Ujanco, del Fumera, de Pedro el Negro y de otros monstruos navideños europeos como el Krampus, el Abuelo Frío, la Perchta o el Gryla, un caníbal gigante del folclore islandés.

La desaparición de los tres niños tuvo lugar, precisamente, en ese periodo y contexto de actuación de los monstruos navideños. De hecho, *El Imparcial* recogió la historia aludiendo a ella como un oscuro cuento:

CUENTOS NEGROS
ESTOS ERAN TRES NIÑOS...

---

Hará cosa de un mes desaparecieron de la casa paterna, en las minas del Horcajo, tres niños de pocos años, sin que las diligencias practicadas por autoridades y vecindario dieran resultado alguno.
Pasaban los días e iba creciendo la ansiedad del público, al par que el desconsuelo de las familias. Se había buscado por todas partes, pero en ninguna se encontraba la menor huella del paso ni de la existencia de las pobres criaturas, a quienes unos suponían robadas por gitanos, otros conducidas a la espesura de los montes y asesinados con fines siniestros. Circulaban en el pueblo las más extrañas consejas. Nadie sabía nada, y sin embargo cada cual tenía una explicación para el triste suceso.
Averiguada, por fin, la verdad, nos la comunica hoy nuestro corresponsal en Ciudad Real.
No puede la historia ser más sencilla... Tampoco más conmovedora ni más tierna... Los pobres niños han sido hallados muertos en lo alto de la sierra de Venta de Cárdenas, término de Fuencaliente, a una legua del Horcajo.

A los tres cadáveres les faltan los ojos, arrebatados, sin duda, por las aves de rapiña.
Las gorritas de las infortunadas criaturas estaban a corta distancia llenas de madroños...
Entretenidos acaso en recoger dicho fruto, debió sorprenderlos la noche, sin camino por donde volver, sin luz que los guiase, sin abrigo que los protegiera del frío.
Estremece pensar en las terribles angustias y en el espanto y dolor de los pobres chicuelos, sobre cuya muerte anda ahora haciendo averiguaciones la justicia, como si el papel sellado sirviese para escribir estos dramas...

- - - - - - - - - - - - - - - - - - - - - - - - - - - - - - - - - - - - - - - - - -

En 1901, cuando se produjo la desaparición de los niños en el poblado manchego, también había un miedo generalizado a los sacamantecas, que comerciaban con el unto de los niños para fabricar pócimas para curaciones.[54] El tío de la sangre, por ejemplo, vendía incluso la piel con fines no muy claros. En esas fechas, en Castilla-La Mancha, se hablaba de estos asesinos como seres casi legendarios.[55] De hecho, en el registro de cómo lo imaginaban los niños de la zona en esa misma época, hablaban de «un personaje seco, enjuto, de tez morena y cuchillo». En Fuencaliente, a pocos kilómetros de Minas del Horcajo, otra niña dijo:

> Era un señor vestido al estilo del siglo XVII, con elegante sombrero, que atravesaba las paredes como un fantasma hasta llegar a las habitaciones de los niños.[56]

Otros detalles recogidos de la voz de los más pequeños nos describen a una figura demoníaca, con ojos que brillaban bajo el frío de

54 Jesús Callejo, *Ogros, cocos y hombres del saco*, Madrid, Ed. Atanor, 2012.

55 Julián López García, *Ideologías y ritos populares de nacimiento, noviazgo, matrimonio y muerte en Ciudad Real (siglos XIX y XX)*, Ciudad Real, Biblioteca de Autores Manchegos, Diputación de Ciudad Real, 2002.

56 Marcel Félix de San Andrés Sánchez; Araceli Monescillo Díaz, *Mitología y superstición en La Mancha*, Puertollano, Ed. Puertollano, 2014.

la luna, y dependiendo de la región donde se contara la historia se hablaba de él también como el Tío del Sebo, Cortasebos, el Coco, El Tío la Uña, el Cancón (que preguntaba dónde estaba el niño llorón), el Entiznao, el Tío Camuñas o, el más impactante, el coche de la sangre, un carruaje fúnebre conducido por una mujer o un hombre que raptaba a los niños a la vista de sus padres y les sacaba la sangre desde el interior, a la vista de los progenitores, que solo podían limitarse a mirar espantados a través de las ventanillas, impotentes por no poder frenar aquella sangría.

El 1 del 1 del 1 todos aquellos monstruos que, aparentemente, solo vivían en los relatos que aterrorizaban a los niños cobraron forma y manifestaron su existencia a través de los tres esqueletos que aparecieron en hilera, con los huesos sucios y picoteados por los pájaros. Nadie creyó en la hipótesis del accidente, y el médico, con su hijo tuberculoso, fue señalado durante siglos, hasta hoy.

La luna era el último ingrediente que dotaba de cierto aire mitológico a una historia negra y, por desgracia, real. Tal y como me había avanzado mi amigo Pedro, aquellos primeros días de 1901 hubo luna llena. Según recogen los investigadores Marcel Félix de San Andrés y Araceli Monescillo:

> Las madres manchegas sienten recelo de que los pequeños salgan fuera de techado las noches de luna llena, pues creen que el satélite les chupa la vida y les absorbe la salud, o los hechiza. Por efecto de estas creencias amenazan a los niños diciéndoles que la luna se los llevará consigo.[57]

Antonio, Pedro y yo caminábamos en fila por el estrecho sendero que conducía al último reducto de esta historia, compartiendo opiniones sobre todos estos detalles. Cuando llevábamos más de media hora de caminata, los tres compartimos la idea de que ese no era un lugar fácilmente accesible para unos niños pequeños.

El sol de última hora de la tarde empezaba a esconderse ya por el horizonte, generando una luz taimada y crepuscular, cuando a lo lejos vimos el enorme monolito, ubicado junto a un precipicio.

---

57 *Ibid.*

El monumento funerario que homenajea a los tres niños desaparecidos en 1901 se ubica en el lugar exacto donde aparecieron sus cadáveres.

Recorrimos los últimos cien metros con avidez para alcanzar nuestra meta, sorteando rocas y arbustos. Al llegar nos quedamos en silencio, mirando a la cruz que se alzaba sobre el monumento funerario. Bajo ella, una placa moderna rezaba:

A la memoria de los niños Bonifacio Rubio, Alejandro Muñoz, León Piernas. Aldea del Horcajo. Enero de 1901.

La alcaldesa pedánea y algunos vecinos de la aldea habían costeado esta nueva placa con dinero de su propio bolsillo para sustituir a la original, ya muy deteriorada y que yacía, apenas visible, en el suelo.

Un buitre que sobrevolaba la zona debió de mirar extrañado a aquellos tres forasteros estáticos y silenciosos, que observaban pasmados aquel túmulo gris que se fundía con el paisaje.

Respirando aún con cierta fatiga por la caminata, imaginé el esfuerzo de los vecinos que levantaron aquella especie de obelisco de granito y piedra para que nadie olvidara el dolor y la injusticia que supusieron la muerte, o quizá el asesinato, de tres niños inocentes.

El cielo perdió su fulgor, y en cuestión de pocos minutos el naranja dio paso al gris, y después al azul oscuro... Y después se fue la luz del sol, dando paso a una luna blanca, impoluta. Una luna llena que se elevaba sobre el valle con su palidez mortecina.

## EL TÚNEL DE MARÍA LA TUERTA

Recorrimos el camino de vuelta utilizando nuestras linternas mientras la fauna nocturna empezaba a despertarse: el ulular de un búho a lo lejos, los murciélagos saliendo de las grietas, algo reptando entre los matorrales. Aceleramos el paso, resbalando a veces cuando la tierra se convertía en grava. Apenas hablamos ya en ese regreso.

Pasamos después por las puertas del cementerio, que permanecía abierto, con las tumbas ruinosas y la vegetación seca trepando por las lápidas como manos decrépitas.

Buscamos por allí la sepultura de los niños, pero no encontra-

Placa original, ubicada en el lugar exacto en que se encontró a los tres esqueletos de los niños desaparecidos en Minas del Horcajo.

mos nada. Parecía como si su presencia física en este mundo se hubiera desvanecido, al contrario que su trágica historia, narrada por los abuelos durante un siglo a la luz de la hoguera. Bonifacio, León y Alejandro ya solo existían en la memoria popular, pero su rastro se perdió para siempre en el triste final de un cuento negro.

Al llegar al silencioso pueblo, Francisca salió a nuestro encuentro. Estaba preocupada por el ascenso hacia el monolito. Decía que era muy tarde y que temía por si nos habíamos perdido. Tenía ganas de hablar; al fin y al cabo, no es fácil encontrar a alguien en un lugar como aquel, y en la improvisada charla nos contó que su padre había trabajado en las minas.

—Después de pasar tantas horas bajo tierra, venían con una sed tremenda, y justo a la salida del túnel había un arroyo. Recuerdo que todos los mineros salían y llenaban de agua sus manos, y se la llevaban a la boca. No lo sabían, pero se estaban envenenando con el polvo de las minas, que aún llevaban en las manos, con las que habían estado trabajando todo el día. Mi madre le decía a mi padre que él no bebiera de ahí, y cuando volvía a casa, tenía dos barreños en la puerta, uno para meter ahí la ropa y otro para lavarse.

—¿Trabajó mucho tiempo en las minas? —le pregunté, imaginando el agónico trabajo de aquellos hombres.

—No mucho, pero aun así siempre tuvo problemas de pulmón, de bronquio... Y siempre creímos que fue por la mina, claro.

—¿Te contaron a ti la historia de los niños? —preguntó Antonio, a mi lado.

—Sí, siempre nos decían que tuviéramos cuidado, que no nos alejáramos mucho del pueblo porque unos niños desaparecieron... Y siempre se dijo lo del médico.

—¿Se sabe algo de aquel médico? —intenté averiguar.

—No mucho... Solo que desapareció al día siguiente, sin dar explicaciones a nadie, ni avisar de nada... Por cierto, ¿conoces la historia del fantasma del túnel?

Negué, intrigado ante aquella revelación.

—El túnel se construyó en 1922, para poder transportar todo el

El autor observa unas notas en lo alto de Sierra Madrona, junto al monolito que recuerda la historia de los tres niños desaparecidos en 1901 (Foto: Antonio J. Moreno López).

mineral y facilitar la comunicación con el exterior. El caso es que, durante uno de los muchos trayectos, hubo un minero que decía que no quería volver por ahí porque notaba que algo le agredía y le golpeaba cuando pasaba. Llegó a enfermar de miedo y los vecinos llamaron al cura para que exorcizara el túnel. Entonces algo se manifestó... Dijo que era una mujer, conocida como María la Tuerta, y que había muerto en la zona de La Garganta sin que nadie le rezara ni le diera unas misas... Cuando el cura sacó esta información, dijeron las misas en su nombre y nunca más se volvió a manifestar.

—Pues aquel sacerdote tuvo trabajo durante esos años —expliqué mientras buscaba en mi Moleskine unos recortes que había encontrado días antes en la hemeroteca.

Pedro, Antonio y Francisca me miraban con curiosidad. Por fin encontré lo que buscaba, unas fotocopias de prensa antigua que recogían una historia impactante sobre varios exorcismos practicados en Minas del Horcajo en 1899.

—Cuando empecé a investigar sobre el suceso de los niños, recopilé todos los artículos escritos sobre el pueblo. Lo que no esperaba era encontrar la historia de una joven endemoniada...

Las cabeceras que recogieron la información eran semanarios republicanos y anticlericales como *El Motín*, por lo que aportaban una visión descreída y escéptica del asunto. Pese a todo, informaban de este modo:

> ¡Que me llevan los demonios! ¡Que me llevan los demonios! Así exclamaba desesperadamente una joven de dieciséis años en Minas del Horcajo, llevando a la alarma a los vecinos.[58]

El periodista explicaba entonces que la adolescente creía estar poseída por tres demonios, que salieron de ella después de que la sometieran a varias sesiones de exorcismo. Días después, tanto ella como su pareja fueron vistos por el pueblo caminando con varios escapularios colgando del cuello, como método de protección para que no volvieran a actuar en su contra.[59]

---

58 *El Motín*, 20 de abril de 1899.

59 *El Motín*, 12 de agosto de 1899.

Entrada al túnel que cruza el valle hasta la población de Minas del Horcajo, donde se decía que habitaba el fantasma de María la Tuerta.

Costaba creer que la vida en Minas del Horcajo hubiera sido tan intensa, cuando ya solo resistían los muros de la iglesia y de algunas casuchas desperdigadas por el cerro.

Asesinatos, accidentes, niños perdidos y una endemoniada... Un balance considerable y que ya solo sobrevive como un eco del pasado; como un aroma que, inevitablemente, se diluye en un lugar cerrado hasta desaparecer. Precisamente así explican también algunos folcloristas y filósofos la existencia del fantasma: una reminiscencia, una evocación. Algo vivo en el recuerdo, pero, a la vez, también capaz de manifestarse... Por imposible que parezca.

TERCERA PARTE

# Sangruju

Junto al cuerpo de un niño muerto dice la madre: «¡Ahora vete! No vuelvas más, ahora que estás muerto. No vengas de noche a buscarme el pecho; ¡vete y no vuelvas más!».

*La calavera*, PAUL WESTHEIM

EL AMPLIO Y ESPECÍFICO CATÁLOGO DE FANTASMAS en todo el mundo tiene siempre un denominador común: el niño muerto vuelve, la mayoría de las veces, con ansia de venganza. Por eso, desde la antigüedad, el fantasma del niño es el más temido. Precisamente porque su desconocimiento total de la muerte, por haber fallecido a tan temprana edad, le hace mucho más vulnerable al supuesto trance. Es un muerto desconcertado. Y a este respecto, durante esta investigación, como ya me ha ocurrido en varias ocasiones, me topé por casualidad con una historia mientras leía un ensayo que nada tiene que ver con el misterio. Es la historia de William Least Heat-Moon, un hombre que, el mismo año, perdió su empleo como profesor de inglés y a su esposa. Entonces decidió dejarlo todo atrás e iniciar un viaje recorriendo las conocidas como Blue Highways, las carreteras azules norteamericanas, bautizadas así porque es el color en que aparecían en los antiguos mapas de carreteras. Las vías secundarias, en definitiva, ya olvidadas tras la construcción de las mastodónticas autovías.

Durante su viaje conoció a multitud de personajes peculiares, de los que a veces pudo aprender algo, y también describe impresionantes parajes, desde las llanuras de Texas hasta el desierto de Utah. Una travesía de más de veinte mil kilómetros en la que pretendía reencontrarse, también, consigo mismo.

Al llegar a Franklinville, un pequeño pueblo de tres mil habitantes en el estado de Nueva York, bordeado por las aguas fangosas del río Deep, conoció a Noel Jones, un sociable lugareño que se dispuso a mostrarle las ubicaciones más llamativas. Lo llevó a ver los viejos molinos y después lo acompañó hasta la presa que cortaba el paso natural del río Saunders. Una vez allí le contó que muchos hombres ya no querían pasar por el lugar de noche, pues el fantasma de una niña llevaba décadas acechando en aquel cerro entre los pinos. La niña, le contó, había muerto asesinada accidentalmente por su propia madre, y de una forma cruel.

Años atrás, antes de que todas las casas tuvieran su propia lavadora, las mujeres de Franklinville iban a la orilla del arroyo a lavar la ropa y a hervir sus paños en perolas de hierro. Una de esas jornadas, una madre acudió junto a su hija al arroyo para limpiar unas alfombras y, mientras lo hacía, la pequeña se fue a jugar al escondite. Cuando la mujer terminó, se dirigió al gran tapiz, que estaba enrollado y aún mojado, y empezó a apalearlo para extraer toda el agua que aún quedaba en el tejido. Lo hizo con fuerza, hasta que, misteriosamente, el tapiz empezó a teñirse de un color oscuro. Creyó que su hija habría metido un montón de frambuesas silvestres en el interior para gastarle una broma, por lo que empezó a gritar su nombre mientras desenrollaba la alfombra. Cuando se desplegó el último trozo, cayó rodando el cadáver ensangrentado de su hija, que había tenido la mala idea de esconderse ahí dentro.

El relato, casi legendario, terminaba con la madre gritando por el bosque: «¡He matado a mi hija! ¡La he matado a golpes!».[60] Tal fue su dolor por el crimen accidental que al día siguiente regresó allí con una sábana, la anudó en una rama y se ahorcó.

Noel Jones, vecino de Franklinville, que relató el suceso a William Least, concluyó la historia con un detalle estremecedor: «Dicen que aquella sábana ondeó en los árboles hasta pudrirse. [...] La tumba está por allá, todo recto, pero hay que atravesar las montañas y el agua».

Desde entonces, se ha visto a la madre y a la niña merodeando por el bosque a las afueras del pueblo, dispuestas a enfrentarse a todos los que se adentraran en el que *ellas* consideraban su territorio.

Esa noche, por cierto, William Least Heat-Moon tuvo los redaños de intentar dormir exactamente en el lugar donde se habían registrado la mayoría de las apariciones. Según cuenta en el libro,

60 William Least Heat-Moon, *Carreteras azules*, Madrid, Ed. Capitán Swing, 2018.

relajado por el mugido de las ranas toro que vivían en las charcas junto al río, cuando estaba a punto de quedarse dormido en el saco de dormir, dentro de su furgoneta, sucedió algo:

> Justo antes de dormirme, escuché algo, algo que se movía en los bosques cercanos y luego avanzaba a través del claro hacia mi furgoneta. Unos pasos lentos. No recordaba si había cerrado todas las puertas con seguro. Pero no eran los pasos lo que me preocupaba, sino su lentitud, su aproximación deliberada. Continuó avanzando. Y luego empezó a acechar. Permanecí completamente inmóvil, preguntándome si había puesto el freno de mano y esperando que la Ford Motor Company no hubiera escatimado un centímetro en la chapa de acero. Tuve la sensación de que había algo agazapado fuera, cerca de mi cabeza. Noté un suave roce a lo largo de la furgoneta, una mano o un cuerpo, seguido por un silencio compactado.[61]

Curiosamente, en ese tiempo, las ranas toro habían dejado de croar y volvieron a hacerlo cuando el acecho terminó. El autor explicaba entonces que muy probablemente se trató de algún animal que se había acercado a husmear. Pero el miedo ancestral e irracional le dejó paralizado y le impidió salir a comprobar qué era aquello. De manera muy acertada, reflexionaba entonces: «Hay dos tipos de aventureros: los que salen realmente en busca de aventura y quienes salen esperando secretamente no encontrarla».

En este momento, mientras escribo en la tranquilidad de mi despacho, pienso que formo parte del primer grupo, pero, a veces, a medianoche, estando solo y en según qué sitios, me he adscrito sin vacilar a las filas del segundo.

Nada más le ocurrió al bueno de William Least aquella noche, salvo el encuentro pocas horas más tarde, aún en plena madrugada, con un policía que le reconoció que jamás dormiría en ese lugar y que le recomendó, antes de marcharse, que cerrara con seguro todas las puertas de su furgoneta.

---

61 *Ibid.*

CAPÍTULO 7

# El Niño Blanco

# Álbum fotográfico

Es bueno creer en fantasmas, porque las formas que toman revelan mucho sobre nuestras propias preocupaciones.

Claude Lévi-Strauss

El autor en el interior de la finca abandonada y conocida como La Risca, donde se oían lamentos y llantos que procedían de una fosa en el suelo.

La periodista Israel Espino descubrió que la aparición del niño romano en la carretera de Solana de los Barros podría estar vinculada con la tumba de un niño esclavo romano.

En el interior del Museo de Arte Romano de Mérida se encuentra la tumba de Myrinus, niño romano de doce años que podría seguir apareciéndose muy cerca de Badajoz.

Tramo de la Nacional V, junto a la base aérea de Talavera la Real, donde algunos han visto el fantasma de una mujer que lleva en brazos a su bebé muerto.

La noche del 22 de noviembre de 1976 varios soldados de la base aérea de Talavera la Real dispararon contra una figura de color verdoso que apareció en el interior del recinto militar.

El emplazamiento que ahora ocupa el convento de las Freylas, en Mérida, fue un monasterio donde se registró la aparición de un niño en torno al siglo VI.

Tumbas infantiles en el emplazamiento del antiguo monasterio de Santa Eulalia, en Mérida, donde se recoge la primera historia de un niño fantasma en la península ibérica (siglo VI).

El autor sostiene un clavo que apareció en una sepultura en Mérida para anclar a un difunto a la tumba y que se almacena en los fondos del Museo de Arte Romano.

Uno de los salones del Parador de Mérida se ubica en la antigua capilla del hospital, justo frente a la sala habitada por los pacientes más graves.

La sala de la chimenea del Parador de Mérida está ubicada en la zona del viejo hospital donde se cuidaba a los moribundos.

Para algunos grandes expertos en sectas de Europa, el crimen de Lola Daviet, de doce años, en París, podría estar englobado en un crimen de tipología ritual.

En lo alto de Sierra Madrona, provincia de Ciudad Real, aún resiste un imponente monumento funerario que recuerda la historia de tres niños desaparecidos y muertos en extrañas circunstancias.

Francisca Romero, nacida en Minas del Horcajo, a la entrada del túnel donde se aparecía el supuesto fantasma de una mujer conocida como María la Tuerta.

El autor junto al historiador Antonio Moreno, frente al monolito que recuerda la trágica historia de tres niños desaparecidos en Minas del Horcajo (Ciudad Real).

El cronista José María Domínguez ha conocido a varios testigos que presenciaron la aparición de un niño de corta edad en los alrededores de Ahigal, en Cáceres.

El autor, en el interior del cementerio de Aceitunilla, donde llevó a cabo una experiencia de aislamiento.

La curva que bordea el cementerio de Aceitunilla es uno de los escenarios habituales donde se aparece el Niño Blanco de Las Hurdes.

A mediados del siglo xx, en esta caseta ubicada a las afueras de Ahigal, una mujer observó a un misterioso niño blanco que se camuflaba entre la nieve. (Foto: Israel J. Espino.)

El edificio donde se ubica el antiguo Palacio de Justicia de Vitoria parece ser la morada de un niño espectral conocido popularmente como Andresito.

Interior del Palacio de Justicia de Vitoria, donde merodea el supuesto fantasma de Andresito.

Rubén Salazar vio la figura de un anciano que agarraba la mano de un niño en el recibidor del Palacio de Justicia de Vitoria, durante una noche de rodaje del corto *Rosas del sur*.

El investigador Enrique Echazarra consiguió el permiso para investigar en el interior del antiguo Palacio de Justicia de Vitoria.

El equipo se dirige, por un camino complicado, hacia el interior de la Casa del Niño, en Las Palmas de Gran Canaria.

La periodista Clara Tahoces, en el interior de un colegio abandonado, sosteniendo la misma grabadora con la que registrará una de las psicofonías más impactantes de su carrera.

Un cotidiano supermercado en Mérida es el escenario de fenómenos extraños que han podido ser grabados por las cámaras de seguridad.

Luis Uriarte y Aldo Linares revisan en tiempo real algunas pruebas realizadas en el interior del supermercado de Mérida.

El primer enterramiento en el cementerio de la Almudena fue el de un niño llamado Pedro Regalado, con tan solo veinticuatro meses, en el año 1884.

Algunos vigilantes del cementerio de la Almudena aseguraban oír llantos de niño en la zona más antigua del camposanto.

En el parvulario del cementerio de la Almudena pueden encontrarse aún fotos *post mortem*, realizadas a niños a principios del siglo XX.

Al final del cortejo, el hombre descubre lo que parece ser un pequeño niño rodando por el suelo, metido dentro de una media que le sirve de vestido, pero que le impide andar. El bebé le dice que es su hijo abortado, enterrado sin bautismo y sin nombre.

*Gente de muerte. Los cortejos sobrenaturales en Las Hurdes,* ISRAEL J. ESPINO

LAS TUMBAS DEL CEMENTERIO DE ACEITUNILLA, en Cáceres, se amontonan en una ladera, arrinconadas a la vera del carreterín que asciende hasta la alquería, que aún conserva algunas casitas típicamente hurdanas, construidas con piedra y cubiertas con lajas de pizarra.

Cuando llegué allí ya era de noche y los pocos vecinos de las Hurdes se habían encerrado en sus casas o en el bar más próximo, pendientes del partido de la Eurocopa en el que España se jugaba las semifinales contra Italia.

La entrada al pueblo de Aceitunilla se encuentra a pocos metros del cementerio, donde muchos se han topado con el Niño Blanco.

Conocía el lugar, pues años atrás había estado allí mismo para una conexión en directo con el programa *Milenio3*, donde, junto con Israel Espino, relatamos cómo se celebraba la noche de Todos los Santos desde los puntos más misteriosos de Las Hurdes. Recuerdo que en esa conexión me dejé el cuaderno sobre el techo del coche y, al terminar la conexión, me metí rápidamente en el automóvil porque había empezado a llover y me marché de allí. El cuaderno cayó al suelo y lo perdí, con todos los teléfonos y anotaciones que había conseguido a lo largo de varios días indagando sobre el terreno. Me di cuenta al día siguiente, ya en Madrid, a casi trescientos kilómetros de distancia. Tras la frustración inicial, que me duró varios días, terminé olvidándome del cuaderno, que era como un tesoro. Pero dos meses después recibí un paquete de un remitente anónimo. Desconcertado, lo abrí y me quedé de piedra: era mi cuaderno, ahora un poco dañado por los efectos del agua y el barro, pero intacto. Mi costumbre de poner el nombre y la dirección en la primera página había surtido efecto y alguien de buena caridad se había tomado la molestia de enviarlo por correo.

Ese fue el primer recuerdo que me vino a la mente al acercarme a la verja herrumbrosa que separaba el mundo de los vivos del de los muertos. Dos puertas sencillas de hierro negro, con una cruz en lo alto. No había candado, así que pude empujar la puerta sin problema; chirrió como el último grito de un animal herido.

Al cruzar el umbral, mi linterna iluminó una escalera de piedra que conducía a una capilla abierta en lo alto del pequeño cementerio, cuyas paredes estaban llenas de nichos.

Giré a mi izquierda y caminé hacia una casetilla pintada de cal. Al entrar debí molestar a un montón de murciélagos que se estarían desperezando en el techo y terminaron volando hacia mí, desorientados. En un acto reflejo me llevé la mano al corazón y exhalé el primer «joder» de la noche. Con el corazón aún galopando con fuerza, iluminé el otro extremo de la estancia y me topé con un ataúd polvoriento y semiabierto por el que asomaban unos huesos. Exhalé el segundo «joder», un poco más prolongado que el primero, y con solo unos segundos de diferencia entre ambos.

Una parte de mí sintió la curiosidad de abrir del todo el ataúd, pero la parte sensata me recordó que aquello no era una novela de Edgar Allan Poe.

El cuartucho, con las paredes revestidas con sucias baldosas, estaba presidido por una mesa blanca con una especie de sumidero rudimentario en el centro que vertía hacia el suelo. Era, sin duda, una mesa de autopsias, ahora en desuso. Me encontraba en la morgue que, antiguamente, en muchos pueblos se construía en el interior de los cementerios.

El ambiente húmedo generaba un olor denso que parecía emplastecerse en mi garganta, por lo que decidí salir a la noche estrellada, a respirar aire limpio.

Subí por la escalera hacia la capilla abierta al exterior. Era humilde, apenas un altar de piedra y una gran cruz del mismo material, pegada a la pared. Un pájaro se movió entre los árboles y luego echó a volar. Y, en aquel instante, ese sonido de las ramas moviéndose unido al aleteo del animal me hizo recordar por qué me encontraba precisamente en ese paraje desangelado y solitario.

Iluminé desde lo alto la entrada al cementerio e imaginé, allí donde tanta gente lo había visto, a un niño pequeño, envuelto en un

Según los testigos, el Niño Blanco suele aparecerse en las inmediaciones del cementerio de Aceitunilla.

fulgor blanquecino y llorando desesperado mientras se arrastraba por el suelo.

## UN RESPLANDOR EN LA NOCHE

Siempre me había impresionado la ilustración que los hermanos Rivavelarde habían hecho del Niño Blanco para el libro *El paraíso maldito*, de Iker Jiménez. Pero me impresionó aún más observarla en el lugar mismo de las apariciones, a la luz de mi linterna. Era un niño muy pequeño que, sin embargo, tenía la capacidad de erguirse sobre sus cortas piernas, y observaba al cielo con sus ojos negros. Bajo la ilustración, Iker había redactado una breve y concisa descripción del fantasma:

> Niño Blanco. También llamado en algunos lugares Niño de la Túnica, se ha aparecido desde hace siglos en diferentes poblados del centro de la comarca, sobre todo en Aceitunilla. Se le identifica con el ánima de un niño que murió en las cercanías de ese mismo lugar, junto al viejo camposanto. Visto en 1987 por una decena de testigos, se escucha un cántico parecido a un llanto antes de que haga acto de presencia. Nunca nadie ha osado acercarse hasta él.[62]

La primera vez que se documentó la aparición de ese niño ocurrió a escasos metros del sitio donde me encontraba. Concretamente junto a un pequeño riachuelo, en el conocido por los vecinos como Togonal de las Chozas. Allí, en 1870, una partida de más de diez hurdanos que regresaban a casa tuvieron que huir ante la aparición de una figura de pequeño tamaño que agitaba sus brazos, reptando, como intentando deshacerse de una túnica que le impedía andar. El ser emitía un llanto lánguido que puso la piel de gallina a aquellos hombres recios.[63]

Un siglo más tarde, ya en 1987, Juan José Zabal, vecino del lugar, regresaba a casa desde Nuñomoral junto con un amplio grupo

62 Iker Jiménez Elizari, *El paraíso maldito*, Madrid, Ed. Edaf, 1999.
63 *Ibid.*

En el interior del cementerio de Aceitunilla aún resiste la pequeña morgue, con una mesa de autopsias en el centro de la sala.

de amigos, a altas horas de la noche, cuando muy cerca del cementerio, en la curva más próxima a la entrada, oyeron un silbido que fue agudizándose hasta transformarse en un aullido. ¿Qué animal es capaz de emitir algo así? Al enfocar la vista en el lugar del que procedía el ruido, vieron a alguien de muy pequeño tamaño saliendo de unos arbustos. Según su descripción:

> Era un cuerpo muy pequeño y rechoncho, tendría menos de un metro, seguro. Como si a un recién nacido lo pones de pie, más o menos. La sábana iba muy larga y muy blanca, y se veían algo como dos piececillos diminutos, también enfundados en una tela blanca muy radiante [...]. Los brazos eran como dos hilos muy finos en comparación con el resto del cuerpo [...]. La forma de la cabeza, muy grande y desproporcionada, nos llamó mucho la atención. Nos agarramos todos temblando, de puro pánico, y fuimos, todo a lo largo de la carretera, acelerando el paso sin poder mirar atrás.[64]

La oscuridad era ya absoluta en el cementerio, pero mis ojos se habían acostumbrado a la escasa luz de la noche. El único sonido

64 *Ibid.*

que me acompañaba era el de los arroyos de la Aceitunilla y el de la Pizarrosa, que se unían unos metros más abajo de la carretera comarcal 156, que va a morir al pueblo de Aceitunilla.

Abandoné el terreno sagrado, con la imagen aún en la cabeza de aquel niño deforme al que habían visto arrastrándose entre los cantuesos y las ardiviejas, preguntándome cuál podría ser su origen, en caso de existir. Caminé a solas por el carreterín, que zigzagueaba hasta el merendero del Lombito de Transcordón, donde había dejado mi coche. Ya en el interior bajé las ventanillas para disfrutar del olor del bosque, en mi camino hacia Pinofranqueado, donde me hospedaba. En el trayecto, atravesé las poblaciones de Nuñomoral, Rubiaco, Vegas de Coria o Cambroncino. Todas ellas tenían una sonoridad evocadora para los que habíamos leído el ya citado trabajo de Iker Jiménez, que se ha convertido en una guía única e imprescindible sobre esta tierra. Recuerdo cómo me impresionó descubrir, en mi primer viaje a Las Hurdes, que, a pesar de los años que habían transcurrido desde la publicación del libro, muchas cosas seguían tal y como él las describía. El cementerio de Ladrillar, la curva de Arrolobos o el pueblo fantasma de Cabaloria. Concluí entonces, esperanzado, que aquel realismo mágico (o ruralismo mágico, como lo llama mi buen amigo el poeta Alejandro López Andrada) nunca moriría del todo, porque un periodista solitario había conseguido captar su esencia y la había contenido, para siempre, en el interior de un libro maravilloso.

## EL *SANGRUJU*

El hotel Castúo, en Pinofranqueado, se encuentra a orillas del río de Los Ángeles, a la espalda de un precioso puente con sus arcos iluminados.

Al llegar a mi habitación, ya a altas horas de la noche, saqué varios libros y apuntes de la maleta y me senté en la cama para revisar algunos conceptos a la luz de la lámpara de la mesita de noche.

Mi buena amiga y ya mil veces citada (¡y las que quedan!) Israel Espino, que me acompañaría en esta investigación, me había man-

Varios vecinos de Aceitunilla se han topado con la aparición del Niño Blanco en la entrada del pueblo, a veces junto a la puerta del camposanto.

dado algunos apuntes sobre otras apariciones similares a la del Niño Blanco. Y es que, aunque puede parecer un tipo de fantasma muy particular, lo cierto es que existen algunas tradiciones que recogen avistamientos similares. Por ejemplo, me hablaba en un correo electrónico de un término que me era absolutamente desconocido y que tenía una oscura resonancia: el *sangruju*. Según me contaba, llevaba tiempo trabajando en un libro sobre cortejos sobrenaturales que se daban en diversas partes del mundo, pero una de las procesiones de difuntos que más había llamado su atención se aparecía, precisamente, en Las Hurdes. Se llamaba la *Malhuestia*, palabra que, presumiblemente, procedía de la unión de los términos *mala* y *bestia*; se trataba de una comitiva de gente muerta, esqueletos y calaveras que llegaba a los pueblos a veces caminando y otras por el aire, y se colaban en la casa de un vecino que estaba a punto de morir. Una vez allí recogían su espíritu muerto, que tenía forma de feto o bebé de pocos meses, y que se conocía como el *sangruju*... Un sangrajo, al que montaban a lomos de un enorme macho cabrío, para conducirlo al otro mundo.

Muchos de esos cortejos sobrenaturales que ella investigaba, como el de Gente de Muerte (o *Genti di Muerti*, tal y como se conoce popularmente en Las Hurdes), un grupo de encapuchados que se presenta en las aldeas a lomos de sus caballos, iban precedidos por figuras brillantes y luminosas, y que vestían con paños blancos, como en el caso de este niño. La propia Espino había descubierto en un texto del medievalista francés Claude Lecouteux, una verdadera eminencia en estudios sobre creencias de ultratumba, una referencia al encuentro que vivió un viajero de Cleveland (actualmente Yorkshire del Norte, en Inglaterra), que se topó con un misterioso niño blanco en el camino de Santiago en el año 1400. Según recoge Israel:

> Una noche, mientras dormían en un bosque próximo al camino, escucha un gran ruido de personas pasando por el camino, algunos montados a caballo, muchos otros animales que habían sido donados a la iglesia. Al final del cortejo, el hombre descubre lo que parece ser un pequeño niño rodando por el suelo, metido dentro de una media que le sirve de vestido, pero que le impide andar. El bebé le dice que es su hijo abortado, enterrado sin bautismo y sin nombre. Ante estas palabras, Richard le da su camisa y se queda con la media como prueba de su encuentro. Cuando le pone un nombre, el niño, contento, comienza a andar sobre sus pies y deja de arrastrarse por el suelo.[65]

El Niño de la Túnica, como se le conoce también, aparece de manera recurrente en diferentes regiones del mundo. Como una imagen arquetípica, pese a lo particular de esta región de Las Hurdes.

Precisamente me acompañaba en este viaje un libro del gran Lecouteux, titulado *Fantasmas y aparecidos en la Edad Media*, donde buscaba referencias a estas apariciones. Con la habitación tenuemente iluminada, leí un último dato respecto a las apariciones de

---

65 Israel Jiménez Espino, *Gente de muerte. Los cortejos sobrenaturales en Las Hurdes (trabajo fin de máster)*, curso académico 2015-2016, Universidad de Extremadura.

niños en la antigüedad. Según un etnólogo polaco llamado L. Stomma, que había analizado quinientos casos de apariciones recogidos en la segunda mitad del siglo XIX, los tipos de muertos que volvían a manifestarse en espíritu eran muy variados: prometidos muertos justo antes de su boda, novios muertos el día de la boda, suicidas, ahorcados, ahogados, mujeres muertas en el parto, mujeres muertas después del parto, fallecidos de muerte violenta o no natural... Y, finalmente, los que me interesaban en este particular: fetos muertos, abortados, niños no bautizados.

Curiosamente, los fantasmas que más se presentaban según los casos documentados por este etnólogo eran los de los ahorcados (101 casos, que suponían un 20,2 por ciento de la muestra), quizá por suponer el método habitual de los suicidas en la época. Pero el podio se lo disputaban después toda la categoría de niños fallecidos de manera traumática:

Niños no bautizados (90 casos, 18 por ciento).
Abortados (55 casos, 11 por ciento).
Fetos muertos (38 casos, 7,6 por ciento).[66]

Era especialmente llamativo que los fetos también pudieran manifestarse, tal y como constaba en los registros. Y es que, en muchos casos, al Niño Blanco se lo describía precisamente como un feto... Como un crío aún sin formar, con las desproporciones de un ser todavía en gestación.

A este respecto, el neurólogo Oliver Sacks, famoso por sus múltiples trabajos en los que analizaba los casos clínicos más peculiares que había estudiado a lo largo de su carrera, utilizaría un término propio de la psiquiatría: *alucinaciones de duelo*. Cuando perdemos de manera repentina a un ser querido, podemos seguir percibiéndolo a través de diferentes sentidos (olfato, oído o tacto) o en estado de sueño. Esto ocurre especialmente con la muerte infantil, la pérdida más dolorosa para un familiar. En uno de sus últimos trabajos, Sacks recogía multitud de experiencias de mujeres que se habían

66 Claude Lecouteux, *Fantasmas y aparecidos en la Edad Media*, Palma de Mallorca, Ed. Medievalia, 1999.

visto obligadas a abortar y, después del legrado, pasaron varias noches oyendo el llanto de un bebé que, en realidad, nunca llegó a término. Lo mismo sucedía con madres que habían perdido a sus hijos pequeños y que volvían a verlos después, pero de manera menos complaciente.

A veces, las alucinaciones de duelo pueden adquirir una forma menos benigna. El psiquiatra Christopher Baethge escribió acerca de dos madres que perdieron a sus hijas de una manera especialmente traumática. Ambas experimentaban alucinaciones multisensoriales de sus difuntas hijas: las veían, las oían, las olían, ellas las tocaban. Y las dos daban una explicación sobrenatural a sus alucinaciones: una creía que su hija intentaba establecer contacto con ella desde el otro mundo, un mundo en el que su hija sigue existiendo; la otra oía gritar a su hija: «Mamá, no tengas miedo, volveré».[67]

## COMO UNA ECOGRAFÍA

David Gutiérrez es vecino de Horcajo, una pedanía del municipio de Pinofranqueado. Hace pocos años, durante una calurosa noche del mes de agosto, dormía plácidamente en una cama de matrimonio que ocupaba él solo, pues su mujer dormía en otra habitación a escasa distancia de la suya. Tenía la ventana abierta, justo frente a su cama, para que la casi inexistente brisa nocturna aliviara un poco las altas temperaturas de la madrugada estival. Acababan de llegar de pasar unos días de vacaciones y la casa había estado cerrada un tiempo con demasiadas horas de sol acumuladas en el interior.

—Serían las seis de la mañana, y recuerdo que me desperté y vi que las cortinas se movían con el viento —me explicó David en la terraza del hotel Castúo, donde nos habíamos citado para conocer su historia, la del último hombre de la zona que había tenido un encuentro con el Niño Blanco.

Lo excepcional de su caso es que había sucedido en el propio domicilio.

---

67 Oliver Sacks, *Alucinaciones*, Barcelona, Ed. Anagrama, 2013.

Dibujo de David Gutiérrez, representando lo que vio una madrugada: «Era una figura blanca, con los ojos muy grandes... Como la ecografía de una mujer embarazada de tres o cuatro meses, cuando el feto aún no está muy bien formado».

—¿Hubo algo que te extrañara en ese primer momento? —le pregunté.

—En ese momento algo me puso en alerta. Porque estaba mirando al techo, intentando conciliar de nuevo el sueño, cuando un movimiento anómalo llamó mi atención. Giré la cabeza de nuevo hacia el lado de la ventana y entonces lo vi... Era un cuerpo que estaba flotando, suspendido en el aire, con los brazos estirados y acercándose hacia mí, hacia la cama.

Era fácil imaginar la escena. Una noche de verano, las sábanas mojadas por el sudor, y las cortinas que empiezan a moverse... Lo extraño es el tipo de aparición, impropio incluso para la mente más imaginativa... Especialmente porque David jamás había oído hablar del Niño Blanco.

—¿Recuerdas la figura con detalle? —le tendí mi cuaderno para ver si podía dibujarla.

—Perfectamente... —Tomó el bolígrafo—. No sé dibujar muy bien, pero verás... Era como el feto de un niño pequeño, que no estaba bien formado. Una figura muy blanca, con los ojos muy grandes, muy amplios, y ya te digo, es como si... —Le costaba encontrar las palabras—. Yo a veces he visto una ecografía de cuando una mujer está embarazada, y te enseña la ecografía de tres o cuatro meses, que todavía no está muy bien formada la figura, que se ve un poco de la cara... Es algo así. Pero, además, parecía que en la cara llevara un velo, ¿sabes? Un velo blanco.

El detalle me pareció aún más inverosímil, pero eso parecía, paradójicamente, dotar de verosimilitud a su testimonio. No era algo que hubiera podido ver o leer, y que luego su mente hubiera representado sobre la oscuridad de la noche. No. El relato tenía entidad propia, al menos yo nunca había escuchado algo así en primera persona. Miré a Israel, sentada a mi lado, con la misma cara de asombro. Al otro lado de la mesa, David Silva, otro fantástico amigo e investigador local, que dirigía el pódcast *La última perseida*, asentía con la cabeza. Precisamente él era quien había conocido por primera vez al testigo, gracias a unos comentarios en su último programa.

—Cuéntales cómo se movía el niño —apuntó David.

—Venía suspendido, como flotando en el aire, con los brazos estirados y acercándose a mí... Como un niño que quiere que lo cojas. Y ahí ya sí... Sí sentí miedo, porque vi que a aquello no lo frenaba nada. Solté la almohada y salí corriendo a la habitación de enfrente, donde dormía mi mujer con mi hija pequeñita. La desperté, le dije: «¡Argeme, mira, mira, mira lo que hay! ¡Que en mi habitación hay una cosa que me echa los brazos, que me quiere coger!». Ella dormía. Pero se despertó asustada, imagínate... Y ya fuimos a la habitación, pero allí no había nada.

—¿Cogiste miedo a dormir en esa habitación? —le pregunté.

—Pasé unos días que no quería dormir solo, sí. Y me acordaba de aquello, se me venía a la cabeza.

—¿Tú conocías entonces la historia del Niño Blanco? —preguntó Israel.

—Qué va, no sabía nada de eso. Lo he sabido después, porque cuando se lo cuentas a algún amigo o familiar y ya se corre la voz, pues entonces alguien me lo dijo... Me dijo que lo que yo había visto era el Niño Blanco y que ya lo habían visto antaño otros hombres de Las Hurdes.

## EL ENCUENTRO DE PEDRO MARTÍN

Tal y como recalcaba David, otros muchos hombres de Las Hurdes habían tenido la suerte o la desgracia de toparse con el Niño Blanco. Existían diferentes puntos donde se había producido el encuentro, pero el más habitual era la entrada a Aceitunilla, junto al cementerio.

En el año 1966, Pedro Martín se encontró con el Niño Blanco en la entrada de Aceitunilla, mientras regresaba a casa en su moto.

Uno de esos testigos fue Pedro Martín, que pudo verlo ya en el interior del pueblo, muy cerca de su casa. Pedro vino también a nuestro hotel, ya cerca de la puesta de sol. Era un hombre vitalista de mediana edad, que había pasado parte de su juventud trabajando en Suiza. Su caso tuvo lugar una noche de 1966, cuando regresaba de Asegur. Poco antes de llegar a casa, su moto empezó a perder fuerza hasta detenerse por completo en una curva. Fue entonces cuando vio al niño:

—Tenía una estatura muy pequeña, y vestía todo de blanco. Nos quedamos uno frente al otro en total silencio. Recuerdo que intentaba mirarle la cara, pero no se veía bien.

—¿Llegaste a oír algún sonido? —pregunté, aludiendo al detalle del llanto del que tantos otros habían hablado.

—No, un silencio absoluto...

—¿No pensaste que pudiera ser el hijo de algún vecino? —Intenté buscar la explicación que impondría la lógica.

—¡No! Era muy pequeño, no era normal que pudiera andar. Llevaba como una chilabita blanca, parecida a las túnicas de los monaguillos. Pero, además, a las horas que eran, ¿qué pintaba allí un crío?

—¿Y cómo reaccionaste?

—Pues cuando bajé de la moto ya no lo vi... Y entonces me fui para casa. No quería pensar en lo que había visto, pero al llegar sí que me dio un poco de miedo —confesó.

—Su caso es muy similar al de Juan José Azabal, aunque este sí que lo oyó llorar —aportó Israel.

Hablaba de algo que ocurrió el 14 de julio de 1987, cuando otro vecino de Aceitunilla regresaba al pueblo junto a un grupo de amigos. De pronto, la pandilla se vio sobresaltada por el llanto de un bebé que procedía de unos matorrales cercanos al cementerio. Cuando se aproximaron al foco de aquel espantoso ruido, emergió entre las ramas un engendro similar a un feto que, sin embargo, era capaz de caminar sobre sus piernas, con los pequeños brazos haciendo equilibrio para no caer hacia atrás por las grandes dimensiones de su cabeza; parecía envuelto en un fulgor blanquecino.[68]

Pedro conocía bien el caso de Juan José, aunque la pista de este último se había perdido años atrás y era imposible localizarlo.

Tras despedirnos de los últimos testigos vivos del Niño Blanco, Israel, David y yo cenamos en la terraza del Castúo, donde debatimos sobre el origen de aquella misteriosa figura. El puente iluminado sobre el río de Los Ángeles nos observaba en silencio mientras degustábamos una ensalada hurdana, obligatoria para todo viajero que visite esta tierra, así como unas raciones de carne de la zona.

—Me sorprendió mucho leer en tu trabajo esa referencia a otros niños blancos en la Edad Media, como el que recoge un texto de Lecouteux —compartí con Israel.

—A mí también —respondió mientras ponía en su plato un poco de naranja, huevo y chorizo de la ensalada hurdana—. El hecho de que sea un niño blanco implica también que es un niño que brilla; eso es lo que le da una característica singular. Ese detalle lo relaciona con unos elementos típicos de los cortejos sobrenaturales, con unos seres brillantes que aparecen para llevarse las almas de los que todavía están aquí.

68 Iker Jiménez Elizari, *El paraíso maldito*, Madrid, Ed. Edaf, 2003.

—Como el *sangruju*... —me adelanté.

—Te ha gustado ese término, ¿eh? —reconoció.

—Me ha impresionado mucho, nunca lo había oído...

—Es el alma del muerto en Las Hurdes, que aparece con forma de feto... Pero es que muchos lo han visto en las inmediaciones del cementerio, pero no en el interior. Y eso es algo que me llama mucho la atención, porque hubo un tiempo en el que los cuerpos de los niños que habían muerto sin bautizar se enterraban, precisamente, en la periferia de los cementerios.

—A mí me llama la atención la forma de desplazarse —comentó David—, el hecho de que apenas pueda andar, de que se tambalee; incluso algunos lo describen como algo que repta hacia ellos. Y en el último caso, el más reciente, el del vecino de Horcajo, que dice que aparece flotando hacia él.

—Como si a un bebé recién nacido lo pones en pie, decían algunos testigos —recordé.

—Pues os va a encantar algo que he descubierto recientemente —dijo Israel mientras sacaba su inseparable iPad, que nunca dejaba a más de medio metro de distancia.

Al verla abrir la tapa y ponerse las gafas supe que iba a detallarnos algo sumamente interesante. Esos dos gestos son siempre el preludio de un dato revelador.

—Existe una figura propia de la zona de los Alpes, que es conocida como la Perchta o Berchta. La palabra *Perchta* procede de *peraht*, y quiere decir 'brillante', mientras que *Berchta* significa 'luz' y 'blanco'. Su aparición, según testimonios medievales, tenía lugar en las últimas noches del año; se trataba de una figura luminosa que iba precedida de una tropa de niños muertos que no habían sido bautizados. Incluso en tradiciones tirolesas y centroeuropeas hablan de un niño que acompaña con dificultades a la procesión de Pertcha porque lleva una camisa tan larga que le impide caminar.

Asombrado, recordé las descripciones de los testigos que habían visto al Niño Blanco, o la referencia del viajero de Cleveland en el camino de Santiago.

Israel nos mostró la pantalla de su iPad, donde aparecía una ilustración de 1873 en la que se podía ver a Berchta junto a la tropa de niños.

En algunas zonas de los Alpes se cree en la figura de Berchta, un ser brillante que va acompañado por una procesión de fantasmas de niños muertos antes del bautismo. Grabado de 1873. Autor desconocido.

David y yo nos quedamos embobados con aquella ilustración de autor desconocido, que reflejaba a un grupo de adultos y niños desplazándose por el viento, haciendo sonar flautas y otros instrumentos. Precisamente en Las Hurdes existe la creencia en otras figuras sobrenaturales como *el Llorio*, un lamento espeluznante que se propaga por algunos pueblos para anunciar la muerte de algún vecino.[69]

69 En el libro *Los Otros* (Barcelona, Ed. Planeta, 2016), el autor recoge diferentes entrevistas con testigos del fenómeno conocido como «el Llorio».

—Cuando estuve en Aceitunilla, precisamente, varios ancianos me contaron que una noche, hace muchos años, oyeron a un montón de caballos que parecían venir por el aire para llevarse a un enfermo que estaba en cama. A los vecinos les dio tanto miedo que corrieron a refugiarse en el bar, y allí se encerraron hasta que se hizo de día —comentó David.

—Es que son figuras muy similares, que se representan prácticamente igual en diferentes culturas —explicó Israel.

Terminamos aquella interesante velada junto a una deliciosa tarta de queso cuyo recuerdo nos acompañaría durante el resto del viaje.

## UN NIÑO EN LA NIEVE

El pequeño municipio de Ahigal nos recibió con el silencio sepulcral propio de las horas del mediodía de estas zonas rurales de Extremadura. En la plaza mayor, donde aparcamos, un anciano apoyado en su bastón nos observaba desde el único banco que recibía la sombra del Ayuntamiento. Alzó su cabeza en señal de saludo y siguió mirando al frente.

Revisé mi cuaderno, donde tenía apuntada la dirección de José María Domínguez, el cronista de Ahigal al que habíamos ido a visitar. Domínguez era una auténtica eminencia: conocía las historias de su pueblo como nadie y había recogido todos los hechos extraordinarios que ocurrían allí desde hace siglos y que se contaban de padres a hijos. Era una enciclopedia del saber popular y de la tradición oral. A sus ochenta años, ninguna historia escapaba de su memoria, que era como un ordenador impecable que nunca fallaba. Gracias a él, estas historias serían recordadas para siempre, clasificadas en sus diversos libros. De otra forma, ya se habrían perdido. Para Israel y para mí, la casa de José María era parada obligatoria siempre que investigábamos por la zona. Una vivienda rústica de dos plantas, siempre bien cuidada y ordenada, pero llena de libros, de revistas de antropología y de cuadernos en los que el cronista tomaba todos sus apuntes y que almacenaba con exquisita pulcritud.

Cuando estábamos a punto de llegar, José María nos esperaba ya en la puerta, con una sonrisa. Junto a él pasó una vecina de noventa años, enlutada, con un lento caminar y completamente ajena a nuestra presencia.

—Esa mujer es una mina —dijo José María señalándola con la cabeza, antes de estrecharnos la mano.

Me encantó aquella expresión referente a las historias que la anciana habría compartido con él. Imaginé a Domínguez como un exhausto buscador de oro, extrayendo del interior de las personas sus mejores historias, siempre con las herramientas adecuadas: su afabilidad y sus ganas de escuchar.

—Pues he estado muy malo, casi no lo cuento —nos recibió el cronista—. Cogí la gripe esa y me afectó a los pulmones. Luego tuve otros problemas, del intestino, y me tuvieron que dormir de urgencia y meterme en quirófano. Y me pasó una cosa muy curiosa... Me vi desde arriba, tumbado en la camilla. Como si yo estuviera en el techo, pero viendo la operación. Y vi que a mi lado tenían preparada una bolsa de esas doradas en las que meten a los cadáveres. Y pensé con fuerza: «¡A mí no me vais a meter ahí!». Ya no recuerdo más, solo que volví a despertar... Luego le pregunté al médico por qué tenían esa bolsa en el quirófano, y se quedó muy sorprendido. Me dijo: «¿Cómo sabes que teníamos allí una bolsa para cadáveres?». Le contesté, sencillamente, que la había visto. Y me dijo que eso era imposible porque me metieron ya dormido en el quirófano.

Solo José María Domínguez podía haber tenido una experiencia cercana a la muerte tan prosaica y directa. Sin túnel de luz, ni ángeles, ni familiares muertos esperando al otro lado. Solo una bolsa, y su clara determinación: «¡A mí no me vais a meter ahí!». Me pareció que esa historia le definía a la perfección.

Charlamos unos minutos sobre la pandemia, de las dosis obligatorias de la vacuna y, finalmente, de nuestras últimas investigaciones. Israel y yo le revelamos el motivo de nuestra visita. Le hablamos del Niño Blanco y de los que se habían topado con él.

José María asintió con la cabeza y nos pidió unos minutos para subir a su despacho, donde guardaba algunas cosas que podían interesarnos. Regresó poco después con unos cuantos libros bajo el brazo y un par de ejemplares de revistas especializadas en folclore y antropología.

—En esta zona, recogí varias historias de apariciones muy similares. Por ejemplo, la que le sucedió en 1850 a un niño de Ahigal al que le gustaba mucho ir a jugar a una zona conocida como la Dehesa de Valverde, que llega hasta un puente. El niño contaba que allí jugaba con otro más pequeño que él, que llevaba un *baby* blanco y le hacía mucha compañía. Y, encima, empezó a avanzarle cosas que iban a suceder: una vaca que iba a parir, un ataque de lobos, o le daba las plantas necesarias para curar al ganado enfermo —explicó José María.

—¿Lo vio alguien más? —preguntamos al unísono Israel y yo.

—A ese niño no, pero recogí otro testimonio en el que vieron algo similar. En este caso en una caseta de campo que hay a las afueras del pueblo, a mediados del siglo XX. Era una caseta de estas de piedra de pizarra. Un habitáculo pequeño, podría tener treinta metros cuadrados, y allí vivía la familia completa todo el año. La historia me la contó la abuela de mi cuñada, y yo conocí a todos ellos. Esto ocurrió a las tantas de la noche, en invierno, durante una nevada tremenda. Cuando todos dormían, oyeron que alguien tocaba a la puerta: «¡Tran, tran, tran!». Así, con fuerza. La madre se asustó, porque ¿quién iba a llamar a esas horas? Así que abrió la puerta *despacino*, y lo vio todo nevado. Entonces se encontró la silueta de un niño andando y llorando. Un niño llorando, llorando sin parar. Y ella pensó que el niño no vendría solo, que un niño solo a esas horas de la noche era imposible, tenía que haber alguien con él. Empezó a llamar a la madre: «¡Señora, señora!». Pero nadie respondía. La única respuesta que escuchaba era el llanto del niño.

—¿Y te contaron cómo vestía? —le pregunté.

—Iba vestido de blanco, por eso se confundía con la nieve. Los niños esos que aparecen por ahí siempre dicen que llevan ropa blanca. Como una especie de vestido que les llega hasta los pies. Y a los pocos minutos, desapareció, dejó de verlo más. Y se asustó, claro.

Israel asentía con la cabeza porque, de nuevo, la historia encajaba en el esquema internacional de estas apariciones infantiles. No había una motivación clara, no eran avisos de algo por suceder (salvo en el primer caso recogido por Domínguez), ni tampoco era un reproche de ultratumba por algo que el vivo hubiera hecho mal... En definitiva, no había un mensaje claro. Y eso dejaba aún más desconcertado al testigo.

—Hubo otra historia —añadió el cronista, abriendo uno de sus libros—, que era la que me contó el tío Vidal. Cuando era pequeño, una noche se perdió en el monte. Las campanas tocaron para anunciar que se había perdido un niño, y todos salieron a buscarlo. Pero no lo encontraron. A los dos días, cuando ya se le daba por muerto, porque era imposible que sobreviviera solo en el bosque con esas temperaturas, apareció. Dijo que un hombre con un sayo largo le había estado cuidando y protegiendo del frío en compañía de un niño *chiquitino*.

Le expliqué a Domínguez parte de mi investigación sobre casos similares para un libro llamado *Los Guardianes*, en que multitud de personas de todo el mundo afirmaban haber sido cuidadas o, incluso, guiadas para salvar la vida cuando ya todo parecía perdido.[70] En algunos casos se vinculaba el milagro con un ser querido, otras con un santo local o una deidad de la zona (por ejemplo, el Apu de los Andes), y en otras era incluso alguien completamente desconocido para el testigo. Así pues, le pregunté si el tío Vidal había relacionado con alguien esa aparición que le salvó la vida. La respuesta de Domínguez, totalmente inesperada, fue como encajar una pieza más en el complejo puzle:

—Todos pensaron que era san Antonio Bendito, que había salvado la vida del niño. De hecho, cuando se pierde alguien en el monte, se le reza a san Antonio. Y ya le habían rezado a san Antonio cuando esto ocurrió.

José María se dirigió a la mesa del comedor, donde guardaba una representación del santo con un niño en brazos.

—Es una capillita en honor de san Antonio, junto al niño Jesús. Y aquí, en muchas zonas de Extremadura, es precisamente el patrón. Mucha gente le reza y le pide cuando algo se ha perdido.

Efectivamente, san Antonio de Padua, representado sujetando en brazos a un pequeño niño Jesús, es famoso por escuchar las oracio-

70 Javier Pérez Campos, *Los Guardianes*, Barcelona, Ed. Planeta, 2021.

nes de aquellos que han perdido algo... Al monje franciscano se le atribuye haber encontrado, en el siglo XIII, unos manuscritos que estaban perdidos en una cueva. Desde entonces, millones de católicos le rezan a lo largo del mundo para pedir su ayuda. El responso específico para las cosas perdidas dice:

Dios, todo amor y bondad, que nos has dado a san Antonio como santo patrono de las cosas perdidas, suplicamos por medio de este glorioso intercesor tu misericordia. Escucha su voz cuando clame a ti a favor nuestro, y concédenos aquello que nos ayude a crecer en tu amor. Amén.

Una búsqueda rápida en el móvil me confirmó que, precisamente, el patrón de Aceitunilla, escenario habitual de las apariciones dol Niño Blanco, es san Antonio.

Tras unas horas intercambiando datos e información, agradecí enormemente a José María su generosidad y a Israel su inigualable ayuda, y volví a la carretera con más dudas de las que tenía cuando inicié la investigación. Y es que, cuando uno investiga el misterio, lejos de obtener respuestas, lo que obtiene son más preguntas.

En este caso del Niño Blanco, la tradición, las creencias y el misterio parecían ir de la mano. El espectro luminoso de un feto junto al cementerio, un santo que porta al niño Jesús, también brillante, en sus brazos, y una creencia medieval europea de niños no bautizados que aparecen en un cortejo fúnebre. ¿Era una conjunción casual, o se trataba de un patrón?

Mi hipótesis a este respecto es que el encuentro sobrenatural es como una semilla plantada en el terreno de la incertidumbre, de la que crece un enorme árbol cuyas ramas son intentos de dar respuesta a lo inexplicable; para ello se recurre a la religión, a los mitos universales o a las leyendas locales repetidas a lo largo de generaciones. Con el tiempo, la verdad es ya indistinguible del inmenso ramaje que cubre todo el árbol. Pero, a la vez, la verdad es también ese ramaje. Y también el árbol.

CAPÍTULO 8

# El palacio de Andresito

La Policía Nacional asegura que tiene un caso sin resolver en Vitoria. Al sospechoso lo llaman Andresito. Ronda los diez años y apenas levanta un palmo del suelo, pero ha tenido atemorizado a medio cuerpo durante varias décadas.

*El Mundo*, 29 de enero de 2016

LA IMAGEN SE OBTIENE DE UNA CÁMARA DE seguridad, fija, que graba desde la pared una sala espaciosa. En la parte superior izquierda aparecen sobreimpresos unos dígitos que marcan la fecha y la hora:

01-11-05
1.40.02

Se aprecia la entrada de un edificio, con un arco de seguridad y dos puertas al frente. Una imagen borrosa, en blanco y negro, granulada, propia de este tipo de cámaras de vigilancia. Nada relevante sucede durante horas... Ni durante días... Ni durante meses. Al fin y al cabo, es el registro de control nocturno de un edificio público que cierra sus puertas a última hora de la tarde y al que nadie tiene acceso durante la madrugada. Se trata, concretamente, del recibidor del edificio de la Delegación de Hacienda de Vitoria. Cada noche la imagen es la misma: el arco de seguridad, la puerta de entrada y el espacio diáfano, siempre solitario. Pero a la 1.40.19 del 1 de noviembre de 2005 algo inesperado y absurdo irrumpe en el escenario. Al principio se percibe una figura de pequeñas dimensiones que camina a trompicones, de espaldas a la cámara, y que procede del interior del edificio. Da unos pasos hacia la puerta de entrada, perfectamente cerrada, y luego se gira. Entonces se distingue una túnica blanca que cubre su cuerpo. La figura irradia una luz desde el pecho, como si portara una linterna o algún artefacto. Camina desacompasadamente hacia un lado de la sala y luego hacia el otro, y más tarde desaparece por donde ha venido.

A los pocos segundos vuelve a aparecer, arrastrando las mangas del sayo. Parece un niño que juega y que en varias ocasiones incluso se tira al suelo. A pesar de llevar la pequeña cabeza cubierta por un capuchón, sus ojos brillan cuando pasa frente a la cámara.

La imagen tiembla un poco a la vez que aparecen unas rayas negras que cortan la pantalla horizontalmente, un defecto habitual en estas grabaciones en cinta. El niño se dirige hacia un ángulo muerto de la cámara y deja de verse.

Continúa el plano fijo de la sala, ahora vacía.

Pasan los minutos sin nada reseñable.

Se aprecia la entrada de un edificio, con un arco de seguridad y dos puertas al frente.

Una imagen borrosa, en blanco y negro, granulada.

## UN PERMISO IMPOSIBLE

Enrique Echazarra es un investigador infatigable, de esos que persiguen un caso o un testimonio durante años y, a veces, durante décadas. Lo hace con calma, sin agobiar, pero con una afectuosa perseverancia. Siempre tiene en cartera algunos casos difíciles, que se le llevan resistiendo demasiado tiempo. Pero sabe que, tarde o temprano, lo logrará. Hace amigos aquí y allá, conoce a descendientes de los propietarios de tal o cual edificio, guarda sus contactos, y les escribe de manera recurrente. A veces, la casualidad pone de su parte y termina dando con la persona clave de manera inesperada, pero, para cuando llegan esas ocasiones, Enrique lleva hecho un trabajo de años. La casualidad nunca llega sola. Sabe que, tarde o temprano, conseguirá el ansiado caso. Sin embargo, hay dos escenarios que Enrique clasificaba como imposibles: de uno no puede hablar (porque aún está en proceso de ser posible), y el otro era el del edificio de Hacienda de Vitoria. Evidentemente, es un lugar que contiene multitud de datos e información reservada. Ficheros, datos de contribuyentes, expedientes, investigaciones... En definitiva: un permiso imposible.

Pero fue allí donde una noche de Halloween del año 2005 se

captaron unas controvertidas imágenes que parecían mostrar el fantasma de un niño. Evidentemente, si se trató de un montaje, nadie lo confesó jamás. Debió de ser alguien de dentro, una persona con acceso al edificio. O quizá fue un verdadero misterio.

Yo, que he visto las imágenes, creo que la figura es demasiado física. Pudo ser una broma interna que se fue de las manos y terminó apareciendo en las páginas de periódicos nacionales. Pero, al ver el vídeo, todos relacionaron a aquel niño con Andresito, el fantasma que desde hacía varias décadas habían visto multitud de trabajadores del inmueble. Un niño pequeño que parece jugar a altas horas de la madrugada y al que algún vigilante había llegado a disparar en los años noventa.

## EL PALACIO DE JUSTICIA

Los pequeños Mario y Chloe aún no habían cumplido su primer año cuando ya había investigado una decena de historias de apariciones de niños fantasma, especialmente en diferentes poblaciones de Extremadura: Aceitunilla, Mérida, Badajoz... En realidad, todo fue fruto de la casualidad; a veces, mientras cenaba de pie, con alguno de mis hijos en el interior de nuestras inseparables mochilas porteadoras, bromeaba con Celia, mi mujer, sobre cómo los niños habían invadido cada centímetro de nuestra vida: los vivos en lo personal y los espectrales en lo laboral.

De alguna manera, todos los amigos que sabían de mi interés por el mundo de lo trascendente habían empezado a enviarme noticias y casos que tenían que ver con estos particulares y jóvenes fantasmas. No lo hacían a propósito, ni tenían contacto entre sí, pero fueron guiándome, sin saberlo, en esta apasionante investigación.

Una fría mañana de febrero recibí un inesperado correo de mi amigo Enrique Echazarra; me contaba que había localizado a un nuevo testigo del caso Andresito, el fantasma que rondaba por la Delegación de Hacienda. El hombre estaba dispuesto a contarnos su experiencia, pero lo más importante venía al final del *e-mail*:

También he hecho gestiones con una oficina que se encarga de conseguir permisos en localizaciones de Vitoria para películas, reportajes, etcétera, y me cuentan que sí podemos conseguir permisos para entrar a grabar al abandonado Palacio de Justicia. Parece que la propiedad, es decir, la Dirección General de la Policía, no tiene problemas siempre que nos hagamos responsables de lo que pueda suceder, por el estado de abandono en que se encuentra el lugar.

Rápidamente llamé a Enrique, que me explicó que el Palacio de Justicia y la Delegación de Hacienda eran en realidad el mismo edificio:

—Están uno al lado del otro, y forman parte de lo que un día fue el convento de San Francisco. En esta parte del inmueble también han visto y oído al fantasma de Andresito. Es más, algunos vigilantes de seguridad de Hacienda lo han visto atravesar el muro que comunica con esta parte en la que ahora nos autorizan a entrar —me informó desde el otro lado de la línea, con su entusiasmo habitual.

Compartí con él ese momento de exaltación. Sabía que era un caso que llevaba décadas persiguiendo, e íbamos a poder entrar juntos por vez primera al lugar.

A lo largo de esa mañana me envió algunos recortes de prensa del año 1991, cuando los vecinos de Vitoria empiezan a hablar por primera vez de Andresito. Todo ocurre a raíz de unas reformas en el edificio en las que aparecen cientos de huesos que, a todas luces, pertenecieron a los monjes del convento de San Francisco:

Los enterramientos de monjes y feligreses son habituales en los monasterios, especialmente en el claustro y en la iglesia. Algo de lo que están seguros los arqueólogos es de que se van a encontrar esqueletos. Esa presencia de muertos y la extraña atmósfera que provocan los restos en pie de un viejo convento han hecho aflorar algo más que una leyenda: la aparición de un fantasma llamado Andresito, un niño al que se le oye quejarse con estrépito, y de multitud de sucesos sin explicación en toda la manzana que rodea al viejo convento.[71]

---

71 F. G., «Un fantasma llamado Andresito», *El Correo*, 11 de diciembre de 1991.

El Palacio de Justicia de Vitoria, ubicado junto a la delegación de Hacienda, se levanta sobre el antiguo convento de San Francisco.

En esas mismas fechas, otros periódicos hablaban de sucesos luctuosos en época contemporánea, vinculados con la Guerra Civil:

> Ruidos terroríficos, apariciones fantasmagóricas, llantos de niños, arrastre de cadenas y otros fenómenos inexplicables han hecho acto de aparición [*sic*] desde hace un año en el adusto edificio que alberga la Delegación de Hacienda en Álava. Un inmueble que, durante la Guerra Civil, sirvió de paredón de ejecuciones. Un lugar recordado como maldito.[72]

Historiadores locales y los mayores del barrio discutieron ampliamente el dato de los fusilamientos,[73] pero lo cierto es que la mera historia comprobada del solar sobre el que se erigía el actual edificio

72 Carmen Beireo, «Visiones de fantasmas en la Hacienda de Álava», *Diario Vasco*, 19 de noviembre de 1991.

73 I. O., «Se necesita cazafantasmas», *Deia*, 20 de diciembre de 1991.

municipal es lo suficientemente trágica como para dar cierta verosimilitud a la existencia de un fantasma llamado Andresito.

## UNA HISTORIA DE FANTASMAS

Nada más llegar a Vitoria me reencontré con Enrique, que me esperaba en la recepción del hotel Canciller Ayala, en el que solía hospedarme durante mis viajes a la ciudad de la Virgen Blanca.

Caminamos por las tranquilas calles, bañadas por un agradable sol que nos acompañó durante el trayecto, en el que atravesamos el parque de la Florida para llegar a otras calles plagadas de tiendas y bares. Pasamos por delante del Sagartoki, un restaurante que conocí años atrás gracias a Enrique, donde sirven una espectacular tortilla de patata poco cuajada en su interior y un particular pincho con sabor a huevo con patatas, pero que, en realidad, es un hojaldre frito relleno de yema. A los pocos metros nos encontramos con la impresionante plaza de la Virgen Blanca, y unos pasos más allá llegamos a la plaza de los Celedones de Oro. Enrique se detuvo frente a una oficina de Correos, ubicada en un precioso edificio con dos torreones en su fachada.

—Estamos a muy pocos metros del Palacio de Justicia, ¿y sabes que aquí ya existió un niño fantasma mucho antes de Andresito? —anunció Enrique, señalando la construcción.

Según me contó entonces, en aquel solar estuvo durante siglos el hospital de Nuestra Señora del Cabello, construido en torno al año 1419 a pocos metros del convento de San Francisco (donde, efectivamente, hoy se ubica el Palacio de Justicia). Y la historia de la construcción tiene que ver, precisamente, con una presencia infantil. La dama que lo fundó, María Sarmiento, oyó una noche un llanto de niño muy cerca del convento de San Francisco. Se acercó hasta allí con su lacayo, y encontraron a un niño pequeño que parecía perdido y al que nadie reclamaba. La mujer decidió llevárselo a su residencia, en el palacio de Ayala, y le dio una habitación para que descansara. Cuando volvió con un plato de comida caliente para la criatura, esta ya no estaba. Había desaparecido.

María Sarmiento interpretó aquel encuentro sobrenatural como una señal divina. Un mensaje sobre la necesidad de construir un hospital en el entorno para los más necesitados.[74]

—Es decir, que podría existir una referencia ya medieval a la historia de Andresito, si es que habláramos del mismo niño —teoricé.

—No sé si es el mismo niño, pero desde luego es la misma zona —añadió Enrique, que reanudó el paso.

—¿Qué pasó con ese hospital? —pregunté.

—Hubo un incendio en 1507, pero lo reconstruyeron. Hasta que al final quedó en desuso por el crecimiento demográfico.

Precisamente, un año después de aquella conversación, aparecerían parte de los muros del viejo hospital durante unas obras de rehabilitación del entorno.[75] Sin embargo, en aquel momento, Enrique y yo caminábamos sin saberlo por encima de los muros del hospital construido tras el encuentro con el fantasma de un niño.

Finalmente llegamos a la calle Olaguíbel, donde estaba el lugar en el que íbamos a investigar durante dos noches. Era una enorme construcción en forma de U, que se levantaba prácticamente sobre las ruinas del convento de San Francisco.

Nos dirigimos a la comisaría de la Policía Nacional, tal y como había indicado a Enrique, para recoger allí las llaves del Palacio de Justicia, que formaba parte de la misma edificación.

Un amable agente tomó nuestros datos y, finalmente, nos tendió las llaves.

—Que tengáis mucha suerte... Y, sobre todo, mucho cuidado con dónde pisáis. Hay zonas especialmente ruinosas con agujeros en el suelo —nos advirtió.

Agradecimos la información y, antes de marcharnos, animados por sus ganas de charlar, le preguntamos casi al unísono:

—¿Usted no habrá visto a Andresito?

—Yo nunca, aunque siempre se ha oído que algún compañero lo ha escuchado o lo ha visto. De hecho, esta misma semana, entró

---

74 Francisca Vives Casas, *Las mujeres en Vitoria-Gasteiz a lo largo de los siglos: recorridos y biografías*, Vitoria, Ayuntamiento de Vitoria Gasteiz, 2001.

75 Sergio Carracedo, «Descubren un hospital medieval en Vitoria, parte de la muralla y el Camino de Santiago», *El Correo*, 1 de febrero de 2022.

Varios trabajadores del edificio han visto al niño, que corretea por estos pasillos poco antes de desaparecer de manera imposible ante sus ojos.

aquí una mujer para decirnos que había un niño jugando dentro del Palacio de Justicia.

Con los ojos como platos, miramos al agente, que continuó su explicación.

—Sí, como lo oyen. Dijo que lo vio jugando, por la ventana que hay en la plaza, la que da a la rampa del parking. Evidentemente, allí no podía haber nadie, porque el edificio estaba cerrado a cal y canto.

Al salir, con esta información de última hora, le tendí el juego de llaves a Enrique, para que él hiciera los honores. Llevaba décadas esperando ese momento, y me encantaba acompañarle. Así pues, caminamos hacia la entrada del palacio, un gran portón de hierro incrustado en una fachada de aspecto herreriano.

Enrique miró hacia arriba, revisando las cuatro plantas del edificio, con una balconada central en el primer piso, e introdujo la llave en la cerradura. Giró dos veces, con cierta dificultad, y consiguió abrir.

El polvo, flotando en el ambiente, nos dio la bienvenida.

## LA CIUDAD PERDIDA

Una de las obras fundamentales para entender la historia del emplazamiento en el que se ubican los edificios en los que se ha visto merodear al fantasma de Andresito lo firmaron los historiadores Isabel Mellén y Gorka López de Munain, bajo el sugerente título de *La ciudad perdida*.[76]

Precisamente, antes de iniciar la investigación, pudimos concertar una entrevista con la propia Isabel en el interior del edificio. Al verla me llevé una enorme sorpresa, pues daba la casualidad de que ambos habíamos residido en el mismo colegio mayor de Madrid mientras estudiábamos nuestras carreras: la mía, Periodismo; la suya, Historia. Ahora, ambas licenciaturas de letras volvían a unirnos para desenmarañar la compleja historia de un entorno que, desgraciadamente, ha desaparecido ya para siempre.

—En cuanto a documentos, la primera noticia que tenemos sobre la existencia de este cenobio, de este convento franciscano, la tenemos que ubicar en los años treinta del siglo XIII. Esta construcción, digamos modesta, fue ampliándose con el tiempo hasta su momento de mayor esplendor, en el siglo XIX —dijo Mellén, iniciando así su repaso por la historia del convento.

—Por lo que he leído en el libro, fue un enorme complejo, de unos siete mil metros cuadrados. Habláis, de hecho, de una ciudad perdida —añadí.

—Claro, ten en cuenta que, además, con el tiempo fue adquiriendo funciones muy diversas, incluso fue un cuartel militar durante la primera guerra carlista. Y ahí es donde se pierde gran parte del patrimonio.

—Imagino que has oído las referencias a Andresito en este preciso lugar.

—Nosotros hicimos una prueba, cuyo resultado nos llamó mucho la atención. Cuando llevábamos tiempo investigando, decidimos sobreponer un mapa del viejo convento sobre el actual edificio. Y, para nuestra sorpresa, descubrimos que precisamente en el lugar

---

76 Isabel Mellén; Gorka López de Munain; Ander Gondra Aguirre; Iñigo Ezquerra Ibarraran, *La ciudad perdida. Historia cultural del convento de San Francisco de Vitoria-Gasteiz*, Vitoria, Ed. Sans Soleil, 2018.

donde se ha visto al supuesto fantasma de Andresito había originalmente, en el convento, una capilla dedicada a san Andrés.

—El mismo nombre... —recalqué.

—Exacto. Puede ser casualidad, evidentemente, porque nadie sabe de dónde viene el nombre de Andresito.

—Ni sabemos si aquí hubo algún niño con ese nombre, evidentemente...

—No, no hay ningún registro sobre eso. Pero, sin duda, cuando hablamos de un edificio religioso tenemos que referirnos a enterramientos, porque la costumbre desde la Edad Media hasta hace pocos siglos era esa. Y tenemos una serie de capillas privadas construidas por las élites vitorianas de la Edad Media alrededor del convento. Por si esto fuera poco, además, también sirvió de cementerio en unas circunstancias muy diferentes.

Algunos despachos del Palacio de Justicia aún conservaban ficheros llenos de documentos y material de su época en activo.

—Imagino que te refieres a su época como cuartel militar —deduje.

Enrique Echazarra asintió con la cabeza y tomó la palabra:

—Hay, digamos, unas crónicas muy curiosas donde a Vitoria la llaman «la Ciudad de la Muerte» porque resulta que durante un duro invierno, muy frío, Vitoria acoge a un montón de soldados aliados que vienen a luchar contra los carlistas, se instalan en la ciudad, y al final son acogidos en la zona del convento de San Francisco. Concretamente, la zona en la que estamos corresponde a las huertas del convento franciscano, donde se instalaron los cuarteles para guarecer a estos soldados, a los que cuando fallecían enterraban en este solar. De hecho, cuando se han hecho prospecciones para nuevas construcciones, se han encontrado restos de esa época.

—Hay incluso alguna situación un poco dantesca que nos cuenta la crónica de un soldado: en plena ventisca intentan enterrar un cadáver en las huertas del convento de San Francisco, les pilla la nieve, lo tienen que dejar allí, y, cuando la nieve se funde a las dos semanas, se dan cuenta de que el cuerpo que habían dejado a punto de ser enterrado se lo habían comido las ratas —apuntó Isabel, para dejar clara la inmundicia de aquel asentamiento.

Era fácil imaginar a los jóvenes miembros de la Legión Auxiliar británica, recién llegados a la gélida ciudad de Vitoria, durante uno de los inviernos más crudos que se habían registrado en la ciudad en las últimas décadas. Muchos murieron en el convento, bien por la insalubridad de este, bien por las pésimas condiciones, o incluso por la proliferación de enfermedades como el tifus, que provocó colapsos en el hospital de campaña, con tal cantidad de muertos que apenas llegaban a ser enterrados antes de que las alimañas los devoraran.

—¿Y en qué momento desaparece un lugar monumental? —pregunté a mis amigos.

—En 1927, el edificio pasa a ser propiedad municipal, y ahí se decide derribarlo por el mal estado de conservación, y con el fin de construir dos edificios de viviendas. Aquello dividió mucho a la ciudad, algunos se echaron las manos a la cabeza, por la destrucción de un lugar histórico —aportó Enrique.

—Lo destruyeron todo... —deduje.

—Casi todo —aclaró Enrique—, porque en el patio de este edificio aún se pueden observar algunos restos del convento. Son partes de algunas de esas capillas que comentaba Isabel.

Además, según pude leer, era habitual encontrar huesos durante catas arqueológicas o durante excavaciones en las obras de las inmediaciones del edificio. En el año 2005, por ejemplo, aparecieron varios esqueletos mientras se construía el aparcamiento subterráneo de la calle Olaguíbel.[77] En 2019 aparecieron otros esqueletos durante las obras del Banco de España.[78] Y no solo eso: los arqueólogos llegaron a toparse con muros de la iglesia medieval y estructuras que podrían ser anteriores al convento.[79]

Miguel Loza, uno de los trabajadores para el análisis de los restos encontrados durante las excavaciones, explicó a *El Diario Vasco*:

> En el interior de alguno de los cráneos, dentro de la boca, han aparecido monedas, lo que indica un modelo claro del rito de Caronte, en el que los difuntos eran enterrados con una moneda en la boca para pagar al barquero que los trasladaba al mundo de los muertos, a través de la laguna Estigia.[80]

Curiosamente, fueron este tipo de hallazgos, pero en los años ochenta, los que originaron las primeras revelaciones sobre el supuesto espíritu de un niño que deambulaba por los corredores del edificio emplazado sobre el antiguo convento.

—A finales de los años ochenta, hay rumores en la ciudad, casi legendarios, que hablan de que en la Delegación de Hacienda se aparece el fantasma de un niño. Pero, a principios de los noventa, algunos medios locales de Vitoria ya empiezan a hablar de vigilantes, con nombres y apellidos, que decían que ellos no querían pasar las noches trabajando aquí porque ocurrían fenómenos extraños,

---

77 Ismael García-Gómez, «Convento desaparecido de San Francisco», *Arkeoikuska: Investigación arqueológica*, 05.

78 «Aparecen restos óseos y del convento de San Francisco en la obra de La Cuesta», *Gasteiz Hoy*, 2 de octubre de 2019.

79 Sergio Carracedo. «Hallan huesos humanos en el convento de San Francisco que podrían ser anteriores al siglo XIII», *El Correo*, 1 de octubre de 2019.

80 Sergio Carracedo, «Monedas halladas en el interior de los cráneos permiten datar la nécropolis de San Francisco en el siglo XIII», *El Diario Vasco*, 31 de diciembre de 2019.

entre ellos, la aparición de ese niño al que llamaron Andresito —me explicó Enrique.

—¿Y cómo lo describían? —le pregunté.

—Todos hablaban de que era un niño de la época de los años treinta, cuarenta o cincuenta, como mucho. De ese periodo. Decían que aparecía de manera indiferente ante el testigo, pululaba por algunos pasillos, sobre todo de Hacienda, y los vigilantes siempre pensaban que alguien se les había colado en el interior. Entonces perdían un segundo de vista al niño, y este desaparecía... Registraban el edificio y no había nadie. Iban a la comisaría de policía, que estaba anexa, registraban el edificio, y tampoco encontraban a ningún niño por lado alguno. A veces no lo veían solo, sino que aparecía de la mano de un anciano —detalló el investigador.

Efectivamente, el hecho fue tan sonado que la información sobre el fantasma de Andresito llegó a aparecer en la página web del Ministerio del Interior, que daba cierta credibilidad al asunto y lo colocaba en el apartado de su web institucional dedicada a la jefatura de Vitoria. De hecho, durante mucho tiempo, en la página oficial de la policía, podía leerse este texto:

> Una noche de 1994, uno de los vigilantes que se encontraba en el puesto de control [de Hacienda] vio pasar a dos figuras bajando por las escaleras. Un hombre de edad avanzada y un niño, ambos cogidos de la mano. Después de darles el alto y explicarles que no podían permanecer en el edificio de madrugada, el vigilante optó por dirigirse a la vecina comisaría en busca de ayuda, ya que los intrusos no le respondían ni prestaban la menor atención. De vuelta, agentes y vigilante registraron el recinto sin encontrar rastro alguno del abuelo o del nieto. Era «materialmente imposible» que la pareja se hubiera fugado, ya que el edificio estaba cerrado «a cal y canto», argumentó el guarda.[81]

Ni más ni menos.

---

81 Iker Rioja Andueza, «Un fantasma en comisaría», *El Mundo*, 29 de enero de 2016.

El mal estado de conservación de algunas zonas del edificio nos obligó a inspeccionarlo con cautela antes de la caída de la noche.

## LA HERIDA DE UN PUEBLO

El concepto del *tulpa* es propio del misticismo budista y hace referencia a la creencia de que el poder del pensamiento de toda una comunidad es capaz de crear una figura.

No se trata, para el ocultismo tibetano, de una metáfora, sino de algo físico, que puede incluso llegar a adquirir autonomía y voluntad propia si la fuerza del pensamiento de quienes lo crean es demasiado intensa.[82] Otras culturas ya contaban con elementos similares; en la antigua Grecia, el Egregor (del griego, *egrḗgoroi*) era el vigilante u observador; un guardián creado por el pensamiento colectivo. Siglos más tarde, el psiquiatra Carl Gustav Jung hablaría del inconsciente colectivo.

Paco Góngora, veterano periodista de Vitoria, no conocía estos conceptos cuando me expuso su particular hipótesis sobre el origen de Andresito, pero aludía a ellos de manera realmente interesante:

82 Nick Redfern, *The Slenderman Mysteries*, Massachusetts, Ed. New Page Books, 2017.

—Para mí, Andresito es la manifestación de la herida de un pueblo. Es el sentimiento de culpa de los vecinos más veteranos, que permitieron que se cometiera una atrocidad tremenda, al derribar un edificio con tantos siglos de historia a sus espaldas —teorizaba desde uno de los despachos del Palacio de Justicia, junto a un agujero que se abría en el suelo y desde el que podía verse el recibidor de la planta baja.

—Pero eso no le quita un ápice de misterio al asunto —compartí con él.

—Ni mucho menos. Pero es curioso que todo el asunto explote a finales de los ochenta, con las primeras catas arqueológicas y la primera fase, digamos, de recuperación de los restos del convento.

—¿Una especie de alucinación colectiva?

—Bueno, ya me diréis vosotros, que vais a pasar aquí la noche —dijo, riendo—. Pero sí es cierto que, en su momento, me entrevisté con personas que lo habían visto con sus propios ojos. Por ejemplo, personas que trabajaban en las tiendas que dan a las ruinas del convento de San Francisco, en la parte trasera. Recuerdo a una dependienta que decía que ella tenía horror a quedarse sola por la tarde y que no podía ni entrar en la trastienda, porque allí siempre había movimiento, ruidos, portazos que no se podían explicar... Y que todo aquello tenía algo de misterio. Había también un guarda jurado que se movía por este palacio de justicia y que me dijo que veía al niño. Pero ese niño, y recojo los testimonios de los vecinos a los que entrevisté, aparecía especialmente en la zona trasera del edificio... No solo dentro de él, sino en la parte trasera, donde se ubican precisamente los restos de las ruinas del convento.

—¿Cuál es tu opinión al respecto? —le pregunté.

—Bueno, algo debe de haber cuando tanta gente lo ha comentado. Yo reconozco que lo de Andresito era un rumor popular que la ciudad ha estado viviendo dos décadas. Sí, ya llevamos más de treinta años hablando de Andresito.

La hipótesis de Góngora sobre la existencia del niño como una cicatriz imposible de cerrar me recordó a los primeros versos que aparecen en la película *El espinazo del diablo*, dirigida por Guillermo del Toro, que conoce como nadie el mundo de lo sobrenatural:

> ¿Qué es un fantasma? Un evento terrible condenado a repetirse una y otra vez. Un instante de dolor. Quizá algo muerto que parece por momentos vivo aún. Un sentimiento suspendido en el tiempo, como una fotografía borrosa, como un insecto atrapado en ámbar.
> Un fantasma... Eso soy yo.[83]

Andresito como la personificación del dolor y de la pérdida de un patrimonio que nunca jamás volvería. El remordimiento de un pueblo, trascendiendo ya a varias generaciones. Una manifestación de la culpa en la forma más inocente posible: la de un niño muerto.

## LA SALA DE LO CRIMINAL

Aquella tarde, después de las entrevistas, Enrique Echazarra, Luis Uriarte, que se unía a la investigación, y yo aprovecharíamos para recorrer el edificio desde los sótanos hasta la última planta; así llegaríamos a la noche con una ligera idea de lo que íbamos a encontrarnos. Allí no había electricidad, y caminar con la única luz de la linterna, sin conocer el entorno, era una temeridad.

Mientras, Armando Rey, experimentado cámara de *Cuarto Milenio*, que lleva décadas viajando por todo el mundo, recorrería el lugar para grabarlo de punta a punta. Esa tarde, el escéptico Armando iba a vivir su primera experiencia insólita junto a nosotros.

Enrique y yo empezamos el recorrido desde la entrada principal, el enorme portón que comunicaba a un recibidor, desde el que un espacioso pasillo se bifurcaba hacia las entrañas del edificio. En la zona más profunda se abría una gran escalera, que permitía el acceso hacia las plantas superiores y que también bajaba a los sótanos, una estrecha galería húmeda y mal iluminada donde se almacenaban viejos muebles que debieron de pertenecer al edificio de oficinas.

---

83 *El espinazo del diablo*, Guillermo del Toro, 2001.

El periodista Enrique Echazarra y el técnico Luis Uriarte inspeccionan el edificio para colocar diferentes cámaras de vigilancia para la investigación.

Ascendimos a la primera planta, donde había varios despachos todavía amueblados. Al abrir algunos cajones nos sorprendió encontrar aún documentos administrativos, multas de tráfico y sentencias de juicios que se habrían celebrado décadas atrás. Seguimos avanzando por un pasillo lleno de vidrieras, hasta llegar a dos puertas de madera bajo un cartel que decía: SALA DE LO CRIMINAL. Empujamos los portones, pero no cedieron. Lo intentamos con más fuerza, pero tampoco lo conseguimos. Dimos una vuelta por el otro extremo de esa primera planta, hasta descubrir otro acceso a esa misma sala. En esta ocasión, las puertas estaban abiertas y pudimos entrar. Desde allí nos asomamos por unas ventanas que daban al patio interior, donde se conservaban las ruinas del convento de San Francisco: apenas el fragmento de un arco de medio punto y unas piedras, como última muestra de un pasado glorioso, pero también plagado de muertes y sufrimiento.

Enrique compartió conmigo un dato que le había salido al paso años atrás, cuando investigaba sobre la historia del recinto. Al parecer, una de sus grandes benefactoras, Berenguela López de Aro, había dejado escrito en su testamento del siglo XIII que una maldición asolaría a todo aquel que decidiera acabar con el templo. De alguna manera, Andresito parecía también la personificación de esa advertencia de ultratumba.

Aprovechamos para hacer unas fotografías y regresamos a la escalera principal, que nos condujo al segundo piso, todavía inexplorado. La estructura de la planta era idéntica a la anterior, pero los despachos tenían un aspecto más descuidado. Nos asomábamos a las habitaciones y las recorríamos observando bien cada detalle que pudiera ser significativo para la noche de investigación: ventanas, agujeros en el suelo o posibles restos de animales capaces de provocar ruidos inesperados. Era fundamental familiarizarse con los sonidos y obstáculos para evitar sustos o accidentes.

Al cruzar el umbral de una puerta, Enrique y yo nos quedamos paralizados por lo descontextualizado del entorno. La estancia se encontraba pintada de azul, con unas cortinas infantiles que tapaban los huecos de las ventanas y un montón de juguetes esparcidos por el suelo: una casita de muñecas, un oso de peluche, una pianola y otros instrumentos musicales llenos de colores alegres. Pese a todo, las cortinas oscuras tamizaban la luz hasta convertirla en una densa maraña de polvo danzando al son de una marcha fúnebre.

—Joder, es como una habitación para Andresito —le dije a Enrique, casi en un susurro.

Mi amigo guardó silencio, dirigiéndose hacia la profundidad de aquella estancia. En ese momento algo arañó el techo. Miramos hacia el origen del ruido, pero obviamente no vimos nada. En total silencio pudimos escuchar algo que se movía en la planta superior con grandes aspavientos. Decidimos subir a comprobar qué era a través de una escalera lateral, que ascendía por un hueco estrecho, bordeando el pequeño ascensor de servicio. Al llegar a lo alto del edificio, un montón de palomas echaron a volar a nuestro alrededor, golpeando con sus alas en las paredes y formando una estrepitosa barahúnda.

Salimos al pasillo, aún con el corazón en un puño y riendo por el susto que nos habían dado nuestras nuevas compañeras de aventura, a las que acabábamos de conocer. Decidimos evitar subir a esa zona del edificio en la medida de lo posible, y regresamos al recibidor, donde Luis Uriarte había colocado el control desde el que manejaba todas las cámaras de vigilancia que había instalado en diferentes rincones, tratando de captar algo anómalo a lo largo de la próxima noche.

Revisábamos los ángulos y rincones que Uriarte había perimetrado, como siempre de manera excepcional, cuando el grito de Armando, nuestro cámara, nos hizo esperar lo peor. Fue un grito instantáneo y prolongado que parecía pedir ayuda. Enrique y yo echamos a correr de manera automática, imaginando a Armando en lo profundo de uno de los agujeros del suelo, o en el hueco del ascensor. Sin duda, algo le había sucedido, y ambos pensamos en una tragedia.

Guiándonos por el ruido del grito, que duró unos segundos más, llegamos a la primera planta, donde Armando bajaba ya, con la cámara aún en la mano, a toda velocidad, a nuestro encuentro.

La mayoría de los fenómenos extraños ocurren, precisamente, en las alas del edificio que comunican con el patio interior, donde se ubican las antiguas ruinas del convento de San Francisco.

—¿Qué pasa?, ¿qué pasa? —preguntamos Enrique y yo, los dos con la mano en el corazón.

—La puerta, tíos, la puerta. ¡Joder! —respondió él, completamente pálido y con expresión de puro terror.

—¿Qué pasa? —repetíamos Enrique y yo.

—Joder, estoy bien, es que..., la puerta. Es la puerta, se ha cerrado —intentaba explicar Armando.

—¿No te has caído? ¿Estás bien? —le pregunté, para cerciorarme de que así era.

—¡Tíos, no lo he grabado! ¡No lo he grabado! —Armando parecía estar atormentándose a sí mismo, aún sin explicarnos lo que acababa de ocurrirle.

—Ya, pero cuéntanos —insistió Enrique.

—Os lo enseño, os lo enseño. Pero no voy solo. Subid vosotros delante —nos pidió.

No cabía en mí del asombro. Conocía bien a Armando, de haber hecho varios reportajes con él, y nunca lo había visto así. Varias veces me había hablado con gran templanza de algunas experiencias complicadas que se habían producido durante grabaciones duras en entornos selváticos, o tratando con mafias. Y siempre percibía en él una actitud envidiable de calma y humildad. Además, su capacidad analítica me animaba a compartir con él una perspectiva diferente de los casos que investigaba. Precisamente por eso, la reacción casi instintiva y arcaica que había tenido me descolocó por completo. Había visto algo que no podía entender y que le había hecho correr, cámara en mano, hacia la salida.

Al subir a la primera planta, Armando nos llevó por el pasillo que comunicaba con la doble puerta de la sala de lo criminal.

—Estaba aquí, grabando el pasillo, ¿vale? Y de pronto he visto las puertas de esa sala, y he pensado que podría ser un plano muy chulo. Así que he parado la grabación y he cogido la cámara. Cuando estaba llegando, las puertas han empezado a cerrarse despacio, hasta dejar la sala incomunicada.

—¿Se han cerrado las puertas solas? —le pregunté a nuestro cámara, ahora convertido en testigo.

—Completamente. Pero muy despacio, como si alguien las estuviera empujando.

Enrique y yo nos acercamos para observarlas con detalle. Intentamos cerrarlas, pero pesaban mucho y los goznes oxidados dificultaban la maniobra. Finalmente, aplicando bastante fuerza, conseguimos cerrarlas.

Armando nos miraba desde la distancia, como si aún tuviera reparos en acercarse al lugar donde se había llevado el gran susto.

Volvimos a abrir las puertas y observamos las ventanas del pasillo y de la sala de lo criminal. Estas últimas estaban cerradas, y, aunque no había corriente de aire, la única que podría generarse venía en sentido contrario. Es decir: si se trataba de una corriente de aire, las puertas tendrían que haberse abierto, pero no haberse cerrado, como acababa de sucederle a Armando. No encontrábamos explicación, francamente. Solo el rostro pálido de Armando como única certeza de que nos estaba contando la verdad.

Bromeamos un poco para quitarle hierro a la situación. Mientras regresábamos al recibidor y la noche empezaba a posarse por los rincones del edificio, Armando compartió su hipótesis de lo que acababa de sucederle:

—Creo que alguien no quería que grabara ahí...

Asentí en silencio y pensé que, casualmente, la sala de lo criminal es el paso obligatorio para llegar a las viejas ruinas del convento de San Francisco.

## ROSAS DEL SUR

La tarde antes de nuestra investigación recibimos la visita de Rubén Salazar, un realizador audiovisual que en el año 1999 vivió un encuentro en aquel mismo edificio que jamás podrá olvidar. Él y un equipo de rodaje consiguieron un permiso para grabar allí un cortometraje de escuela titulado *Rosas del sur*, que narraba, en parte, una dramática historia familiar. Al parecer, alguien de su equipo había conseguido permiso para rodar allí tiempo atrás, y les pareció un lugar idóneo para localizar las escenas que transcurrían en una comisaría de policía de los años cincuenta.

Llevaban once días de rodaje y nueve noches, a un ritmo frenético y agotador; aquella madrugada de sábado era la última. Pocas horas después tenían que devolver las llaves y parte del atrezo y vestuario que habían utilizado los actores.

Un generador eléctrico les permitía mantener encendidos algunos focos, con los que iluminaban la última escena en la primera planta del inmueble. En un momento dado, Rubén tuvo que ir a su coche, aparcado en la misma entrada, para dejar unos objetos en el maletero. Ya estaban familiarizados con el entorno, por lo que bajó la escalera con toda naturalidad, a solas. Al girar una esquina, rumbo a la puerta principal, se encontró con un anciano que agarraba a un niño de la mano. Extrañado, pues qué pintaban en ese lugar y esas horas de la noche un abuelo y su nieto, les dijo que no podían estar allí, que el edificio estaba en muy mal estado, y que, si les ocurría algo, sería responsabilidad suya. Los invitó a marcharse, en voz alta, mientras él continuaba su ruta hacia el coche. Solo tardó cinco segundos en dejar las cosas y regresar, pero, al volver a atravesar la penumbra del recibidor, el abuelo y el niño ya no estaban.

Los buscó por la planta. Al no encontrarlos, subió junto al resto del equipo y les preguntó por qué se habían dejado la puerta princi-

Mientras inspeccionábamos el edificio encontramos una sala decorada como una habitación infantil.

pal abierta. Nadie se hizo responsable, y continuaron con el rodaje, sin darle más importancia al encuentro.

Pero esa noche, al terminar, antes de cerrar la puerta, ya con la llave en la cerradura, Rubén pensó en el abuelo y el niño, como dos figuras grises como el cemento, casi mimetizadas con el entorno. El anciano no era muy alto, tenía el pelo corto, casi rapado, y agarraba la mano delgada de un niño pequeño, vestidos ambos con ropas antiguas y holgadas, como desarrapados. Las piernas del crío asomaban blanquecinas bajo un abrigo largo que parecía de otro tiempo. Ambas figuras miraban al frente, como estatuas, ajenas a la llamada de atención de Rubén. Eran como dos maniquís.

Los detalles que me ofreció el testigo me recordaron de inmediato el artículo que había aparecido en la página web del Ministerio de Interior: «Una noche de 1994, uno de los vigilantes que se encontraba en el puesto de control [de Hacienda] vio pasar a dos figuras bajando por las escaleras. Un hombre de edad avanzada y un niño, ambos cogidos de la mano». Parecían las mismas figuras, y las visiones se habían producido con cinco años de diferencia.

Recorrimos la zona con Rubén, que narraba impresionado el encuentro, especialmente al revivirlo paso a paso en el mismo lugar de los hechos.

Antes de marcharse, nos pidió educadamente:

—¿Me dejáis dar una vuelta a solas por el edificio?

Me sorprendió, pues generalmente los testigos de estos encuentros no quieren quedarse solos en los lugares donde el recuerdo evoca una vivencia traumática, pero para Rubén aquello no había sido especialmente terrorífico, sino más bien un desafío a la lógica. Una fisura en la matriz de la realidad, por la que parecía haberse colado un eco del pasado. Una función teatral representada únicamente para él. Como artista y persona sensible, quería revivir parte de aquello. Pero nunca había vuelto a sucederle nada mínimamente similar.

—El edificio es todo tuyo, ve con cuidado —le dije.

Y Rubén se perdió entre las sombras.

## LA SOLEDAD DEL PALACIO

Al fin, llegó la noche, que nunca se va del todo. Enrique y yo nos quedamos a solas en el palacio, bajo la atenta mirada de Luis Uriarte, que observaba todos nuestros movimientos desde la sala de control, donde recibía cada una de las imágenes de las diferentes cámaras que había instalado en el palacio: cámaras nocturnas, cámaras térmicas, grabadoras, detectores de movimiento...

Enrique decidió ir solo por una zona, y yo, por la opuesta, para tener controlado cualquier posible sonido que se pudiera producir. Nos comunicábamos a través de dos *walkies*. A lo largo de la noche nos acompañaron algunos sonidos habituales, como chasquidos, arrullos de palomas y ventanas golpeando contra las paredes por el viento. Sin embargo, hubo un par de posibles anomalías en, una vez más, el ala del edificio que daba a las ruinas del convento. Casualmente, varios negocios de la zona cuyas ventanas comunicaban también con esas ruinas habían sido escenario de fenómenos extraños. En concreto, tal y como pudo averiguar Echazarra, los propietarios de una pastelería denunciaron ser víctimas de fenómenos paranormales que incluían inexplicables movimientos de objetos.[84] Lejos de huir del lugar, esta buena gente decidió crear una receta en homenaje al niño fantasma: unas galletas conocidas popularmente como «andresitos», que se vendieron durante años, hasta el cierre del negocio. Y allí estaba yo, en la noche, frente a esas mismas ruinas, pero en el interior del palacio donde, decían, se aparecía el fantasma del pequeño en noches como aquella. Y por primera vez desde hacía mucho tiempo pensé que, si tanta gente lo ha visto, ¿por qué no podría manifestarse ante nosotros aquella noche? No lo hizo, por supuesto. Así es el misterio. Pero sí pudimos captar algunos golpazos de origen desconocido en el interior de un despacho de la segunda planta; al entrar, no pudimos reproducirlos. No eran ventanas ni puertas mecidas por el viento, pero sí lo suficientemente fuertes como para haber llamado nuestra atención.

Al día siguiente, el bueno de Uriarte, que lleva a cuestas el verdadero peso del trabajo, se desplazó a solas hasta el lugar, a plena

84 Enrique Echazarra, *Los 20 mejores expedientes X del País Vasco*, Pontevedra, Ed. Cydonia, 2016.

Escanea este código QR con tu *smartphone* para acceder al vídeo grabado por Luis Uriarte donde las puertas de la sala de lo criminal se cierran solas.

luz del día, para recoger los muchos metros de cable que había repartido por el escenario, además de las cámaras y el generador eléctrico. En un último intento por captar lo imposible, decidió grabar un recorrido con una cámara de 360º, para que todo el que quisiera pudiera, casi, teletransportarse al lugar desde el ordenador de su casa.

Cuando llegó a las puertas de la sala de lo criminal, una vez más, ocurrió lo imposible: las puertas empezaron a cerrarse delante de él, lentamente, como si alguien las empujara, literal y metafóricamente, desde el otro lado. Tal y como le había ocurrido a Armando, nuestro cámara, la tarde anterior.

Luis, en un alarde de templanza, hizo caso omiso y se adentró en la estancia.

Por suerte, esta vez todo quedó grabado.

CAPÍTULO 9

# La Casa del Niño

La Casa del Niño fue un antiguo orfanato franquista de Las Palmas de Gran Canaria. Pese a llevar años abandonado, muchos curiosos han registrado en su interior sonidos macabros sin un origen claro.

*Diario Córdoba*, 2 de abril de 2022

—¡EH! ¿ADÓNDE COÑO VAIS?

Giré la cabeza y vi al primer hombre, zarandeando sus brazos desde una esquina en la acera de enfrente.

—¡Hay periodistas, van con una cámara! —gritó con voz ronca, alertando al resto de los vecinos.

Miré a José Alberto, el operador que me acompañaba en aquella ocasión. Evidentemente, no podía esconder la cámara. La llevaba disimuladamente bajo el brazo, pero la habían detectado.

Ya nos habían advertido de que, para adentrarnos en la Casa del Niño, tendríamos que cruzar por uno de los barrios más peligrosos de Las Palmas de Gran Canaria. Es una barriada humilde, donde los problemas con la droga y la delincuencia son habituales. Nos avisaron, incluso, de que la policía apenas circula por según qué calles.

Un segundo hombre, con camiseta sin mangas y pantalón raído, salió de un portal situado unas calles más arriba.

—¡Eh! ¿Qué se os ha perdido aquí? —nos increpó.

Aparecieron un tercer y un cuarto hombre, este mucho más grande que los anteriores, caminando a nuestras espaldas. Por suerte estábamos llegando al camino de tierra que se adentra hacia el vetusto edificio. A pesar de la oscuridad nocturna, se apreciaba la mole de color arena, con sus hileras de ventanas rotas y su enorme torre como un estrecho rascacielos agonizante.

A los pocos minutos, las voces amenazantes quedaron atrás, y solo nos acompañó el sonido de nuestros pasos en la tierra apelmazada, avanzando hacia el orfanato ruinoso.

## LA CHICA DEL CAMISÓN

Más de veintidós mil metros cuadrados sirvieron para dar cobijo a cientos de huérfanos desde la inauguración del edificio allá por 1944. Una construcción de estilo racionalista canario que sirvió para cobijar a un total de ochocientos niños[85] afectados por la guerra y la pobreza, donde se les cuidaba y educaba.

Fueron mis buenos amigos José Gregorio González y Nando Hernández, periodistas del exitoso programa *Crónicas de San Borondón*, quienes me hablaron del edificio y se ofrecieron a ejercer de guías. Los acompañaba David Caballero, un joven investigador que conocía el lugar como la palma de su mano, pues se había adentrado allí en varias ocasiones, y Luis Javier Velasco, otro genuino periodista especializado en misterios canarios.

Nos adentramos por una puerta lateral, que se comunicaba con los sótanos, para intentar pasar desapercibidos. Teníamos que evitar, en la medida de lo posible, el uso de las linternas, pues una de las fachadas da a una gran avenida, y queríamos ser especialmente sigilosos en aquella prospección. Al llegar a la que fue la capilla, José Gregorio rompió el silencio que nos había acompañado hasta entonces para hablarme de la vida en aquel entorno:

—Los recuerdos de quienes fueron usuarios de este inmueble son muy diversos. Hay pocas personas que recuerden de forma amable su paso por estas instalaciones: la inmensa mayoría se acuerda con tristeza, dicen que era un sitio bastante desolado donde el buen trato brillaba por su ausencia, una cosa prácticamente testimonial. De hecho, hay testigos incluso públicos acerca de las malas experiencias vividas por algunos niños en este lugar. Hablan de los castigos físicos que vivían, y especialmente del psicológico, que era muy habitual.

—Es lo que ha sucedido en muchos orfanatos, donde no se era especialmente cuidadoso con los niños —aportó Nando.

—Yo sé que lo llevaron monjas de Cáritas, y también conozco a adultos que tuvieron la desgracia de pasar aquí su infancia... Y parece ser que las monjas no se portaban del todo bien con ellos. De

85 «Los vecinos denuncian el abandono de la Casa del Niño en Las Palmas de Gran Canaria», Radio Televisión Canaria, 9 de junio de 2022.

hecho, él me habló, literalmente, de maltrato. Pero ten en cuenta que aquí hubo desde niños muy pequeños hasta adolescentes. Y parece ser que llegó a haber abusos entre los propios alumnos —comentó David.

Caminamos hasta el patio, una especie de cancha de fútbol, desde donde se accedía al estrecho torreón de ocho alturas.

—Parece que esa enorme torre es donde estaban las habitaciones de las monjas. Y yo siempre me he preguntado: si los tuteladores están durmiendo en una zona tan apartada, ¿quién se hace cargo de los chiquillos? —dijo Luis Javier Velasco.

—¿Y esos trabajadores no han hablado nunca? —le pregunté a Luis Javier.

—La madre de mi abuela y sus tías solían hablar de una mujer que trabajaba en la Casa del Niño, pero que dejó de trabajar allí..., o sea, que abandonó el trabajo, porque no tenía corazón para ver cómo los chiquillos lloraban todo el día.

Me llamó la atención el estado de deterioro de la construcción. Era como si se estuviera consumiendo por dentro, desatendido pese a estar en una de las grandes avenidas de la ciudad.

Entrada a la Casa del Niño, un enorme edificio con grandes portones y ventanas, ejemplo del estilo racionalista canario.

—La verdad es que, cuando uno contempla este edificio, tiene la sensación de estar ante un lugar maldito. Cuando cerraron el inmueble, en los años ochenta, se crea un patronato para intentar recuperarlo y continuar dándole un uso social, pero ya regulado y modernizado. Sin embargo, el proyecto no termina de prosperar. El patronato que se articula se va desmembrando poco a poco, y hoy en día el futuro del inmueble es bastante incierto —me explicó José Gregorio.

Caminar por el orfanato era como pasear por el interior de un enorme dinosaurio muerto, un esqueleto inmenso y laberíntico. Agradecí ir acompañado por gente que conocía el lugar. En los sótanos atravesamos las cocinas, aún alicatadas con sucias baldosas blancas, y cruzamos los almacenes.

—¿Se sabe si murió alguien aquí en todos esos años? —pregunté.

—No hay un registro claro, estamos hablando del franquismo, pero forma parte, digamos, de la rumorología popular el hecho de que dentro de las instalaciones se llegaron a producir muertes. No podemos determinar si fueron producto de la desatención, si eran por enfermedad o provocadas por acciones propias de maltrato... Incluso, y esta es una información que sí hemos conseguido personalmente, críos que se suicidaron en los periodos de vacaciones —explicó José Gregorio.

Me quedé con los ojos abiertos como platos.

—Uno de los casos más comentados es el de una chica que se lanzó al vacío desde la azotea hasta el techo de la iglesia, que está debajo. Desde entonces, muchos dicen haber visto a esa chica vestida con camisón blanco, repitiendo una y otra vez esa misma escena —aportó David.

—Y no es lo único —añadió Nando—, también hay vigilantes que han oído llorar a los niños, como si aún ocuparan el orfanato. A las tres de la mañana, un llanto de niño estremecedor. Alguno tuvo que cogerse la baja.

—Yo conozco a un antiguo trabajador, de cuando el edificio ya estaba abandonado, que se encontró con una monja bajo el tendido eléctrico. Me jura por sus hijos que la vio con total claridad, incluso pudo distinguir la cofia —me confió Luis Javier.

Otra de las testigos a la que pude conocer durante mi viaje a la isla era Eva, una chica que una noche se coló en el edificio para visitarlo y recorrerlo junto a David Caballero, y que vio el fantasma de una mujer caer desde lo alto de la torre. Era, al parecer, la misma «mujer de blanco» a la que tantos otros habían visto:

—Yo la vi arrojarse al vacío. Una mujer delgada, caucásica, de piel blanca pero cabello oscuro, y que se lanzó desde lo alto, como si supiera lo que hacía... No era un accidente. Fue instantáneo: cuando lo vi, me entraron ganas de llorar.

—Sí, es curioso, pero mucha gente, precisamente en esa zona, tiene esa misma necesidad. A mí me ocurrió. Es como una tristeza en el ambiente —apuntó David.

Al recordar aquello en la Casa del Niño, José Gregorio dijo:

—Es que la tristeza es una de las sensaciones, de los sentimientos o emociones que uno siente cuando está aquí, y especialmente cuando conoce las historias que han ocurrido en este lugar. Creo que es una palabra que puede definir lo que impregna estos muros: desolación y sensación de abandono, que probablemente es lo que debían de sentir la mayoría de los niños y de las niñas que tuvieron que pasar su infancia entre estas paredes.

Esa noche realizamos algunas pruebas en la soledad de la enorme construcción, pero tampoco tuvimos suerte; pasada la medianoche, decidimos volver al día siguiente, acompañados por uno de los protagonistas que había vivido un encuentro cercano entre sus corredores.

## LA OTRA VIDA DEL EDIFICIO

Al día siguiente, mis amigos Nando y José Gregorio me llevaron a conocer algunas zonas de la isla, me contaron sus misterios y curiosidades, y terminamos disfrutando de comida típica canaria en un curioso restaurante llamado Tagoror, ubicado en el interior de una cueva del barranco de Guayadeque.

Aquella toma de oxígeno nos vino muy bien tras la sobresaltada noche pasada, que se había iniciado con una persecución. Teorizamos que aquellos traficantes debieron de tomarnos por policía secre-

El autor, acompañado por José Gregorio González (izquierda) y Fernando Hernández (derecha), que conocen como nadie los grandes misterios y leyendas de las islas Canarias.

ta, o por periodistas especializados en delincuencia. En cualquier caso, ninguna de las dos opciones parecía de su agrado.

Antes de volver al edificio, esta vez con la luz del atardecer, José Gregorio me presentó a un vigilante de seguridad llamado Isaac, que había pasado noches de pánico en el edificio ya ruinoso.

—Cuando comienza, digamos, la historia paranormal de este inmueble es cuando se cierra, cuando tiene que ser sometido a vigilancia para evitar el vandalismo y que lo ocupen ilegalmente, cuando los responsables de velar por la seguridad y de preservar el inmueble comienzan a exponerse a un escenario en el que empiezan a percibir cosas que no pueden explicar —me adelantó José Gregorio.

Y, precisamente, uno de esos vigilantes era Isaac, que había decidido visitarnos en el hotel donde nos alojábamos. En su caso, había pasado tanto miedo durante su jornada laboral que no quería volver a visitar el edificio.

—¿Qué recuerdas del escenario, algo que te llamara la atención? —le pregunté, tras agradecerle su tiempo y confianza.

—Lo que más me impresionó la primera noche fue encontrarme el edificio tal y como lo habían dejado. Era como si se hubieran ido de la noche a la mañana. Allí había muebles, camas, colchones... ¡Hasta rosarios de las monjas! —La voz de Isaac se entrecortó al ofrecerme este último detalle.

—¿Y qué fue lo primero que te ocurrió y que te puso en alerta? —continué.

—Pues oír pasos, golpes... en zonas donde, evidentemente, no había nadie, porque para eso estaba yo allí. Para vigilar que nadie se colara. Y a mí me daban escalofríos cuando iba por las habitaciones o subiendo las escaleras... Era una sensación rara, como si ahí hubiera habido un sufrimiento grande.

—¿Y había alguno de esos fenómenos que te hicieran pensar en el pasado del lugar?

—Claro. Los gritos... Eso era muy habitual. A las tres de la mañana, casi todas las noches, se oían gritos lejanos, pero dentro del edificio. Y en varias ocasiones, estaba en una habitación y oía pasos de niño al otro lado, como si estuviera haciendo una travesura o algo así. Entonces abría la puerta corriendo, pero no había nadie. Eran sonidos como de niños de ocho o diez años... Niños chicos.

—¿Alguna vez te ocurrió esto junto a algún compañero?

—No, porque hacíamos las rondas solos.

Me imaginé lo que debía de ser una noche completamente a solas en un edificio de más de veintidós mil metros cuadrados, medio ruinoso, con ruidos por todas partes y con, por si fuera poco, estos sucesos inexplicables que podían ocurrir cuando uno menos lo esperaba.

—Al menos pudimos tener un perro de vigilancia durante una temporada. Y nos hacía mucha compañía, no te pienses... Pero a mí me empezó a alarmar más cuando este perro, que estaba adiestrado para situaciones de riesgo, no quería pasar a la cocina o no quería ir al pasillo ni entrar al vestuario adonde íbamos nosotros. Recuerdo que se clavaba en la puerta y empezaba a gruñir. No había quien lo moviera de allí.

Recordé a León, el pastor alemán que se comportó de manera similar durante el incidente de Talavera la Real, en Badajoz. Y tantos otros animales, perfectamente adiestrados, que mostraban ese tipo de reacciones fuera de lo común, como si fueran capaces de presentir un peligro que a nosotros se nos escapaba.

—A mí me daba la sensación de que estaba viendo algo delante de él, porque ponía las orejas para arriba, movía la cabeza... Y se asustaba. Nada, es que no se movía.

—¿Y recuerdas alguna vigilancia especialmente difícil?

—Bueno, sí, claro. Hubo varias, pero una noche, estando allí, empiezo a oír como un grupo de niños que me rodea, que parece estar al otro lado de la puerta. Ahí sí cogí mi machete, saqué al perro y me quedé fuera, con la linterna, mirando de un lado a otro. Aquello no era una cosa normal.

—¿Llegaste a sacar un machete por lo que te estaba pasando? —pregunté, alucinado por el detalle.

—Yo estaba muy asustado, Javier. Fue casi instintivo.

—Imagino que es imposible que nos acompañes hoy —le insistí.

—Yo no vuelvo, y conozco a más compañeros que no se meten más por allí. No es aconsejable que vayáis solos, eso es tenebroso como la noche.

## BAJA LABORAL POR TERROR

Pablo Ruiz es otro de los vigilantes que pasó años trabajando en la Casa del Niño. Acababa de llegar a la empresa de seguridad y le dieron aquel servicio, con horario de diez de la noche a seis de la mañana. Sus compañeros se miraron cómplices, pero no precisamente divertidos. Fue como si supieran algo que a él, por novato, se le escapaba.

Pablo, un hombre amigable y dicharachero, accedió a acompañarnos al edificio para contarnos todo lo que le había sucedido allí. Eso sí, nos puso una condición: que la visita tenía que terminar, obligatoriamente, antes del anochecer.

—¿Cómo hacíais la vigilancia? —le pregunté a Pablo, nada más llegar al recibidor del orfanato.

—Hacía una ronda, digamos, obligatoria, porque cada hora teníamos que subir a través de las dos plantas y teníamos que fichar pasando una llave para demostrar que habíamos estado allí. Vaya, que no te podías escaquear si la cosa se daba mal.

La Casa del Niño, en Las Palmas de Gran Canaria, es un vetusto edificio por el que pasaron más de ochocientos huérfanos, y donde hoy muchos vigilantes han oído llantos infantiles.

—¿Cuándo te ocurre la primera experiencia?

—El primer día. A eso de las doce de la noche empiezo a notar unos ruidos extraños. En ese momento los atribuí a una broma de mis compañeros, por ser novato. Empiezo a dar voces: «¿Quién está ahí?»... Pero lo curioso es que veo cómo una pelotita de color rojo, todavía me acuerdo, la estoy visualizando ahora mismo... Es algo que, cuando me viene a la mente, me eriza el pelo. —Se calló durante unos segundos, se quitó las gafas y se secó el sudor de la frente. Luego continuó—: Veo una pelotita que cae y justamente entra por la puerta de la cabina donde yo tenía que estar en las guardias, que era toda de cristal... Entra rodando por ahí y choca contra mis pies.

La experiencia me recordó, evidentemente, a la famosa escena de *Al final de la escalera*, con esa pelotita cayendo escaleras abajo que ya forma parte de la historia del cine.

A Pablo aquello le dio tanto miedo que decidió llamar a su inspector en el puesto de guardia para pedir que enviaran una unidad de policía. Sin embargo, cuando cogió el teléfono, se percató de que no había línea telefónica. Estaba allí solo e incomunicado.

En un acto de valor, salió de la garita de guardia y subió escaleras arriba, buscando el origen de la pelotita que había bajado botando hasta llegar a él. En la primera planta, las luces del eterno pasillo parpadearon varias veces, como si alguien estuviera encendiéndolas y apagándolas. Al mismo tiempo, notó que le atravesaba una corriente de aire frío. Pablo ya no pudo controlar el miedo y echó a correr de vuelta a su garita, desde donde volvió a intentar llamar a la policía. Para entonces la línea había vuelto y pudo ponerse en contacto.

—Les dije: «Mira, soy el vigilante de seguridad de la Casa del Niño, me está ocurriendo esto... He notado como que hay alguien dentro del edificio...». Entonces la policía me contestó que en los últimos días ya habían recibido otras veinticinco o treinta llamadas idénticas de otros compañeros míos, a los que les había sucedido lo mismo estando allí.

—Menuda noche de pesadilla...

—Yo vuelvo porque voy con ustedes... Pero, si no, aquí no vengo. Miren, esta era la peor zona...

Nos acompañó a las cocinas, en el sótano de la construcción. El mismo lugar que había señalado Isaac, otro de los vigilantes.

—Mira, mira. —Pablo me mostró su brazo, con la piel de gallina; era una reacción fisiológica imposible de impostar.

Aceleró el paso hasta casi echar a correr.

—Aquí no puedo estar, es que aquí no puedo estar, lo siento.

Subió al exterior, donde pareció calmarse.

—¿Hablaste con tus compañeros de lo que te ocurrió?

—Sí, al día siguiente. Me fui a la oficina de la empresa y pregunté qué pasaba allí. El jefe me dice: «Mira, quiero dejarte claras las cosas: los vigilantes que van allí han tenido problemas, muchos han pedido la baja psicológica, dicen que allí hay fenómenos paranormales...».

—¿Así de rotundo?

Asombrado, seguí mirando al enorme torreón, desde donde supuestamente se había lanzado una joven años atrás, una chica a la que aún seguían viendo tirarse al vacío una y otra vez. Como una impregnación. Una película que se proyecta constantemente de la misma forma.

—Así, como te lo estoy diciendo.

—¿Y aun así quisiste seguir trabajando aquí?

—No me quedaba otra, tenía que ganarme el pan. Recuerdo, por ejemplo, que a los pocos días cerré con llave una puerta por la que teníamos que pasar para hacer la ronda nocturna. Bueno, pues unas horas después, esa misma noche, me la encuentro abierta de par en par, y con las luces del fondo parpadeando.

—Hace un rato hemos podido conocer a Isaac, un compañero tuyo que nos hablaba de unos llantos de niño que solían oírse de manera habitual.

—Eso fue lo peor. Mira, otra vez la piel de gallina... Lo más estremecedor que yo pasé (entonces fue cuando decidí no volver a entrar nunca más) sucedió una noche en la que, sobre las dos y media o las tres de la mañana, justamente cuando voy a hacer una ronda,

Varios vigilantes de seguridad contaron al autor sus experiencias traumáticas vividas en el interior del orfanato, que los obligaron incluso a coger una baja médica.

oigo llantos en una de las habitaciones. Como unos niños llorando, pidiendo ayuda. Y yo miraba por las habitaciones, pero no veía nada. Desde ese momento decidí hacer mi ronda nocturna por fuera; allí me pasaba haciendo el servicio toda la noche.

—¿Ahí también te ocurrieron cosas?

—Se oían los ruidos, se oían los llantos, y notabas movimientos, como sombras negras que caminaban por las ventanas. La más habitual era en esa zona —me dijo señalando al pabellón de las habitaciones—, donde se veía una figura de tamaño medio, totalmente oscura, pasando de un lado a otro a toda velocidad. Siempre ocurría entre las tres y las seis de la madrugada.

Había algo en el rostro de Pablo que demostraba, una vez más, que no mentía. Estaba cada vez más asustado mientras recordaba su experiencia personal con el edificio. Los niños gritando, la invitación a jugar con aquella pelota que descendió atravesando la penumbra por la escalera principal, o la sombra que deambulaba entre las ventanas fueron demasiado para él, y terminó pidiendo una baja médica. Los fenómenos fueron intensificándose: a los llantos se sumaron otros golpetazos violentos, luces que iban y venían, y fallos telefónicos que los dejaban incomunicados, a solas con lo que allí hubiera, totalmente desprotegidos.

—Yo fui a un psicólogo, pedí la baja, necesitaba irme de allí... Estuve un total de cuatro o cinco meses en manos de psicólogos porque lo pasé bastante mal. Eso me marcó... Ya no podía ejercer esta profesión. Me daba mucho miedo ejercerla, quedarme a solas en un sitio de noche. Todo me recordaba a lo que viví aquí. Y, de hecho, hoy, cuando han pasado casi treinta años de aquello, sigo sin trabajar en esa profesión.

Conocer a Pablo y su experiencia fue especialmente interesante, pues es el ejemplo perfecto del testigo que vive con terror el encuentro con los Inocentes. Su caso no es único; a lo largo de la historia, existen cientos muy parecidos. Ese miedo es capaz de despertar problemas psicológicos, terrores dormidos en lo más profundo del cerebro reptiliano. Por eso, en la antigua Roma, algunos magos se atribuyeron el don de despertar a los muertos, para atormentar, con sus espíritus, a sus peores enemigos. Los *Immaturi* eran, sin duda, los más efectivos, los que despertaban una sensación más honda y descontrolada en la víctima, que quedaba totalmente desestabilizada tras el encuentro. Fue Pablo quien, con su honestidad y valentía para volver al interior de aquel monstruo gigantesco, me hizo evaluar con otra perspectiva aquellos viejos hechizos. Los conductos para alimentar al difunto desde lo alto de la tumba, los conjuros o las tablillas de maldición ya no tenían, para mí, un único valor histórico. Ahora, gracias al vigilante y a la demostración de ese miedo tan voraz, había entendido el verdadero sentido de la invocación que en la antigüedad se hacía a esos fantasmas tan particulares, juguetones y vengativos. No había otros como ellos. Los Inocentes podían generar un miedo imposible de igualar.

CAPÍTULO 10

# Las voces del colegio

Tras volcar el material grabado en el ordenador, descubrimos que, entre otras cosas, habían quedado grabados unos gritos espantosos; en mi opinión, la grabación más importante que en todos estos años de estudio he obtenido.

*El gran libro de las casas encantadas*, Clara Tahoces

ERA UN COLEGIO COMO OTRO CUALQUIERA, UBICADO en un barrio del extrarradio de Madrid. Una escuela con sus aulas, pupitres, pizarras, claustros y pabellones deportivos. Un colegio que seguía oliendo a tiza, a desinfectante y a la madera de los pupitres y estanterías. Con la salvedad de que llevaba más de una década abandonado.

Cuando puse un pie en el lugar junto a mi amiga, la escritora e investigadora Clara Tahoces, descubrí que era tal y como ella me lo había descrito antes de nuestra visita: un gran complejo de tres edificios con un enorme patio para actividades deportivas.

Era una noche fresca de junio en la que apenas soplaba el viento. El cielo despejado nos permitió vislumbrar cientos de estrellas en una zona de la capital apenas afectada por la contaminación lumínica. Las viviendas más próximas se encontraban a cientos de metros de allí, y las farolas del perímetro emitían una luz anaranjada que apenas iluminaban más allá de su propia base.

Habíamos llegado allí por una misteriosa foto. Al parecer, unos días antes, un hombre llamado Manuel junto a una amiga y una fotógrafa profesional se habían adentrado en el edificio para tomar unas instantáneas del entorno. Tenían curiosidad por su estado, al ser un colegio que llevaba tanto tiempo deteriorándose lentamente, sin que nadie hiciera nada por mantenerlo.

Durante el recorrido oyeron varios golpetazos e incluso cómo se abrían y cerraban puertas que ellos mismos acababan de cruzar. Al volver la vista atrás, no había nadie. Tal y como el propio Manuel le contó a Clara, mientras se encontraban en la zona del polideportivo interior, algo les causó un verdadero sobresalto:

—Sobre nuestras cabezas había un anfiteatro. Se supone que este polideportivo se utilizaba como comedor, teatro o lo que fuera. En el momento de cerrar la puerta, estábamos tres personas: la fotógrafa profesional, otra persona y yo. La fotógrafa se dedicó a documentar el polideportivo mientras mi amiga y yo indagábamos para saber qué había más allá de ese lugar. En ese instante, la puerta se abrió y se cerró. Oí cómo se abría el picaporte, por lo que entendí que una persona, un conserje o alguien por el estilo, estaba allí y nos iba a llamar la atención. A fin de cuentas, no sabíamos dónde nos habíamos metido.[86]

Fue en ese instante cuando otro de los integrantes del grupo atisbó una sombra bajo el zócalo de la puerta, a la vez que Manuel veía la puerta del anfiteatro abriéndose y cerrándose en varias ocasiones. A pesar de que tenía un cristal esmerilado, allí no había absolutamente nadie. Haciendo gala de una impresionante sangre fría, los tres amigos subieron para comprobar si alguien se había colado en el edificio y estaba gastándoles una broma. Pero no encontraron a nadie, y el miedo empezó a apoderarse de ellos.

Cuando se marcharon de allí, ya en la tranquilidad de una cafetería cercana, mientras observaban las fotos que acababan de tomar, se percataron de que, en una de ellas, aparecía la cara de una niña que se asomaba desde una vieja pizarra.

## EXPERIENCIA PSICOFÓNICA

El caso de este colegio es especialmente llamativo porque, aparentemente, en su interior no ocurrían fenómenos paranormales. No había leyenda alguna sobre él, y quienes habían tenido aquella experiencia y captado la fotografía de la niña no se habían colado allí persiguiendo el misterio, sino por mera curiosidad. Además, la búsqueda sobre sucesos luctuosos en el colegio no arrojó ningún resultado; tan solo la historia de un hombre que fue asesinado a las puertas de la escuela, pero que no estaba vinculado con el centro.

Sin embargo, la fotografía y aquellas puertas que se cerraban

---

86 Clara Tahoces, *El gran libro de las casas encantadas*, Barcelona, Ed. Luciérnaga, 2015.

fueron suficientes para nosotros, y una noche Clara y yo acudimos a las puertas del centro sin llamar la atención, para intentar captar algo similar.

Llevábamos nuestras grabadoras, cámaras *night shot*, cámaras fotográficas y el cuaderno de campo, para anotar minuciosamente cada detalle que nos llamara la atención.

Accedimos por un hueco estrecho bajo la puerta de hierro de la entrada y sorteamos la maleza que se abría paso hasta las pistas deportivas. Allí mismo, los años de abandono habían convertido las canastas de baloncesto en brazos herrumbrosos que surgían de la tierra, y el efecto implacable del sol había deteriorado el pavimento de las pistas, ahora lleno de socavones.

Caminamos sobre el suelo enmoquetado por hojas secas, que crujían bajo nuestros pies, hasta llegar al acceso al módulo principal, un bloque de ladrillo naranja lleno de grafitis y con las ventanas tapiadas. En un lateral, la puerta que daba acceso al vestíbulo permanecía abierta, y solo tuvimos que empujarla para poder pasar.

En el pabellón deportivo del colegio abandonado, tres personas vieron cómo una puerta se abría y cerraba sola.

Nada más entrar, nos impresionó el clásico olor de todos los colegios. Aún seguía flotando en el ambiente, como si se mantuviera activo. Y, sin embargo, llevaba cerrado desde los años noventa, cuando la falta de alumnado por el envejecimiento de la zona lo dejó sin actividad. Ahí empezó su degradación.

Y así lo encontramos.

Al abrir la primera aula nos topamos con un montón de pupitres verdes, con la pequeña silla a juego, colocados frente a la pizarra y dejando un pasillo en el centro. Al fondo, una pizarra polvorienta. Sobre la mesa del profesor aún se acumulaban trabajos o exámenes. En lo alto de un armario, un radiocasete de otro tiempo, rodeado de cintas, junto a un flexo sin bombilla.

Volvimos al pasillo y, desde allí, continuamos hacia una puerta ubicada al fondo. Al abrirla, entramos en un corredor aún más largo y estrecho, lleno de percheros. Tras atravesarlo llegamos al pabellón deportivo interior, un enorme salón con una grada en la parte superior. Allí, en lo alto, estaba la puerta que se había abierto y cerrado sola.

El silencio era absoluto. No se oía nada. Clara y yo nos mirábamos y alzábamos las cejas, compartiendo el asombro por aquel entorno. Tal era la calma que instintivamente mi amiga y yo hablamos con susurros.

Me explicó que ese era el sitio donde peor lo habían pasado los testigos; por lo demás, tal y como pudimos comprobar, si alguien se hubiera colado para gastarles una broma, la única salida que tenía era volviendo por ese lugar. No había más accesos. Tendrían que haberlo visto. Al salir del pabellón ascendimos a una planta superior, donde había un aula más grande que las anteriores, y donde tuve una sensación especialmente desagradable. No me ocurrió en el aula de al lado, solo en esa. Pensé que era algo subjetivo, pero Clara debió de detectar algo en mi cara y me preguntó.

—Esta clase me ha dado mal rollo —le dije.

—A mí también —me contestó.

Las otras zonas no nos habían provocado nada similar, pero allí mismo, quizá por ser el aula más apartada de la entrada (y, por tanto, de la salida), ambos habíamos compartido una incomodidad especial.

—¿Hacemos aquí la experiencia psicofónica? —propuso Clara.

—Me parece bien —respondí, mientras sacaba de mi mochila una batería para la cámara *night shot*, que amenazaba ya con apagarse.

Miré alrededor, para comprobar que las ventanas estuvieran cerradas y no hubiera ninguna fuente de sonido próxima que pudiera distorsionar la experiencia.

Clara sacó su grabadora digital y la colocó sobre la mesa del profesor. Yo puse muy cerca mi cámara de visión nocturna, y nos mantuvimos unos minutos en silencio absoluto. Estuvimos presentes durante toda la grabación, sin salir de la clase, y no escuchamos absolutamente nada. Uno de mis procedimientos, cuando estoy intentando captar alguna de esas psicofonías, es anotar en un cuaderno cualquier sonido que pueda generar confusión: un coche que pasa, un pájaro, un crujido... Anoto la hora, el minuto y el segundo, para descartarlo después al analizar el material. Pero allí, literalmente, no tuve que anotar nada. El colegio ocupaba toda la manzana, y no había construcciones alrededor, lo que facilitaba que no hubiera tráfico ni movimiento en los alrededores. Además, era la una de la madrugada, cosa que también ayudaba.

Tras una espera de varios minutos, nos miramos y nos hicimos un gesto. Era suficiente. Clara cogió su grabadora y dijo:

—Fin de la prueba psicofónica.

La guardó en su funda y regresamos a la parte inferior. Todo estaba en calma, aunque desde la visita al aula de la segunda planta me encontraba un poco más alarmado. No sé muy bien por qué, pues no existía razón objetiva para ello, por mucho que intentara encontrarle un sentido.

Al regresar al pabellón aguardamos allí unos minutos y probamos a apagar la linterna, para agudizar nuestros sentidos. No se oía nada. Una calma inquietante. Como si estuviéramos totalmente aislados en un colegio ya sin niños, aunque en el ambiente aún flotaba algo...

Dimos varios paseos por distintas zonas y, al final, optamos por marcharnos, resignados por no haber vivido nada extraño. Lo que en ese momento no sabíamos es que la grabadora de Clara había

El autor y Clara Tahoces frente a la pizarra donde una fotógrafa profesional captó la imagen de una niña que parecía asomarse desde una esquina.

registrado uno de los documentos sonoros más impresionantes que jamás hemos podido captar.

## GRITOS DESGARRADORES

Al llegar a casa, ya muy tarde, me di una ducha, pues tenía la sensación de haber vuelto lleno de polvo y suciedad de aquel colegio. Después, me preparé un sándwich mientras aprovechaba para tomar unas notas sobre la experiencia. Me gustaba hacerlo, casi a modo de diario, para no terminar olvidando pequeños detalles con el tiempo.

Fue en ese momento cuando recibí un mensaje de Clara, que me preguntaba si estaba despierto. Le respondí que estaba cenando algo rápido antes de acostarme, y entonces me devolvió un mensaje rotundo:

> Javi, estoy revisando el material y se han colado gritos.
> Son espantosos.

Me quedé con el sándwich en la mano, a medio camino entre el plato y mi boca. Y así estuve unos segundos, hasta que lo dejé en la mesa y respondí a Clara:

> ¿Qué voces son? Es imposible, no había nada allí.

A los pocos segundos me llegó un archivo de audio que abrí inmediatamente. No me coloqué ni los auriculares, cosa que es conveniente para escuchar este tipo de voces. Pero estaba tan impaciente que no podía perder tiempo buscándolos.

Era un archivo de cuarenta y cinco segundos. Imaginé que la voz, sutil y apagada, como suelen serlo en las psicofonías, debería estar hacia la mitad del audio. Pero me equivocaba, ni era sutil ni era breve.

El documento empezaba con un grito lejano y agudo que se repetía hasta cuatro veces. Entraba entonces una segunda voz, que emitía otro sonido estridente, y regresaba el grito agudo del principio. A este se unían otros, y el rosario de chillidos se prolongaba hasta ir desapareciendo y apagarse.

Me recordó al sonido de un patio de colegio, aunque no parecían niños jugando. Era como si les estuvieran pegando, o como si se estuvieran pegando entre sí. Todo ello durante cuarenta y cinco segundos, cosa que la convertía con diferencia en la psicofonía más larga que había escuchado.

Clara y yo nos llamamos, impactados. Compartimos impresiones: ambos intuíamos que no había nada lúdico en aquello y que, por supuesto, ninguno de los dos habíamos oído nada durante la grabación. Por tanto, ¿qué era aquello?

Escanea este código QR con tu *smartphone* para escuchar la psicofonía registrada por Clara Tahoces en un colegio abandonado de Madrid.

Se me ocurrió revisar las imágenes de la cámara de visión nocturna, que había estado colocada justo al lado de su grabadora. La saqué rápido de la bolsa y la conecté a mi televisión. Sentado en el suelo fui pasando las imágenes a gran velocidad: la entrada, las pistas deportivas, el recibidor, el aula... En el interior, donde ya no había luz, todo se volvía de color verde, propio de estas grabaciones *night shot*. Allí aparecía Clara, adentrándose en el pabellón, después en el pasillo, la escalera ascendente y, por fin, la dichosa clase donde habíamos registrado aquellos gritos que mi compañera había definido como espantosos. Le di a «reproducir a velocidad normal» y subí el volumen de mi televisión. Instintivamente me acerqué al monitor, hasta quedar a pocos centímetros de aquella imagen fija, en la que se veía la puerta del aula y un par de pupitres, todo en color verde. No había movimiento, el silencio era total... Hasta que de pronto aparecieron los mismos gritos, sonando a todo volumen a través de los altavoces:

—AHHHH... AHHHH... ¡¡AYYYYY!!

Mi cámara los había captado igual que su grabadora. Y, sin embargo, nosotros, sobre el terreno, no habíamos oído nada. Ni siquiera el ruido de un coche. Nada. ¿Cómo era posible?

Nos planteamos la posibilidad de que un grupo de niños pudiera haber estado gritando a cientos de metros, y que la grabadora y mi videocámara hubieran captado esos ecos a pesar de que nosotros no los habíamos oído... Pero no tenía sentido, y la hipótesis nunca terminó de convencernos.

La propia investigadora, en uno de sus maravillosos trabajos, hizo referencia a este registro como algo excepcional:

> En mi opinión, es la grabación más impresionante que en todos estos años de estudio he obtenido. No solo por su carga emocional (son gritos de niños claros, nítidos, nada jocosos), sino por su duración. Son cuarenta y cinco segundos ininterrumpidos de alaridos desgarradores. [...] En caso de que esos gritos procedieran de la calle, por fuerza tendríamos que haberlos escuchado, ya que son enérgicos y claros. Pero allí solo reinaba el silencio.[87]

87 *Ibid.*

Poco podría aportar a la conclusión de mi amiga. Ambos tuvimos la suerte de estar presentes cuando, en el silencio de la noche, el material técnico, que no tiene capacidad para asustarse o sugestionarse, captó algo que ninguno de los dos percibimos. Algo que, aparentemente, no debía estar allí. Y, sin embargo, hoy en día podemos escucharlo tantas veces como queramos porque quedó almacenado, desafiando a toda lógica.

# CUARTA PARTE

# Immaturí

La noche nunca se va del todo y, en cualquier caso, siempre vuelve.

*Bajar es lo peor,* MARIANA ENRÍQUEZ

DURANTE LAS PRESENTACIONES DE MIS LIBROS ME ocurren mil historias, que darían para otro libro. Mi jefa de prensa, Fátima Santana, que me acompaña siempre en esos primeros días intensos de entrevistas, dice que deberíamos escribir un libro solo sobre lo que nos sucede. Durante la presentación del libro *Los Guardianes*, en Madrid, ocurrieron muchas de estas casualidades.

En aquel libro contaba la impresionante historia de Ron DiFrancesco, el último hombre que salió con vida de la torre sur del World Trade Center el 11 de septiembre de 2001, tras el atentado terrorista. Consiguió sobrevivir gracias a una misteriosa presencia que fue guiándole, con una voz imponente, hasta la salida. Pude localizar a Ron DiFrancesco, que ahora residía tranquilamente en Canadá junto a su familia, y fue una de las experiencias más enriquecedoras de mi vida. Me habló de lo que supone sobrevivir a algo así, me habló del milagro de la existencia y, sobre todo, de aquella voz de la vida, surgida de ninguna parte, que, sin embargo, le había ayudado a tener una segunda oportunidad.

Durante la primera entrevista de prensa en Madrid, en la cafetería del hotel Las Letras, estaba contándole esta historia a un periodista, que me miraba fascinado por los detalles de la experiencia de Ron. Al cabo de unos minutos, la pareja que teníamos en la mesa de al lado, a muy poca distancia, se levantó y se acercó a nosotros.

—Disculpe, no queríamos interrumpirles, pero el local es pequeñito y estábamos muy cerca —dijo ella, cohibida, tendiéndome la mano.

Le quité importancia, un poco desconcertado.

—Verá, es que le hemos oído hablar de los atentados del 11-S... Y nosotros estábamos allí —explicó su marido.

—¿Cómo dice? —pregunté, incrédulo.

—Sí. De hecho, teníamos que estar arriba cuando se produjo el atentado en la torre sur. Nos esperaba un amigo en la cafetería.

—¿Su amigo estaba en la torre sur?

La pareja detectó algo de compasión en mi voz, y rápidamente la mujer me detalló el desenlace de la historia de su amigo:

—Sí, pero está vivo. Tenía las gafas de sol puestas sobre la mesa, mientras nos esperaba. De pronto oyó la explosión del avión contra la primera torre, y, aunque no vio nada, y muchos pensaron, en un primer momento, que había sido la caída de un ascensor, se dio cuenta de que sus gafas estaban vibrando sobre la mesa, como si algo retumbara. Se asustó y, de forma automática, se levantó y se marchó. Eso le salvó la vida.

—¿Dónde estabais vosotros? —les pregunté.

—Estábamos abajo, íbamos a subir, pero vimos la primera explosión. Eso nunca se olvida. Fue muy impactante. Cuando vimos bajar a nuestro amigo, decidimos marcharnos de allí, porque sabíamos que algo no iba bien. Cuando después vimos lo que ocurrió... Sentimos que nos había pasado un milagro —dijo ella, con la mano en el pecho.

Qué tremenda casualidad que un lunes cualquiera, a las ocho de la mañana, en un céntrico hotel de Madrid, tuviera lugar un encuentro como este. Les hablé de mi libro, les dije que había entrevistado a supervivientes del 11-S como ellos y les regalé un ejemplar. Nos tomamos una foto y después intercambiamos nuestros teléfonos. Me dijeron que les llamara si volvía a Nueva York, pues podrían presentarme a otros supervivientes.

Aquella larga jornada fuimos de un lado para otro, desde Onda Cero, Radio Nacional, *El Mundo*... Multitud de entrevistas que terminaron en una importante emisora nacional ubicada cerca del parque del Retiro. Allí me esperaba la última cita del día, con una periodista que tenía un programa de madrugada en el que hablaba de actualidad y donde también charlaba con autores como yo, deseosos de dar a conocer su último trabajo. El programa se emitía muy tarde y ella me ofreció grabarlo antes de la cena, gesto que agradecí. Mientras el técnico preparaba el estudio, la periodista se ajustaba el micrófono y los cascos distraídamente, hasta que al final se dirigió a mí:

—Tengo que contarte algo.

Estaba acostumbrado a escuchar esa frase, y me encantaba. Muchos periodistas que acababan de conocerme se animaban a contarme sus experiencias inexplicables. Yo servía como catarsis. Sabían que no iba a reírme y que a lo mejor podría tranquilizarlos compartiendo alguna vivencia similar. A esto se refería mi querida Fátima cuando hablaba de un libro con las historias que nos cuentan en las presentaciones. Aquella tarde, sin ir más lejos, me habían hablado del mensaje que había enviado a su mejor amiga una persona que llevaba dos horas muerta, de una habitación maldita en un importante hotel de la capital y de un objeto volante no identificado que persiguió a un técnico de televisión por una carretera secundaria de Alicante en el año 2002.

Sonreí a la periodista, invitándola a hacerme partícipe de su historia.

—Esto me ocurrió hace tres años... Yo termino el programa de radio a las cuatro de la madrugada, y vuelvo a casa, en la sierra, conduciendo por la A-1. Tú, que has trabajado también en radio de madrugada, sabes que, cuando terminas el programa, por muy tarde que sea, vuelves muy despierto, y a veces incluso cuesta conciliar el sueño...

—Sé bien de lo que me hablas —le dije, recordando las madrugadas en que, después de llegar a casa tras colaborar en *Milenio3*,[88] me preparaba un plato de pasta al que no le faltaba ni un detalle.

—Una de esas noches, yo conducía, con la carretera desierta y la radio puesta. Recuerdo el boletín ofreciendo las primeras noticias del día. De pronto, los faros del coche iluminaron un pequeño bulto en la carretera. Apenas tuve tiempo de aminorar la marcha, y me di cuenta de que era un niño, ahí en medio, hecho un ovillo. Fue todo

88 Mítico programa de la Cadena Ser, dirigido por Iker Jiménez y Carmen Porter, que se mantuvo en antena desde 2002 hasta 2015.

muy rápido, porque pude verle hasta la blusa de color azul, el pantalón... Y le pasé por encima.

—¿Lo atropellaste? —Su confesión me estaba dejando sobrecogido.

—No. Y sí. Yo no podía frenar más, ni tuve tiempo de esquivarlo. Pasé por encima, pero el coche no hizo nada. Es decir, si eso de verdad hubiera estado ahí, al atropellarlo, lo habría notado. Pero no. Y, además, cuando ya estaba frenando, mirando hacia atrás y deteniendo el vehículo, allí no había nada. Fue algo fugaz, como una visión instantánea.

—¿Dirías que fue una alucinación?

—Ni de coña. Te juro que eso estaba ahí, lo vi clarísimo, con todo detalle.

—¿Y qué hiciste cuando descubriste que aquello, simplemente, no estaba?

—Yo estaba preparada para llamar a la Guardia Civil, como digo fue todo muy rápido. Pero cuando vi que había desaparecido, pensé que me iban a tomar por loca.

—No serías la primera...

—¿La primera en qué?

—En denunciar algo así a la Guardia Civil. En su día pude conseguir varias diligencias que relataban visiones de ese tipo: una mujer con ropa antigua a punto de ser atropellada, otro conductor que casi se lleva por delante a un hombre con un peculiar sombrero, y cuando baja del vehículo y lo busca, no lo encuentra... —le expliqué, rememorando estos casos a los que había aludido en algunos de mis libros.[89]

Una vez más asistí a ese gesto de la mano en el pecho que revelaba cierto alivio para una carga psicológica que no se ha podido compartir durante años.

—¿Y qué pudo ser aquello? —me preguntó.

—Lo importante es lo que tú crees que pudo ser —repliqué.

Tras reflexionar unos segundos, la periodista me respondió:

—No lo sé. Solo sé que era un niño, y que de pronto desapareció.

—¿Dirías que viste un fantasma? ¿El fantasma de un niño?

---

89 En su libro *Los ecos de la tragedia* (Barcelona, Ed. Planeta, 2013), el autor muestra algunas de estas diligencias de la Guardia Civil.

—Sí, podría decirse. Pero ¿por qué yo?

La pregunta de la periodista era la madre de todas las preguntas. ¿Por qué yo? Es la gran incógnita cuando quien se aparece no parece guardar ningún parentesco con el testigo. No se trata de un familiar o de un amigo fallecido. Es algo más extraño, y por eso el impacto, lejos de dejar un poso de consuelo, genera más angustia. «¿Por qué yo?» es una pregunta que genera siniestras hipótesis: un mal presagio, un aviso, una advertencia, o un castigo. «¿Por qué yo?» produce, además, una carga en la mente del testigo, que siente que ha sido elegido por algo con algún tipo de sentido. Pero ¿y qué pasaría si, en realidad, no hubiera ningún sentido ni orden? Simplemente, todo se alineó para que coincidieran el momento y el lugar en que la periodista regresaba a casa y el fantasma emergía como la iridiscencia de un arcoíris cuando la luz atraviesa las gotas de agua. Una lotería imposible, teniendo en cuenta el caos infinito y la entropía del universo. Pero incluso en la entropía hay un orden, y a veces la lotería también toca.

Otra gran incógnita sería la identidad de ese niño, y por qué estaba allí. En el fondo, haber investigado apariciones de niños en un colegio o en un orfanato parecía tener cierto sentido. El fantasma tenía un contexto. Pero ¿qué pintaba uno de estos Inocentes agazapado en una carretera?

Es lo mismo que me preguntó una oyente, tiempo después, mientras realizaba una sección para otro programa de radio, de Canal Sur. La audiencia enviaba sus casos y preguntas para que yo, semanalmente, les respondiera.

Un jueves, después de mi sección, Esther Menacho, del equipo de producción, me remitió el audio de una mujer que acababa de escucharnos y quería contarnos lo que le había sucedido.

Vivían en una finca a las afueras de Sevilla, un lugar apacible y tranquilo, donde querían criar a su hijo recién nacido en contacto con la naturaleza. Cuando el niño cumplió dos años empezó a hablar de un nene que siempre estaba fuera de casa. Lo que parecía anecdótico terminó convirtiéndose en algo obsesivo para el niño, que se asomaba a la ventana y saludaba con la manita hacia el exterior, donde no había nadie.

—El nene está ahí —le decía a veces a su madre, señalando al camino de entrada.

Ella empezó a alarmarse cuando en un par de ocasiones la verja del exterior apareció abierta. La cerraba cada noche meticulosamente, y era poco probable que se le hubiera olvidado.

Cierto día, el niño, que estaba en el jardín, regresó al salón y dijo:

—Mamá, el nene quiere entrar. ¿Puede?

La mujer, francamente asustada, respondió tajantemente:

—No, dile que aquí no puede entrar.

—Vale —respondió su hijo con naturalidad, mientras salía a darle explicaciones a su amigo, hasta ese momento invisible.

Hizo bien, pues muchas tradiciones medievales europeas relatan que el ser sobrenatural pide permiso para entrar en la casa del vivo antes de profanarla para siempre.

La cuestión es que una tarde, al llegar a la finca, la mujer estaba aparcando el coche en el porche exterior cuando su hijo, que iba sentado en su sillita en el asiento de atrás, empezó a aplaudir, feliz, y señalando a su ventanilla.

—¡Mira, mamá, ha venido mi amiguito! —le dijo, completamente feliz.

En ese momento, la mujer pudo ver, solo por unos segundos, una pequeña cabeza que asomaba al otro lado del cristal, justo donde su hijo señalaba. La coronilla de un niño de unos seis años, con una altura justa para llegar por poco al cristal del coche.

Se le puso la piel de gallina y estuvo unos minutos encerrada dentro de su vehículo, intentando calmarse, procurando no transmitir el miedo que sentía a su propio hijo, quien parecía vivir con toda naturalidad aquellos encuentros.

Por suerte, desde ese día no hubo más visitas, y el amigo invisible se marchó. Pero la duda de quién era y qué pretendía se quedaría para siempre con ella.

Un tercer caso similar a estos me lo contó la periodista Sol Blanco Soler, miembro del Grupo Hepta desde su creación en 1987.[90]

---

90 El Grupo Hepta lo creó, en 1987, el padre jesuita José María Pilón, para la investigación de fenómenos paranormales. Está formado por profesionales de diferentes materias como físicos, periodistas y sensitivos, y han investigado en lugares históricos como el Palacio de Linares en Madrid, el Museo Reina Sofía o la Diputación de Málaga.

Cuando le adelanté que estaba investigando casos de fantasmas de niños se mostró enormemente entusiasmada:

—¡Qué tema tan bonito! —dijo, dando una expresiva palmada y con una mirada cargada de emoción.

En ellos, me adelantó, nunca hay maldad. Eso es cosa de las películas. Los niños nos dan miedo por problemas de los adultos, pero no porque ellos den más miedo. Lo que dan es más trabajo. Cuando se aparecen, no saben que están muertos, y hay mucho que explicarles. En definitiva: si dan trabajo cuando están vivos, imagínate cuando están muertos.

Así de excepcional es mi querida Sol. Así de claras son sus ideas, y así las transmite. Aquella tarde, recordó a una pareja que vivía felizmente en un piso de Madrid hasta que la tranquilidad se quebró con la aparición fugaz de una figura de pequeño tamaño, con pelo rubio y liso y un jersey beige. La visión fue tan clara que llegaron a identificar que llevaba un muñeco en la mano. Tendría unos seis o siete años. Tiempo después, una amiga se quedó a dormir en su casa, sin saber nada del asunto. De madrugada se levantó, aterrorizada, diciendo que un niño la había estado observando a los pies de la cama. La descripción era la misma. Cuando el Grupo Hepta fue allí a investigar, la sensitiva del equipo, mi añorada Paloma Navarrete, tristemente fallecida en julio de 2022, aseguró que quien se estaba manifestando era un niño de ocho años que había muerto unas calles más allá, pero que iba a ese piso por algo.

—¿Tenéis algo que le pueda interesar? —preguntó ella, extrañada.

—No, es imposible, no conocemos a ningún niño fallecido, ni a ninguna familia que haya perdido a un hijo... —respondió la propietaria de la vivienda.

Paloma esperó unos segundos, intentando descubrir el trayecto que realizaba el Inocente... Hasta que lo vio meterse en una habitación concreta.

—Dice que viene aquí para ver a la iguana. ¿Acaso tenéis una iguana? —preguntó Paloma.

—Claro, tenemos un terrario y lleva años con nosotros.

—¡Pues ahí lo tienes! Este niño viene a vuestra casa porque le gusta ver a la iguana —concluyó Paloma.

El caso, me contó Sol, fue de los más difíciles, porque no conseguían hacerle entender al pobre niño que allí ya no tenía nada que hacer y que debía seguir caminando hacia la luz, a eso que algunas creencias llaman evolución del alma, un estadio superior, alejado ya de lo terrenal.

El niño, por cierto, dijo que se llamaba Jimmy[91] y que vivía en el bloque de enfrente. Pero no se aparecía ante sus padres o hermanos para darles un mensaje de amor, no. Solo sentía curiosidad por aquel tranquilo reptil que pasaba la vida subida al tronquito de su terrario, cazando grillos. Pero es que así son los niños.

Por eso los casos que vienen a continuación tienen que ver con ese estado de desorientación que muestran algunas de estas manifestaciones. Son figuras perdidas, desubicadas, que a veces han llegado a mostrarse en fotografías, asomándose desde el quicio de la puerta que comunica con la misma habitación en la que murieron años atrás...

---

91 Sol Blanco Soler, *Casas encantadas, tesoros y niños perdidos*, Barcelona, Ed. Cúpula, 2014.

CAPÍTULO 11

# ¿Es Joe DeFeo?

Cosas terribles suceden en la mansión de Amityville,
por donde parecen pasear los espectros de una familia asesinada.
*Interviú*, 6 de marzo de 1980

RECIBÍ LA NOTICIA DE LA MUERTE DE RONALD DeFeo una noche en la que, sentado en mi despacho, seguía documentándome sobre el mundo de los Inocentes. Era el único lugar donde encontraba cierta calma al final del día, tras disfrutar de largos paseos con Mario y Chloe, que estaban a punto de cumplir su primer año. Gateaban ya a gran velocidad, y por lo general, cuando solo había una persona con ellos, lo hacían cada uno en una dirección opuesta. Nos llamaban con sus balbuceos y se dirigían a nuestro perro, Thor, con un enérgico «¡To!».

Cuando llegaba la noche, el silencio se adueñaba de la casa. Un silencio profundo que Celia y yo procurábamos romper dedicando algo de tiempo para nosotros, durante la cena. Después terminábamos dormidos en el sofá, a los pocos minutos, de lo agotados que estábamos. Pero los niños empezaban a dejarnos dormir, y ese era un lujo que no podíamos desperdiciar.

Sin embargo, algunas noches encontraba algo de paz encerrado en el despacho, documentándome sobre el tema que estaba investigando o poniéndome al día respecto a ciertos asuntos. Una de esas noches bajo la luz del flexo, recibí un correo electrónico sobre un término de búsqueda que había registrado años atrás: Amityville. La casa encantada más famosa del mundo. Imaginando que la información tendría que ver con una nueva película sobre el caso, cliqué en el enlace y llegué a un titular que me resultó totalmente inesperado: «Muere Ronald DeFeo Jr., asesino de toda su familia en Amityville».[92]

92 Sandra Audelo, «Muere Ronald DeFeo Jr.; asesino de toda su familia en Amityville», *Debate de México*, 15 de marzo de 2021.

Bajo el texto, aparecía una fotografía en blanco y negro que mostraba a un joven de barba poblada, labios finos, estrecha nariz y fría mirada, que había aniquilado a sangre fría a toda su familia.

## MATANZA EN AMITYVILLE

En el 112 de Ocean Avenue había una preciosa casa de estilo colonial con tres plantas, piscina y embarcadero; su estructura era peculiar, especialmente por su fachada principal, que tenía sobre la gran balconada del dormitorio principal dos ventanucos que se asemejaban a unos ojos que la dotaban de vida.

Y eso es, en el fondo, lo que Ronald DeFeo alegó ante un juzgado. Que aquella casa le había hablado.

La noche del 13 de noviembre de 1974, Ronald, de veintitrés años, vertió unos somníferos en la cena sin que nadie se percatara. Él alegó que tenía mal cuerpo y que iba a acostarse sin comer nada.

Unas horas más tarde, cerca de las tres de la madrugada, cuando todos dormían profundamente, Ronald fue habitación por habitación, disparando a bocajarro a todos los miembros de su familia: su padre, Ronald, su madre, Louise, sus dos hermanas, Dawn y Allison, y sus dos hermanos, Marc y Joe, este último de tan solo nueve años. Todos murieron en el acto.

Después de la orgía de sangre, Ronald tomó un baño y se fue a trabajar. Pasó el día fuera de casa. A eso de las seis y media de la tarde interpretó su mejor actuación cuando, al entrar en el bar de Henry, a pocas manzanas del 112 de Ocean Avenue, empezó a gritar: «¡Tenéis que ayudarme! ¡Creo que han disparado a mis padres!».

La policía no se podía imaginar lo que les esperaba. Al entrar en la casa les golpeó el olor ferruginoso de la sangre, que flotaba en el ambiente como las moscas en verano. En todas las habitaciones había cadáveres boca abajo, con disparos en la cabeza o en las vértebras, y con los brazos en cruz. Todos estaban en sus camas, aún arropados, tal y como habían muerto. Parecía que ninguno había llegado a oír los disparos del calibre 35 del rifle que había ido segando sus vidas.

Durante esas primeras horas, Ronald mantuvo que sus padres

habían sido asesinados, seguramente por algún miembro de la mafia, que después había optado por silenciar también a sus hermanos.

—¿Y por qué a ti no te han hecho nada? —le preguntaban los agentes.

Él respondía con balbuceos y distintas excusas sin fundamento alguno.

Finalmente apareció un rifle Marlin 336C a pocos metros de la casa, escondido en una alcantarilla. Ronald lo reconoció como suyo, y, desmoronado, terminó confesando la autoría de los crímenes, aunque el móvil nunca estuvo claro.

Un año después, cuando empezaron los juicios, el asesino se puso delante del juez y dijo unas palabras que sorprendieron a todos los presentes: «Escuchaba permanentemente voces que me daban órdenes. Voces que salían de la pared o del techo. Nunca pude ver quién las daba. Esa noche la voz me ordenó que matara a mi familia y lo hice, no podía soportarlo más».[93]

Para muchos, aquella fue una sucia estrategia de su abogado, el letrado William Weber, para intentar a toda costa reducir los años de condena de su cliente.[94] Pero lo cierto es que algunos otros propietarios de la casa con ventanas como ojos manifestaron en otros medios de comunicación que, tras vivir en aquel lugar, sus vidas habían empezado a torcerse.

## CRONOLOGÍA DEL HORROR

En mi despacho releí la noticia de la muerte de Ronald DeFeo, que había terminado, aparentemente, con sus huesos en la cárcel. La estrategia de Weber, si es que fue tal, no dio muy buen resultado. Ronald mantuvo en varias ocasiones aquella misma declaración. Decía que oía voces, que venían de una estrecha habitación pintada de rojo en el sótano y que le llamaban por su nombre. Le decían que

---

93 Adrian Wecer; Jim Hollander, «Visitamos la casa del horror», *Interviú*, 6 de marzo de 1980.

94 Ric Osuna, *El caso Amityville. Reinvestigando los asesinatos de la familia DeFeo*, Málaga, Ed. Applehead, 2021.

toda su familia estaba en su contra, y que tendría que acabar con ellos.

El caso Amityville me ha fascinado desde que lo conocí, allá por el año 2000, y guardo una carpeta llena de recortes, artículos y fotografías al respecto. Esa noche, aprovechando la calma, busqué la carpeta y la extendí sobre mi escritorio. Miré la hora: pasaban las dos y media de la madrugada (faltaban pocos minutos para las tres). Hice algunas anotaciones, refrescando algunos datos, y de pronto pensé que podría ser buena idea localizar a alguien que hubiera conocido a Ronald, para preguntarle por él y para saber si había mantenido la versión de las voces hasta el fin de sus días.

Empecé a hacer varias llamadas, pues en Nueva York aún eran las ocho de la tarde. Conseguí información sobre la prisión en la que había estado los últimos años: el correccional para hombres de Sullivan, de máxima seguridad, famoso por haber cobijado a otros conocidos delincuentes como el Hijo de Sam, asesino en serie que aterrorizó Nueva York en 1977, como el asesino del río Genesse, que acabó con la vida de una docena de mujeres y de dos niños, o como Joseph Sullivan, un gánster irlandés.

Conseguí el teléfono del correccional de Sullivan, donde, evidentemente, nadie quería darme ninguna información. Finalmente me pusieron en contacto con Thomas Mailey, un amable agente del Departamento de Prisiones del Gobierno de Estados Unidos, que me confirmó la muerte de Ronald DeFeo, a los sesenta y nueve años. Me explicó que había sido trasladado al centro médico Albany, en Nueva York, donde había fallecido; luego insistió en que no podía darme ninguna otra información personal, incluido el motivo de la muerte. Lo cierto es que aquel hombre reaccionó a mi insistencia con extremada amabilidad, disculpándose por no poder servirme de más ayuda. En los medios no había trascendido ningún dato, y me preguntaba cuál de todas las versiones de los crímenes habría mantenido en sus últimos días.

Finalmente, entre los apuntes del caso Amityville, encontré lo que andaba buscando. Era una nota que había conseguido gracias a un corresponsal en Nueva York, que había tenido acceso, en el registro de Amityville, a la lista de propietarios que habían pasado por el 112 de Ocean Avenue. El listado, acompañado de algunos detalles personales, era realmente llamativo:

- - - - - - - - - - - - - - - - - - - - - - - - - - - - -

**1924.** Jesse Perdy. Constructor de la casa.

**14 de enero de 1924 - Enero de 1960.** John y Catherine Moynahan.

**Enero de 1960 - 16 de octubre de 1960.** Eileen Fitzgerald y familia.

**17 de octubre de 1960 - 27 de enero de 1965.** John y Mary Railey (terminan divorciados).

**28 de junio de 1965 - 13 de noviembre de 1974.** Familia DeFeo. Masacrada por su hijo.

**14 de noviembre de 1974 - 17 de diciembre de 1975.** La casa permanece vacía tras los crímenes.

**18 de diciembre de 1975 - 14 de enero 1976.** Familia Lutz. (Solo pasan en su interior 28 días.) La compraron por 80.000 dólares.

**15 de enero de 1976 - 17 de marzo de 1977.** La casa permanece vacía, sin comprador.

**Septiembre de 1977.** Publicación del libro *Aquí vive el horror*, de Jay Anson, que narra los episodios paranormales y el pasado oscuro del lugar.

**18 de marzo de 1977 - 10 de agosto de 1987.** El matrimonio formado por James y Barbara Cromarty adquiere la propiedad por un total de 55.000 dólares. El matrimonio entra en guerra con los Lutz (antiguos propietarios y testigos de supuestos fenómenos paranormales en la casa, cuya historia aparece plasmada en el libro *Aquí vive el horror*, de Jay Anson), afirmando que en la casa no sucede nada fuera de lo normal. Sin embargo, a los pocos años se ven obligados a ponerla de nuevo en venta tras la muerte traumática de David Roskin, el hijo de Barbara.

**1979.** Se estrena la película *Terror en Amityville*, inspirada en hechos reales acontecidos en la casa.

**11 de agosto de 1987 - 9 de junio de 1997.** Peter y Jeanne O'Neil la compran por 325.000 dólares. Cansados de las visitas de curiosos y seguidores del caso, cambian las ventanas con forma de ojos de la fachada.

**10 de junio de 1997 - enero de 2010.** Brian Wilson se convierte en el nuevo propietario, pagando un total de 310.000 dólares. Hace una importante reforma interior.

**Septiembre de 2010 - 9 de febrero de 2017.** David y Caroline D'Antonio la adquieren por 950.000 dólares.

**9 de febrero de 2017 - Septiembre de 2022.** Un comprador privado se convierte en el nuevo propietario por 605.000 dólares.

**24 de enero de 2023 - Actualidad.** La casa termina vendiéndose por un total de 1,46 millones de dólares.[95]

- - - - - - - - - - - - - - - - - - - - - - - - - - - - -

- - - - - - - - - - - - - - - - - - - - - - - - - - - - -

## GRANDES ESPERANZAS

En la mayoría de las fotografías policiales tomadas a la fachada en las jornadas posteriores a los asesinatos, se observa un letrero que los DeFeo habían colgado en el jardín delantero y cuyo significado, conociendo el trágico final de la familia, resulta estremecedor por lo paradójico: GRANDES ESPERANZAS.

Un año después de los asesinatos, la familia Lutz llegó a Amityville con la intención de comprar, al fin, una casa. George y Kathy se habían separado años atrás de sus otras parejas; además de sus dos hijos en común, ella tenía otro hijo, llamado Daniel, fruto de la relación con su anterior marido (Daniel también vivía con ellos). Era una familia compleja y humilde, pero creyeron contar con la suerte de su parte cuando encontraron la casa de sus sueños a un precio de ganga: solo 80.000 dólares.[96] Cinco habitaciones, cuatro baños, un gran salón, un sótano diáfano (con una extraña y diminuta habitación de color rojo bajo la escalera), un amplio patio, garaje para dos coches y un embarcadero. La familia estaba emocionada

95 Mary K. Jacob, «"Amityville Horror" home sells for $1.46 million», *New York Post*, 27 de enero de 2023.

96 Jay Anson, *Aquí vive el horror*, Barcelona, Ed. Círculo de Lectores, 1979.

ante la oportunidad que se les había presentado y no tardaron en hacerse con ella. La propietaria de la inmobiliaria les habló de los crímenes y de Ronald DeFeo. Pero aquello no les importó. Habían visitado más de cincuenta casas, pero ninguna se parecía en nada al imponente 112 de Ocean Avenue.

Lo que no sabían es que aún quedaba sangre seca camuflada en la moqueta o el papel pintado de los dormitorios.

Para colmo, George Lutz pagó un suplemento de cuatrocientos dólares para poder quedarse la casa parcialmente amueblada..., con los enseres personales de la familia aniquilada allí mismo.

Así, los cinco miembros de la familia Lutz llegaron a la casa el 18 de diciembre de 1975. Cuando cayó la noche estaban tan agotados por la mudanza que durmieron a pierna suelta. Todos excepto George, que cerca de las tres de la madrugada empezó a oír un sonido recurrente que venía con el viento... Algo seco y macizo. Cuando

En algunas fotografías policiales del caso aún puede verse el cartel que los DeFeo habían colocado en la entrada de su vivienda y que rezaba: Grandes Esperanzas.

se asomó a la ventana detectó que el ruido procedía del golpeteo del poste de madera de la entrada que llevaba un texto escrito por ambos lados, que aún pudo leer desde lo alto:

GRANDES ESPERANZAS

## 28 DÍAS

El escritor Jay Anson se entrevistó durante largos días con los Lutz. Su polémico libro *Aquí vive el horror* es la mejor crónica para entender la pesadilla que sufrió la familia durante los únicos veintiocho días que fueron capaces de habitar la casa de Amityville. Mucho se ha hablado, escrito, guionizado e incluso ficcionado sobre la construcción embrujada más famosa de la historia: se dijo que estaba construida sobre un cementerio de la tribu de los metoacs, que antes de la construcción fue una especie de mortuorio para los indios locales, y que todos esos huesos se encontrarían bajo la gran piscina. Según el libro de Anson:

> La Sociedad de Historia de Amityville suministró a George alguna información interesante, sobre todo acerca de la localización de su casa. Por lo visto, los indios shinnecocks habían empleado aquella tierra a orillas del río Amityville como lugar de reclusión de enfermos, locos y moribundos. Aquellos infelices permanecían encerrados hasta que morían, víctimas de los elementos [...]. Uno de los colonos más famosos que habían venido a la recién llamada Amityville era un tal John Catchum, o Ketcham, que había sido expulsado de Salem (Massachusetts) por practicar la hechicería. John había establecido su residencia a ciento cincuenta metros del lugar donde vivía ahora George, y allí había continuado sus presuntos cultos diabólicos. El relato afirmaba también que había sido enterrado en algún lugar al noreste de la finca.[97]

Publicaciones posteriores han intentado derribar tales teorías, afirmando incluso que los Lutz estaban compinchados con el aboga-

97 Anson, Jay, *Aquí vive el horror*, Ed. Círculo de Lectores, 1979.

do de Ronald DeFeo para hacer más creíble la versión de las voces que le habían obligado a asesinar a toda su familia.[98] Sin embargo, por allí pasaron otras personas ajenas a los Lutz, como el padre Frank Mancuso, un sacerdote al que llamaron para exorcizar la casa, que fue testigo de la aparición de enjambres de moscas y de voces que le obligaban a marcharse de allí. Según declaraciones posteriores del propio sacerdote:

> Estaba bendiciendo el recibidor y sentí frío. Realmente hacía mucho frío allí. Era muy curioso porque en la calle lucía un día precioso. Era invierno, pero no era normal que en el interior de la casa estuviésemos tan helados. Fui avanzando hacia dentro de la casa, con el agua bendita, limpiando los rincones, y escuché una voz raramente profunda, detrás de mí, que decía: «¡Vete de aquí!». Parecía que venía de todas partes, no de un punto concreto que pudiera identificar. Muy raro. Y sentí que alguien iba acompañándome, y allí, físicamente, no había nadie.[99]

Además, los Lutz siempre mantuvieron la versión de que la casa parecía haber mantenido un comportamiento inteligente y hostil, casi como si tuviera vida, o como si alguien invisible habitara junto a ellos. El último en hacer público su testimonio fue Daniel Lutz, el hijo de Kathy, a través de un documental[100] en el que llegaba a mostrar las secuelas físicas de su paso por Amityville: una tarde, una de las grandes ventanas de guillotina se cerró sola sobre sus manos, con una fuerza descomunal, partiéndole el dedo meñique, que todavía tiene torcido por aquel incidente.

George, el padre de familia, empezó a modificar su comportamiento y su aspecto; pasó de ser un hombre afable a ser un tipo hostil e intratable que llegó a agredir físicamente a su familia. Se dejó crecer el pelo y la barba, tal y como había hecho Ronald DeFeo antes de cometer los asesinatos. Según declaró el señor Lutz, algo

---

98 Osuna, Ric, *El caso Amityville. Reinvestigando los asesinatos de la familia DeFeo*, Ed. Applehead, 2021.

99 Jiménez, Iker y Porter, Carmen. *Milenio3, el libro*, Ed. Aguilar, 2006.

100 *My Amityville Horror*, de Eric Walter, 2012.

en la casa estaba adueñándose de todos ellos, produciéndoles pesadillas recurrentes, impidiéndoles descansar y atacando sus nervios.

Era habitual que sustancias negras y pegajosas surgieran de las tazas del váter o de la bañera, o que aparecieran olores putrefactos y casi cadavéricos que iban desplazándose por las diferentes estancias. En varias noches, diferentes miembros de la familia asistieron a la aparición de figuras, pero la más habitual era Jodie, una amiga invisible de Missy, la pequeña de los Lutz, que entonces tenía cinco años.[101] Decía que dormía en su armario y que algunas noches, cuando apagaba la luz, salía a verla. Una madrugada, George Lutz oyó unos portazos que procedían del exterior. Al salir a comprobar de dónde venían se encontró con que la puerta del embarcadero estaba abierta, zarandeada por el viento. Se dirigió a ella y la cerró con candado. Entonces vio encendida la luz de la habitación de su hija, y a la pequeña, que se asomaba a través de la ventana como si estuviera sonámbula. Lo que le aterrorizó es que detrás de la niña había una figura con cara de cerdo que parecía acompañarla. Subió corriendo, creyendo que alguien se había colado en la casa, pero se encontró con su hija dormida y la luz apagada. Cuando unos días más tarde Missy pintó a su amiguita invisible, dibujó en realidad a un cerdo que parecía volar entre copos de nieve.

Otro de los fenómenos que denunciaron todos los que vivían allí es el sonido de un niño. Un llanto que procedía de la parte más alta de la casa y que a veces los despertaba bien entrada la madrugada.[102]

La cuñada de Kathy, Carey, ajena a todo lo que estaba ocurriendo, durante una de las visitas afirmó que había visto a un niño con aspecto de moribundo que le dijo que había fallecido en la habitación en la que dormía Missy. El pequeño se adentró en ese mismo dormitorio; cuando Carey entró a buscarlo, allí no había nadie.[103]

El último día, Daniel y su hermano Chris vieron una figura alta, vestida con una túnica negra, que se colaba en su dormitorio mientras dormían. Aterrorizados, ambos echaron a correr, despertaron a sus padres y a su hermana, y abandonaron el 112 de Ocean

---

101 Carlos Cala, *Aquella casa maldita en Amityville*, Madrid, Ed. Edaf, 2006.

102 Iker Jiménez; Carmen Porter, *Milenio3, el libro*, Madrid, Ed. Aguilar, 2006.

103 Carlos Cala, *Aquella casa maldita en Amityville*, Madrid, Ed. Edaf, 2006.

Avenue para siempre. Antes de salir por la puerta, varios miembros de la familia vieron a aquel ser descendiendo por la preciosa escalinata de madera.

## FOTOGRAFIANDO LA OSCURIDAD

Tras la marcha de los Lutz, varios medios de comunicación publicaron información sobre lo que había sucedido en la casa de los crímenes. Una familia había huido espantada del mismo lugar donde otra familia había sido asesinada un año antes. El titular se difundió con rapidez, y diversos grupos de investigaciones parapsicológicas se pusieron en contacto con George. Al final, de todos ellos, los que más seriedad transmitieron fueron los Warren, el famoso matrimonio formado por Ed y Lorraine que se ha hecho mundialmente famoso por la serie de películas *Expediente Warren*.

Algunas de aquellas investigaciones las hicieron en colaboración con medios de comunicación, como Canal 5, que estuvo presente la noche del 18 de febrero de 1976, cuando la sensitiva Mary Pascarella, del Instituto de Parapsicología de Durham, aseguró haber visto una sombra negra que se desplazaba por la vivienda, especialmente en uno de los dormitorios de la planta superior.

Esa noche, Lorraine Warren concluyó:

> Sea lo que fuere, eso que está aquí es capaz de moverse a voluntad. No tiene que permanecer necesariamente aquí, pero creo que es su lugar de descanso.

Precisamente por eso, unas semanas más tarde regresaron a la casa de Amityville. Fue, concretamente, el 6 de marzo de 1976, una fecha marcada en rojo en la historia de las fotografías anómalas. Junto a Ed y Lorraine se encontraban el fotógrafo Gene Campbell y el investigador Paul Bartz. Al entrar descubrieron la casa tal y como la habían dejado los Lutz: con los muebles, el televisor, el menaje de cocina e incluso los platos de la cena aún en el fregadero. No se habían atrevido a entrar de nuevo a por sus enseres personales.

El equipo de investigación dejó grabadoras por toda la casa y realizó fotografías por las estancias a oscuras, con el *flash* iluminando instantáneamente las camas aún deshechas, los armarios revueltos o las bañeras, todavía con restos de aquellas sustancias viscosas y pestilentes.

Todos parecían incómodos ante algo maligno que parecía flotar en el ambiente, pero que, al menos esa noche, parecía contenido. Bajaron al sótano e inspeccionaron la famosa habitación roja, de donde el asesino Ronald DeFeo decía que procedían las voces de la casa, y que Jay Anson relacionó con el mortuorio de los indios montauks. Era poco más grande que un armario, forrado en madera pintada de un vivo color rojo. Según reveló George Lutz, unos días atrás, mientras estaba en el bar, un vecino de Amityville le habló de aquel lugar refiriéndose a él como la habitación secreta. Según ese hombre, en su día había conocido a Ronald DeFeo, el joven que había matado allí a su familia, y este le confesó que realizaba extraños ritos en dicho cubículo:

—Ronnie me dijo que solía sacrificar animales allí. Ya sabe: mataba perros y cerdos para emplear su sangre en una ceremonia secreta.[104]

Aunque parece un detalle rocambolesco y morboso, bien es cierto que muchos asesinos, antes de matar por primera vez, experimentan con animales; de hecho, una característica habitual de los asesinos en serie es que durante su infancia empiezan maltratando y asesinando a pájaros, ratones, ranas y otros seres vivos de pequeño tamaño, para continuar después por gatos, perros y otros animales más grandes.[105] En ese sentido, podría haber una coincidencia entre el comportamiento de Ronald DeFeo y los cerdos asesinados y Jodie, la amiguita de Masie con cara de cerdo. Solo pensarlo resulta estremecedor.

La segunda noche de los Warren en Amityville fue relativamente tranquila, no hubo sobresaltos, más allá de un olor a podrido que parecía propagarse por la escalera.

Pero la sorpresa vino, como ocurre muchas veces, a los pocos días, cuando revisaban el material que habían grabado. Concretamente, fue una fotografía la que impresionó a todo el equipo de los

---

104 Jay Anson. *Aquí vive el horror*, Barcelona, Ed. Círculo de Lectores, 1979.

105 Robert Ressler, *Asesinos en serie*, Barcelona, Ed. Ariel, 2012.

Warren. Gene Campbell, que había recorrido la casa entera fotografiando cada uno de sus rincones, se había asegurado de que no hubiera nadie en ninguna habitación. De hecho, todas las fotografías tomadas por Campbell la noche del 6 de marzo de 1976 muestran espacios vacíos. Todas excepto una...

La captura que nos ocupa se tomó durante un experimento del fotógrafo, que dejó su cámara realizando disparos automáticos cada pocos segundos en el distribuidor de la segunda planta, enmarcando la entrada a dos de las habitaciones de los niños, precisamente por donde había aparecido aquella sombra negra la última noche que los Lutz habían estado en la casa. El equipo esperaba en el salón en ese momento, escuchando el sonido del *flash* de manera intermitente a la vez que la escalera se iluminaba, como si una tormenta estuviera descargando su furia en el interior de la vivienda. El silencio respetuoso y sepulcral convirtió el momento en una especie de homilía. Una comunión con lo extraño. Una invocación.

Sin embargo, en ese momento, cuando no había nadie en la segunda planta, la cámara de Campbell registra, solo en una instantánea, como algo que duró apenas una fracción de segundo, a un niño que se asoma por el dintel de la puerta. Es un rostro serio, con la boca hacia abajo, como en una mueca; tiene una nariz carnosa y unos ojos blancos que relucen en la oscuridad, como si brillaran desde dentro, o como si la luz del *flash* hubiera impactado sobre una superficie de cristal, generando un destello.

La pequeña figura, similar a un niño de unos ocho o nueve años, parece llevar un pijama de cuadros, y tiene un flequillo que le cae sobre el ojo derecho.

Para Ed y Lorraine Warren, se trataba de la foto más clara de un fantasma. Al fin y al cabo, ellos estuvieron presentes cuando se tomó, y siempre aseguraron que era imposible que hubiera nadie en la habitación cuando aquel experimento se llevó a cabo.

Respecto a la identidad del niño, su gran parecido con Joe DeFeo, el niño de nueve años que había muerto en esa misma habitación asesinado a manos de su hermano mayor, Ronald, una noche de 1974, resulta impresionante.

Por otro lado, algunos analistas afirman que el rostro es muy parecido al de Paul Bartz, otro miembro del grupo que aquella noche se encontraba en la casa, y que por sus rasgos aniñados podría haber confundido, sin pretenderlo, a los investigadores. Sin embargo, Bartz siempre negó haber estado en esa habitación mientras se realizaba el experimento fotográfico.

Lo cierto es que, tantos años después, es imposible poner luz sobre el origen de ese rostro que asoma, con los ojos en blanco, desde el dintel de la puerta. En un intento por acercarnos a la verdad realizamos un experimento en el que comparamos el rostro supuestamente espectral con Joe DeFeo y con Paul Bartz, para saber qué puntos de similitud identificaban los últimos programas informáticos utilizados por las ciencias forenses o para el reconocimiento policial. Se encargó de ello el perito judicial en criminología forense José Jiménez Planelles, que quedó enormemente sorprendido al comprobar los resultados, pues la comparación con el rostro de Paul Bartz daba una coincidencia de un 47 por ciento, mientras que la comparativa con el niño fallecido ofrecía una coincidencia de hasta el 64 por ciento.[106] Planelles, al comprobar tal nivel de coincidencia, me mandó una conclusión clara y directa a través de WhatsApp: «La verdad es que acojona un poco, ¿no?».

El caso Amityville ha generado posiciones encontradas desde que se convirtió en mediático en los años setenta. Es algo que siempre ocurre cuando un suceso se convierte en foco de la noticia. Especialmente, cuando llegan a hacerse películas al respecto. En 1979 se estrenó la primera de ellas, dirigida por Stuart Rosenberg y con un jovencísimo James Brolin desempeñando el papel de George Lutz. Fue la primera de una larga (larguísima) tradición de cintas sobre Amityville. En la actualidad, ya son casi cuarenta las versiones al respecto, incluidas una en el espacio, otra en tecnología 3D, otra sobre sectas, otra con tiburones (¡en Amityville!) y otras con exorcismos, chupacabras, zombis y hasta un vibrador poseído por el mal de

106 El análisis se llevó a cabo con análisis informáticos y de inteligencia artificial. *Cuarto milenio*, 26 de marzo de 2023.

la casa.[107] Un auténtico disparate, cuyas primeras víctimas fueron los Cromarty, el matrimonio que ocupó el 112 de Ocean Avenue después de los Lutz. Ellos estaban allí cuando se publicó el libro de Jay Anson, *Terror en Amityville*, y cuando se estrenó la primera película. Aquello generó un enorme interés por parte de los medios y por multitud de curiosos que se amontonaban a las puertas de la bonita casa colonial recién adquirida por James y Barbara. Aquello fue demasiado, y terminaron querellándose contra todos los que pusieran su domicilio en el mapa. Pero la maquinaria ya estaba en marcha y era imposible luchar contra ella. Pese a todo, hicieron lo posible para tirar por tierra las historias que se contaban; aseguraban que ellos jamás habían vivido nada extraño allí y negaban la existencia de la sugestiva habitación roja. En definitiva, todo eran cuentos y patochadas para hacer dinero.

Durante mis investigaciones sobre el caso, descubrí que la mítica revista *Interviú* había enviado a la casa maldita a un corresponsal en marzo de 1980. Durante una visita a la Biblioteca Nacional, en el paseo del Prado de Madrid, pude conseguir dicho artículo, titulado: «Visitamos la casa del horror», que incluye una entrevista exclusiva con los Cromarty. El periodista Adrian Wecer realiza una interesante descripción del que podría ser, en apariencia, un lugar cualquiera:

> Desde fuera no es más que una hermosa casa blanca, de tres plantas, rodeada de césped. En la parte trasera, el embarcadero sobre un ancho río duerme aprisionado por metro y medio de nieve y de hielo. Allí observamos un primer fenómeno curioso: el hielo seco y duro se derrite de repente en el lugar donde se prolonga la línea de la casa. Un extraño surco de agua tibia entra casi hasta cien metros dentro del lago [...]. Parece que cortara el hielo con una navaja caliente [...]. Como si un calor procedente de la casa descongelara el metro y medio de hielo [...]. Es el primer signo de que algo infrecuente sucede allí.[108]

El artículo cuenta que los Cromarty cambiaron el número a la casa para intentar despistar a los turistas, pero sin mucho éxito.

---

107 *Amityville vibrator*, de Nathan Rumler, 2020.

108 Adrian Wecer; Jim Hollander, «Visitamos la casa del horror», *Interviú*, 6 de marzo de 1980.

Además, reconocieron que compraron la vivienda a muy buen precio gracias a la mala prensa, poco más de cincuenta mil dólares, pero ya estaban hartos de ser considerados «los nuevos monstruos que viven en la casa maldita». De hecho, hicieron pública la pesadilla familiar que los había obligado incluso a vivir unos meses en Inglaterra, alejados del foco mediático, por las burlas que sufrían sus hijos en el colegio y el acoso que padecían a las puertas del domicilio. Es la otra cara, lo que no se ve pero que también se repite en casos tan mediáticos. Una constante.

Sin embargo, la entrevista va cambiando de tono. De hecho, los Cromarty terminaron abriéndose al avezado periodista, hasta confirmarle la existencia de la habitación roja:

—¡Mis hijos juegan en ella! ¿Quiere verla? —propuso James.

Adrian Wecer siguió los pasos del señor Cromarty hasta llegar a la famosa habitación. Él pudo entrar en la estancia más legendaria de Amityville y la describió de esta forma:

> El cuarto en cuestión es un pequeño armario de un metro de fondo por metro y medio de ancho, casi un ropero. Habían colocado unas baldas forradas que tapaban la pared. Nos agachamos para mirar el último estante: allí estaba la pintura roja.

El artículo termina revelando dos detalles bien llamativos: cuando están a punto de marcharse, el periodista y el fotógrafo ven bajar a un cura católico que parecía estar bendiciendo las habitaciones de la planta superior (a pesar de que los Cromarty se habían mostrado públicamente totalmente incrédulos).

El último fenómeno sucedió cuando, al salir de la casa y extraer el carrete de la cámara para guardarlo junto al resto del material, el rollo estalló, partiéndose en tres pedazos. Jamás les había pasado nada parecido.

Desde entonces, el caso Amityville sigue generando polémica, y lo único que sabemos con certeza es que, a pesar de los años y el escepticismo, los propietarios continúan pasando por la casa como nómadas, poniéndola a la venta cada dos por tres, como si aquel fuera un lugar en el que nadie quiere vivir.

CAPÍTULO 12

# El parvulario

El proyecto de la Almudena arrancó con parsimonia, hasta que una epidemia de cólera forzó su aceleración [...]. La primera inhumación en el cementerio católico sucedió el 15 de junio de 1884, su protagonista fue Pedro Regalado, un niño de catorce meses.

*La Vanguardia,* 21 DE JULIO DE 2019, PEPE VERDÚ

ENTRÉ EN EL CEMENTERIO CUMPLIENDO CON TODOS los tópicos arrastrados desde la mejor literatura gótica: con luna llena y una fina capa de niebla que se levantaba de la tierra debido a las primeras lluvias del otoño.

Había visitado el cementerio de la Almudena años atrás, durante un programa en directo de *Milenio3* para la Cadena Ser.[109] El motivo de mi nueva visita era la llamada de uno de los vigilantes que había conocido aquel día, allá por el año 2010, que me reclamaba esta vez porque llevaban semanas oyendo llantos infantiles que procedían de una de las zonas más antiguas del camposanto: el parvulario, ubicado en la zona oeste, donde estaban enterrados los niños desde 1884, cuando se inhumó a Pedro Regalado, de catorce meses, y que gozó del dudoso honor de ser el primer enterramiento del cementerio católico.

El vigilante nocturno, Fernando,[110] era un hombre enjuto y dicharachero, con un extraño sentido del humor (como todos los trabajadores de cementerios que he conocido a lo largo de mi vida, por otra parte), y que siempre llevaba un cigarrillo en la mano.

—Total, aquí no se me queja nadie —me dijo alzando los hombros cuando me daba la mano, señalando al cigarro que colgaba de la comisura de sus labios.

Tras ponernos al día después de una década, me explicó que llevaba tiempo intentando que alguien le tomara el serio, pero sus compañeros le vacilaban y le decían que tenía que ir pensando en la

---

109 *Milenio3*, programa 748, 17 de enero de 2010.

110 Seudónimo.

jubilación anticipada. Él se reía con ellos, pero en el fondo no le hacía ninguna gracia. Por eso me había pedido confidencialidad, para evitar que la mofa subiera de nivel. Al parecer ya eran varias las noches en que, al pasar por la zona infantil del cementerio, oía risas, correteos; además, tenía la sensación de que alguien le seguía, como parte de un juego. En definitiva, se sentía como si un grupo de niños estuviera intentando gastarle una broma. Pero a altas horas de la madrugada, y en una zona donde los niños llevaban mucho tiempo muertos.

—¿Me subo a tu coche y después vamos andando? Quiero enseñarte el lugar exacto, pero me da hasta repelús ir solo —me confesó.

—Claro, vamos juntos.

Me pregunté qué necesidad había de ir cada uno por su lado.

Subió a mi coche y empezó a guiarme; primero ascendimos hacia la zona de la capilla, para tomar después un camino que se bifurcaba hacia la parte norte del cementerio. Era impresionante conducir por el interior de un recinto como aquel, rodeado de tumbas, cruces y ángeles custodios. A veces se apreciaba la leve luminiscencia de alguna vela todavía encendida, a pesar de la fina llovizna que caía sobre nosotros desde un cielo rojizo.

Me paré en un stop e, instintivamente, miré a un lado y a otro para comprobar que no venía nadie.

—A ver, chico, estamos solos en un cementerio..., ¿por qué haces el stop? —apuntó Fernando.

Ambos nos echamos a reír, allí, todo tan cómico, en la silenciosa ciudad de los muertos.

—Cuidado, no vayamos a despertar a alguien... —insistió con su extraño humor, mientras yo volvía a meter la segunda.

Habíamos dejado atrás el imponente memorial a las víctimas del teatro Novedades, que se incendió en Madrid en 1928 durante una representación: hubo ochenta muertos y más de doscientos heridos. Una de las víctimas fue un hombre con muletas, que tropezó en una de las puertas, bloqueándola por completo y provocando un tapón en el que murieron decenas de personas. Algunos vecinos del número 83 de la calle Toledo, donde se encontraba el Novedades, afirman haber visto, todavía hoy, a ese hombre con muletas, que al poco se desvanece en la entrada del edificio.

Sus más de ciento veinte hectáreas convierten el cementerio de la Almudena en uno de los más grandes de Europa. Incluso existe un autobús, el de la línea 110, que tiene varias paradas por el interior. En la primera visita al cementerio, otro de los vigilantes me había informado de que algún conductor de la Empresa Municipal de Transportes se había negado a hacer el último recorrido por el camposanto, pues era habitual que alguien pulsara el botón de parada al llegar al monumento a los héroes de Cuba cuando ya no había nadie dentro del vehículo. Aquello le provocó tal pánico al conductor que pidió no pasar por esa zona si no llevaba a nadie dentro.

—Ya falta poco; gira a la izquierda... Y aparca donde quieras —me dijo Fernando mientras se sacaba el paquete de tabaco del bolsillo.

Dejé el coche al lado de un ciprés ubicado entre dos tumbas de pequeño tamaño, cercadas por una reja oxidada. Debían de ser de principios de 1900. Estábamos ya en la zona más antigua del cementerio. A lo lejos se oía un pitido repetitivo, parecido al que emite una maquinaria pesada para avisar de su presencia.

Algunos vigilantes del cementerio de la Almudena aseguraban oír llantos infantiles que procedían de la zona más antigua del recinto.

—¿Qué es ese ruido? —pregunté a Fernando.

—Es un medidor de sonido... La Unión Europea obliga a sus ciudades a informar sobre el ruido que emiten, y como en Madrid ya tenemos uno en la Gran Vía, los cachondos decidieron poner el otro aquí, en la Almudena, para que la media no se disparara —contestó como si nada.

—¿Me lo estás diciendo en serio? —pregunté, sin saber detectar cuándo Fernando hablaba en serio.

—Y tan en serio.

Esquivé el agujero de una tumba medio abierta, por donde se vislumbraban los restos de un ataúd podrido, y rodeé una impresionante sepultura coronada por un niño esculpido en piedra, con pelo rizado y ojos almendrados, que sujetaba un pergamino cuyo mensaje pude leer a la luz de la linterna: «Pepito. Dios quiso llevarte de nuestro lado. Pídele que nos reúna en el cielo». Al mover la linterna iluminé otra tumba más antigua, de 1930, donde aún se apreciaba la muestra de una de nuestras costumbres funerarias más impactantes: la *tanatografía*. En una época en que la fotografía no estaba al alcance de cualquiera, algunas familias recurrían a ella solo en momentos clave, y uno de ellos era la muerte. Por eso, cuando un familiar fallecía, se le colocaba posando, como si estuviera vivo, y se tomaba una última instantánea para el recuerdo.

En el cementerio de la Almudena aún existen algunas tumbas que guardan estas fotografías, pero muchas han terminado quemadas por el sol. Esta, sin embargo, por encontrarse en una zona de sombra, se había conservado perfectamente. Era un bebé de pocos meses, tumbado de lado sobre un pequeño colchón, la cabeza apoyada en la almohada y envuelto en un fino paño. El bebé, de nombre Valentín, había nacido en marzo de 1932 y solo había vivido un mes. Ya nadie le llevaba flores. Solo el musgo que abrazaba la fría losa parecía sentir cierto apego por él. A su alrededor se dispersaban otras tumbas con nombres ilegibles, todas ellas de pequeño tamaño.

—Un compañero vio caminar a alguien por aquí; era una figura bajita. Fue corriendo hacia la tapia, donde estaba, creyendo que alguien se había colado... Pero no vio nada, y se asustó. Volvió corriendo hacia la entrada y allí estuvo toda la noche.

## CEMENTERIO DE EPIDEMIAS

Desde luego, los vigilantes de cementerio estaban hechos de otra pasta. He conocido a algunos que llegaron a tener su domicilio dentro de las instalaciones, y estaban felices, porque decían que era el lugar más tranquilo en el que habían vivido nunca. Eso era evidente, claro.

Pero la historia del cementerio de la Almudena no había sido especialmente tranquila. En 1876 se creó una comisión para construir la entonces llamada «Necrópolis del Este», que nacía con la intención de levantar los cementerios a las afueras de las ciudades. Sin embargo, cuando el cementerio aún estaba en construcción, la ciudad de Madrid vivió una terrible epidemia de cólera, y tuvo que ser inaugurado por extrema necesidad. Se bautizó provisionalmente como Cementerio de Epidemias, entre 1884 y 1885, y desde entonces hasta hoy acumula más de cinco millones de enterramientos.

La primera vez que lo visité, en el año 2010, fue por una serie de ritos que se habían hecho en sus puertas, donde alguien había colocado la cabeza de un cerdo dentro de un círculo de velas, lo que provocó que sus trabajadores se llevaran un buen susto. Como adelantaba, este no es un lugar tranquilo. En los años ochenta, fue el escenario de actuación de Francisco García Escalero, conocido popularmente como el Matamendigos,[111] un hombre que había nacido a doscientos metros de la Almudena y que se sentía fascinado por el entorno. Violó y decapitó a varias personas, eviscerando sus cuerpos y llegándose a comer parte de ellos.[112] Asimismo, mantuvo relaciones con cadáveres del cementerio de la Almudena, donde dormía algunas noches, entre las tumbas de otros asesinos en serie españoles como José María Jarabo, que entre el 19 y el 21 de julio de 1958 mató a cuatro personas y durmió junto a sus cuerpos aún calientes.[113]

---

111 Mónica G. Álvarez, «El Matamendigos, un asesino en serie obsesionado con la muerte: "Las voces quieren sangre"», *La Vanguardia*, 1 de mayo de 2020.

112 Jesús Quintero, *Cuerda de presos*, Barcelona, Editorial Planeta, 1997.

113 Andrés Bartolomé, «Jarabo, un crimen que dejó huella: "¿Sangre por debajo de la puerta? ¿Que hay muchos muertos?"», *La Razón*, 28 de junio de 2022.

La zona infantil del cementerio de la Almudena es una de las más antiguas del recinto, donde pueden encontrarse verdaderas joyas de arte funerario.

Escalero murió en 2014, atragantado por una ciruela en el centro penitenciario de Foncalent, en Alicante, donde vivía recluido por su amplia carrera delictiva.[114]

## LOS GATOS NO RÍEN

Las gotas de niebla caían como motas de polvo a través de la luz anaranjada de las farolas de la calle, que se fundía con el color del cielo apocalíptico. Sobre la capilla, a lo lejos, reposaba la figura del Fausto, el ángel que hará sonar su trompeta el día del Juicio Final. Según fuentes populares, la obra de Mateo Inurria fue modificada, ya que en un inicio se encontraba a las mismas puertas del cementerio, pero muchos vecinos afirmaban haberle oído tocando la trompeta, augurando así la muerte de un familiar próximo. Finalmente

114 Pérez Abellán, «El hueso de la ciruela», *Libertad Digital*, 10 de septiembre de 2015.

decidieron colocarlo en lo alto de la cúpula de la capilla,[115] más alejado de los visitantes y con la trompeta reposando ya sobre sus rodillas.

Noté la mano huesuda de Fernando golpeándome varias veces en el hombro, sacándome del ensimismamiento. Bajé la mirada y le vi señalarse la oreja, indicándome que prestara atención. Guardé silencio, escuchando solo nuestra respiración, acompañada por el vaho que salía de la boca.

—Auuuuuuuuu —oí llorar, a lo lejos.

—¿Lo has oído? —apuntó Fernando, nervioso.

—¡Vamos, vamos! —le dije.

Me sujetó del brazo y se agachó entre la maleza.

—¿Y si es alguien?

—Yo creo que es un gato, Fernando.

—No lo sé, no lo sé. Yo he oído gatos, aquí hay muchos, Javier, y no suenan como eso.

—Vamos a comprobarlo.

Retomamos la marcha por un estrecho sendero entre dos secciones de tumbas, agachándonos para esquivar las grandes ramas de los pinos, cuando el supuesto llanto volvió a sonar, esta vez más cerca. Caminé hacia el foco del sonido, que, en aquel contexto, ponía la piel de gallina. Era como el llanto claro de un niño. Pero yo estaba convencido de que eran gatos, pues los había oído en otros lugares abandonados. Lo que me extrañaba era que Fernando se dejara confundir por algo así, tras décadas trabajando en el cementerio. Tenía que conocer la fauna mucho mejor que yo.

—Es que he oído mil veces a los gatos, Javier. Y lo que yo llevo tiempo percibiendo no se parece a eso. ¡Los gatos no ríen! —susurró, ya enfadado.

Parecía que la mitad bromista del vigilante nocturno se había esfumado, ya solo quedaba la parte sugestionable.

—Auuuuuuuuu —volvimos a escuchar, esta vez solo tres tumbas más allá.

Di unos pasos lentos, iluminando mis pies con la linterna para

---

115 Jon Ícaro, «Escultura de Fausto en el cementerio de la Almudena», *Arte al Instante*, 27 de octubre de 2019.

Paradójicamente, el cementerio de la Almudena está lleno de vida; entre su fauna habitual se encuentran los gatos que viven entre las tumbas.

evitar caer en una fosa, y llegué hasta una lápida agrietada con su inscripción ya ilegible. La piedra del suelo estaba abierta; en su interior yacían tres gatos negros recién nacidos.

—¡Aaaaaaaaau! —nos saludaron.

—¡Putos gatos! —gritó Fernando.

Qué paradoja, que aquel espacio para dar cobijo al recién muerto sirviera ahora de refugio para estos recién nacidos.

—Son gatos, Fernando —le tranquilicé, enfocándolos con la linterna.

—Estos sí, pero lo que yo he oído otras veces... Eso no son gatos. Ya te lo he dicho, los gatos no ríen —enfatizó el vigilante.

Y me lo creía. Era imposible que alguien que llevaba tantos años allí hubiera confundido el maullar de unos gatitos recién nacidos con otro tipo de lamento. Esa noche, seguramente, se había dejado llevar por la sugestión a causa de mi presencia; debía de buscar una voz amiga que pudiera ratificarle que no se estaba volviendo loco.

Volvió a hablarme allí del coro de niños, de ese rosario de voces entremezcladas y siempre envueltas en un aura de tristeza que le hacía pensar, literalmente, en un velatorio infantil. Voces susurrantes rompiendo la noche, siempre ininteligibles y siempre lejanas.

Me costó marcharme de allí dejando solo a Fernando en aquel entorno, a pesar de que lo controlaba como nadie. Me había sorprendido que se hubiera dejado llevar de aquella manera por un sonido que tenía una explicación clara y racional. Seguramente a un neófito, a un recién llegado, aquello podría haberle ocurrido. Pero ¿cómo podía haberse asustado así alguien como él, con tantas noches a sus espaldas en la ciudad de los muertos?

Aquella era la muestra perfecta de las consecuencias del gobierno de lo irracional: cuando lo aparentemente inexplicable entra en tu vida, todo se observa ya con la lupa del miedo, que ofrece una visión distorsionada de la realidad. Es una reacción natural del cerebro que, incapaz de catalogar la experiencia sobrenatural, termina incorporando cualquier otro impacto al directorio recién estrenado de lo prodigioso. Pero también es una reacción temporal, y, mucho después, Fernando me confirmó que aquellos niños habían dejado de cantar y de reír en el parvulario de la Almudena.

Para entonces ya solo quedaba el maullido nocturno de los gatos.

CAPÍTULO 13

# Antonia Valverde

> Según los testigos, el doctor permaneció impasible ante la noticia de la muerte de su hija... Preguntó si realmente estaba muerta. Se lo confirmaron y dijo a sus ayudantes: «¿Cuántos enfermos quedan por operar?». «Veinticinco», contestó uno de ellos. «Pues sigamos. Llevad a mi hija a casa, acostadla en su camita, y ahora iré a darle el último beso.»
>
> FÉLIX PINERO, 21 de agosto de 2019

LA LLAMADA DE ISRAEL ESPINO ME PILLÓ EN UN lugar tan cotidiano como el supermercado, haciendo la compra de la semana. Empujaba mi carro, lleno de botellas de leche, agua y detergente.

—¿Cómo estás? ¿Qué tal los pequeños? —preguntó ella al otro lado del teléfono.

—Estamos genial. Mario y Chloe ya han empezado a hablar, es increíble —le respondí mientras echaba al carro una bolsa de pan de molde.

—Pues, tío, yo te llamo por un tema que te va a encantar... Es un sitio donde están pasando cosas extrañas, se les cambian los objetos de sitio e incluso han podido grabar algunos de los fenómenos.

—¿Los testigos, en primera persona, han podido grabarlo?

—No ellos... Las cámaras de seguridad.

—¿Cámaras de seguridad? ¿De qué sitio estamos hablando? —pregunté sorprendido una vez más.

—Un supermercado en el centro. Pero es que conozco a alguien de toda confianza que estaba allí comprando y vio cómo le lanzaban un bote de tomate, que unos segundos antes estaba perfectamente colocado en la estantería.

Cuando Israel me dijo de qué cadena de supermercados se trataba me di cuenta de que era, exactamente, la misma en la que yo estaba comprando en ese momento. ¡Otra casualidad!

—¿Se nos han acabado ya los castillos y los paradores? —bromeé, recordando que solo unos días antes había estado investigando en una granja de perdices, donde decían que se aparecía el fantasma del propietario, muerto poco después de la inauguración del negocio.

—Ahora toca bajar los pies al suelo e ir a lo mundano —respondió ella.

—¿Me mandas esas grabaciones?

—Claro, verás que son cuatro clips. Los grabaron las cámaras de seguridad. Alguna mañana, cuando el establecimiento abría, los empleados se encontraban productos tirados por el suelo; entonces avisaban al propietario y este revisaba las imágenes de seguridad de la noche anterior. Y es ahí cuando descubrían que los objetos saltaban, literalmente, de las estanterías.

## LAS CÁMARAS DE SEGURIDAD

Cuando llegué a casa y guardé la compra, Israel ya me había enviado los vídeos, que procedían, directamente, del director del establecimiento, que los había puesto a su disposición para que pudiéramos analizarlos con detalle.

Abrí el primer clip, que mostraba el plano fijo del pasillo de un supermercado cualquiera, lleno de estanterías cargadas hasta arriba de productos. Era una imagen en blanco y negro, captada con el modo de visión nocturna, pero se apreciaba con cierta nitidez que se trataba de un lineal con grandes botellas y latas de refrescos apiladas unas sobre otras. Al cabo de unos segundos de ese plano fijo, uno de esos grandes bultos sale disparado hacia delante, como si algo lo hubiera empujado. He de reconocer que lo primero que hice fue desconfiar. Nunca había recibido unas imágenes tan claras y, por tanto, algo dentro de mí me empujaba a creer que estábamos siendo víctimas de alguna broma o de un engaño con fines espurios.

El segundo clip de vídeo era muy similar, con otro objeto de aspecto pesado que se desplazaba hacia delante para terminar cayendo al suelo. Había un tercer vídeo, de características muy similares. En la parte superior derecha de la pantalla podían leerse la fecha y la hora a la que se habían captado las imágenes: diversos días del año 2022.

Nada más verlos volví a llamar a Israel y le pregunté si estaba segura de que aquellos trabajadores eran de fiar. Me dijo que los conocía bien, pues el supermercado en cuestión se encontraba a po-

Las cámaras de seguridad de un supermercado habían grabado cómo algunos objetos pesados salían despedidos de las estanterías en plena madrugada, cuando el establecimiento permanecía cerrado.

cos metros de su casa y solía ir. No tenía duda de la honestidad de aquellas personas.

Solo me quedaba, por tanto, la opción de viajar a Mérida para conocer a los empleados y propietarios del establecimiento e intentar averiguar algo más sobre el pasado de aquel lugar.

## UN HOMBRE EN LA PANTALLA

El establecimiento se encuentra en el corazón de la ciudad, a pocos metros del arco de Trajano y del templo de Diana, en un lugar cargado de historia. Sin embargo, el emplazamiento no podría ser más corriente y mundano: una construcción propia de los años ochenta, en una callejuela de un solo sentido, frente a la plaza de Santa María.

El supermercado tenía un único acceso a través de una amplia puerta corredera de cristal, con las cajas de pago a mano derecha. El paso era estrecho, pero tenía cierta profundidad, además de una planta inferior, el sótano, que se utilizaba de almacén, y un obrador al fondo, frente a las cámaras frigoríficas.

Francisco Gil era el gerente del negocio y quien tenía en su teléfono la aplicación que le permitía controlar las cámaras de seguridad y acceder al material que registraban. Los vídeos que me había mostrado Israel habían salido, por tanto, de su móvil. Fui muy sincero: le confesé, nada más conocerlo, que creí que estaban gastándonos una broma.

—Yo también lo creía cuando los empleados me llamaban para decirme que, nada más abrir, se habían encontrado productos tirados por el suelo. En parte fue por eso por lo que decidí poner cámaras.

—¿Y esto cuando empezó a ocurrir?

—Nosotros abrimos en 2015, y ya por entonces ocurrió alguna cosa. Cuando ya pusimos las cámaras, antes de saber yo cómo podía descargarme el material, nos pasó una de las cosas más extrañas, que tuvo que ver con esa puerta —dijo mientras me conducía a la puerta de seguridad que bajaba al sótano.

—La persona que cierra —continuó— tiene que echar la llave aquí también, en esta puerta, pues da al almacén. Digamos que se puede abrir desde dentro, porque tiene esta barra típica de las puertas de seguridad contra incendios...

Me mostró el gran pulsador de plástico sobre el que había que ejercer bastante fuerza, empujando, para poder abrirla.

—La noche de antes, Diego Matamoros, uno de los trabajadores, dice que cerró la puerta con llave y se fue a casa. Pero cuando llegué, a primera hora, me la encontré abierta de par en par. Así que llamé a Diego y le pregunté que por qué se había dejado aquello abierto. Él me juraba y me perjuraba que la había cerrado. Total, que dije: «La única solución será echarles un ojo a las cámaras de seguridad». Y en las imágenes se veía que, efectivamente, Diego y su compañera Vero cerraban la puerta. Yo ahí me extrañé... Entonces, entre las dos y las tres de la mañana, se veía cómo la puerta se abría sola.

—Evidentemente no pudo ser una corriente de aire —dije, empujando con fuerza la puerta para lograr moverla.

—Eso fue muy extraño, no le encontré explicación alguna. Se veía que se abría hasta la mitad y se quedaba abierta.

—¿Y habéis tenido otras experiencias?

Francisco sacó su teléfono e hizo unas llamadas a todos sus compañeros, a los que explicó el motivo de mi visita. Muchos estaban en sus turnos de descanso, pero quisieron venir a hablar conmigo: querían una explicación para todo aquello que les había ocurrido.

La primera en llegar fue Katy Serrano, otra empleada, que incluso había visto a una persona a través de los monitores que hay frente a las cajas de cobro.

—Somos turnos de dos personas, y mi compañera me dijo: «¿Nos tomamos un café?». Y yo, claro, miré a las cámaras y le dije: «Espérate a que salga el cliente que está ahí comprando, y ahora ya nos lo tomamos tranquilamente». Y, claro, mi compañera se quedó extrañada, dijo: «¿Qué cliente, Katy, si ahí no hay nadie?». Y dije: «¿Cómo que no? Si está en la cámara de congelados». Y, cuando vuelvo a mirar, ya no estaba. Me di una vuelta por todo el supermercado, porque yo juraría que había visto la figura de una persona, o sea..., la figura de un hombre.

La experiencia se asemejaba a algo que le contaron a Israel, pues otras empleadas habían visto también una figura femenina caminando por el final del supermercado. Creyendo que era una compañera, algunos habían ido a buscarla, pero ya no volvían a verla.

Respecto a estas apariciones fugaces, otra de las más claras fue la que pudo percibir Alejandro Domínguez, uno de los dependientes, que también vino por la tarde para relatarme algo que le sucedió:

Francisco Gil, gerente del supermercado, fue testigo de cómo se abría una puerta de seguridad, cerrada con llave horas antes, a través de la filmación de las cámaras de vigilancia.

—Yo estaba abajo, en la oficina, respondiendo a unos mensajes a través del teléfono. La mesa se ubica frente a la puerta, así que veía si pasaba alguien por el pasillo. En un momento dado, vi claramente una sombra, una figura, que pasaba por la puerta, en dirección a otro almacén que tenemos ahí abajo. Me levanté, creyendo que era una compañera que iba a buscar algo, y fui a esa habitación... Encendí la luz y vi que no había nadie... No había nada. Fue una sensación muy rara.

—¿Lo viste con claridad?

—Y tanto. Incluso me levanté para ir a buscarla.

—¿Qué sentiste en ese momento? —le pregunté, sabiendo que las sensaciones en esos momentos, aunque subjetivas, suelen revelar mucho de la interpretación personal de los testigos.

—No te diría miedo, pero sí que apagué todo, fui para arriba y se lo comenté a mi compañera. Ella me dijo que no había bajado... Diría que sentí que aquello era diferente a lo que ocurre normalmente —concluyó.

Los trabajadores me enseñaron el sótano, al que se accedía a través de una pronunciada y larga escalera que estaban acostumbrados a recorrer a diario. Además, había un montacargas para cajas más pesadas. Allí abajo tenían algunos despachos, un cuarto de baño y varias habitaciones llenas de productos que iban reponiendo cuando se vendían los que tenían expuestos en las estanterías de la tienda.

Y justo allí, me dijeron, era habitual oír voces, gritos, y sentir algo desagradable que a la mayoría les disgustaba.

Javier Cano, antiguo empleado, fue uno de ellos:

—Yo acababa de entrar en mi turno cuando vino un proveedor a la tienda, así que yo tenía que bajar unas cajas. Total, que las cojo, y cuando bajo toda la escalera, al final, cuando estoy ya en el sótano, oigo un grito, un grito que viene del fondo del almacén. Me quedo paralizado y lo primero que hago es subir las escaleras rápido. Me quedo pálido y subo a contárselo a mi compañera.

—¿Cómo era ese grito? —Anotaba en mi cuaderno todos los detalles que Javier, con el rostro ligeramente angustiado, me ofrecía.

—Era de hombre, un grito... como enfadado...

—¿Te acompañó tu compañera a ver qué era aquello?

—¡Qué va! Estamos acostumbrados a que nos pasen estas cosas, así que cuando se lo conté me dijo: «¡Pues aún te quedan por bajar tres cajas más!».

Me reí ante aquella muestra de compañerismo desinteresado. Javier hizo un gesto con la mano para indicarme que la historia aún no había terminado.

—Total, que me armé de valor y las bajé. Pero esa vez solo llegué hasta el descansillo, porque volví a oír el grito de fondo. Dejé las cajas en la escalera y volví a subir, porque no le encontraba explicación... Eso sí me dio miedo, y preferí quedarme ahí arriba con mi compañera.

Desde luego, parecía que había dos tipos de fenómenos perfectamente diferenciados: los de la tienda, casi anecdóticos, como si alguien estuviera jugando con los trabajadores, y los del sótano, que se percibían como algo mucho más oscuro e impactante.

Y esas cosas no solo las habían notado los miembros del establecimiento: algunos clientes habían seguido hasta el final de la tienda a una mujer para preguntarle por un producto, al confundirla con una empleada, pero la habían terminado perdiendo de vista, como si se hubiera desvanecido. Lo mismo sucedió una mañana en que una vecina del edificio preguntó a qué hora empezaban a abastecer el almacén, pues llevaba desde las cuatro de la madrugada oyendo que alguien estaba moviendo objetos pesados en el interior.

Precisamente por eso, muchos habían dejado de bajar solos al sótano; lo hacían únicamente cuando era imprescindible, y siempre en compañía de alguna otra persona.

## EL CAMINO DE LOS MUERTOS

La última pata de la investigación era la presencia de mi amigo Aldo Linares, recién llegado a Mérida; se hospedaba en el parador mientras yo realizaba entrevistas y visitaba el lugar. Quería evitar que Aldo accediera a información alguna que pudiera condicionar su experiencia. Su capacidad de obtener información de los lugares como si accediera a la memoria del pasado resultaba desconcertante, y en más de una ocasión me había ofrecido detalles que ni siquiera conocían los historiadores locales, pero que luego habían podido contrastar a través de la investigación en archivos y bibliotecas. Él decía que en ocasiones veía (y, me repetía, solo cuando *ellos* quieren) a los antiguos inquilinos de los lugares que visitábamos y que solían llevar muertos varias décadas.

Recogí a Aldo en el parador y fuimos caminando al lugar en cuestión. Ya en el trayecto, pasando por la plaza de la Constitución, mi amigo empezó a decir que allí mismo tenía que haber enterramientos, pues percibía una energía diferente. Él no lo sabía (ni yo en ese momento), pero precisamente allí mismo se estaban llevando a cabo unas obras de derribo del convento de las Concepcionistas; meses después de nuestra visita aparecieron una serie de restos arqueológicos que obligaron a parar las excavaciones.[116] Pero es que, además, años antes se habían encontrado también unas tumbas que indicaban la presencia de una ermita de época visigoda[117] bajo esa misma plaza en la que Aldo no paraba de golpear con su pie, mientras repetía:

—Aquí, aquí hay más.

Seguimos caminando por la calle Almendralejo hasta el arco de Trajano, y una vez allí, en la plaza de Santa María, ya a pocos metros del supermercado, Aldo volvió a hablar de enterramientos. Decía que la zona estaba *calentita*, que allí la energía también cambiaba.

No le habíamos indicado adónde íbamos, pero se dirigió directo hacia la entrada del supermercado. Se paró delante y, antes de entrar, se movió hacia el portal que había justo al lado.

—Estos dos sitios me llaman mucho la atención —dijo señalando.

A los pocos segundos entró en el supermercado.

—Noto que este sitio está cargadito, Javi. ¿Podemos entrar?

—Es el sitio al que venimos a investigar —le confesé.

Afirmó con la cabeza, como si ya lo supiera, y cruzó un pasillo repleto de productos de alimentación.

Al pasar junto a un estante de patatas fritas, empezó a tocar las bolsas con la mano, haciendo ruido.

—Es alguien al que le gusta hacerse notar así... Hace ruidos como este. —Aplastaba la bolsa, la movía de sitio y volvía a dejarla en su lugar.

---

116 Rocío Entonado, «Los restos arqueológicos paran la obra de las Concepcionistas en Mérida», *El Periódico de Extremadura*, 4 de marzo de 2023.

117 «Hallan varias sepulturas en la plaza de la Constitución», *El Periódico de Extremadura*, 29 de septiembre de 2003.

Diego Matamoros, empleado del supermercado, fue testigo de algunos fenómenos inexplicables.

Se dirigió al final de la tienda, justo a la entrada del obrador, donde algunos clientes se habían encontrado con una mujer a la que habían confundido con una empleada.

—Está aquí, Javi. No es una impregnación. Es una señora y está pendiente de nosotros... Parece que le interesamos.

—¿Quién es?

Se quedó mirando fijamente a un punto, cerca de la cámara de congelados, como si estuviera escuchando o percibiendo a alguien que a los demás nos pasaba desapercibido.

—Es una mujer de unos sesenta años, con el pelo rubio, y le gusta este lugar...

—¿Una mujer de nuestra época?

—No lleva ropa antigua, es una falda, una blusa... Y parece que tiene apego por este sitio. Es como algo cotidiano, la veo moverse por los pasillos como si lo conociera perfectamente. Me mira y sonríe, le gusta que estemos aquí.

—¿Te dice qué vinculación tiene, por qué está aquí?

Volvió a quedarse en silencio, como esperando una respuesta, y alzó los hombros a la vez que torcía el gesto.

—No me lo dice, pero cuenta que aquí la conocen. La conocen aquí y en esta calle. Aquí la conocen.

La mujer, aparentemente, fue siguiéndonos, pendiente de todos nuestros movimientos. Le gustaba tener a alguien con quien conversar. En un momento dado, Aldo se paró frente a las estanterías donde se encontraban los paquetes de leche y empezó a tocarlos.

—Es normal que ella los mueva. Es de hacerse notar —dijo, mientras los movía de lado.

A pocos metros de nosotros, sobre nuestras cabezas, vimos una de las cámaras de seguridad que había captado cómo aquellas pesadas botellas salían despedidas hacia el centro del pasillo.

Se dirigió entonces hacia la puerta del sótano y se quedó parado en el umbral.

—Aquí hay otra cosa, Javi... Si lo de aquí arriba es cotidiano, lo que percibo ahí abajo es algo más antiguo... Algo castrense.

Bajamos la empinada escalera hasta aquel espacio que hacía las veces de almacén. Aldo caminó hasta el final, donde se ubicaba el montacargas. Según él, la energía, más densa en el sótano, se diluía en esa zona. Estaba más presente en los despachos y el almacén del principio. Justo donde Alejandro había visto entrar a aquella sombra que se perdía en una habitación sin salida. Y fue allí donde Aldo entró y se quedó paralizado frente a un muro. Hizo un gesto con sus brazos, poniéndolos en paralelo, como indicando un sendero:

Utilizando la tecnología policial para realizar retratos robot, Luis Uriarte recreó el rostro de la mujer que Aldo Linares afirmó ver en el supermercado.

—Esto es un camino, Javi. Aquí había un camino... Es el camino de los muertos. Y además hay muertos de forma no natural... Asesinados.

Una vez más, mi amigo estaba dando en el clavo. Al menos en lo que podíamos corroborar, pues precisamente allí, tal y como indicaban los viejos mapas de la ciudad de Mérida, estuvo ubicado uno de los principales cementerios de la ciudad: el de Santa María,[118] desaparecido en 1921.

Respecto a los asesinados y a esa figura castrense de la que hablaba Aldo, nos contó un cronista de la ciudad que allí mismo, en la plaza de Santa María, se habían amontonado los cadáveres de los fusilados durante la Guerra Civil.

Aquella noche hubo tiempo para una última sorpresa. Gracias a la tecnología de nuestro compañero Luis Uriarte pudimos hacer un retrato robot de la figura que Aldo había visto en la planta superior. Una mujer de pelo rubio, ojos grandes y frente arrugada, que había estado pendiente de todos nuestros movimientos.

Todos los trabajadores debatían sobre lo que acababa de ocurrir, con los datos recién revelados, cuando Aldo se acercó a Israel y a mí:

—La mujer sigue atenta a nosotros, he estado arriba, solo, para ver si conseguía algún dato más, y me ha dicho su nombre: Valverde. Antonia Valverde.

—¿Valverde? —preguntó Israel.

—Sí. Y, además, así: Valverde, Antonia Valverde. Como dando importancia a su apellido.

—Claro, es el apellido de una de las familias nobles de Mérida.

Al parecer, los Valverde habían llegado a la ciudad en 1859[119] y habían ocupado grandes palacios que todavía hoy seguían en pie. De hecho, a pocos metros del supermercado, aún resistía el escudo de la familia, grabado en piedra sobre uno de los inmuebles que les habían pertenecido.

Aquellos datos nos dejaron muy sorprendidos, pues, aunque no podíamos confirmar por ningún medio la identidad de aquella mujer, había información que tenía relación evidente con el pasado del lugar.

Pero aún quedaba una última revelación, vinculada con la trágica muerte de una niña cuyo nombre era Antonia Valverde.

---

118 «Los cementerios de la ciudad (I)», *El Periódico de Extremadura*, 15 de diciembre de 2002.

119 «Raíces de la familia Valverde en Mérida (III)», *El Periódico de Extremadura*, 5 de junio de 2005.

## LA MASACRE DE TRES NIÑAS

Ya de vuelta a la redacción de *Cuarto milenio*, en Madrid, entregué todo el material con entrevistas, recursos y la experiencia de Aldo a los compañeros que se encargan de la edición del programa. Entre ellos se encuentra Juan Berrueta, magnífico profesional de mente escéptica, con quien debatía habitualmente sobre los casos que investigaba. Él no era negacionista, ni mucho menos, pero sí descreído, y siempre hacía gala de un ácido sarcasmo.

A los pocos días de visionar el material, Juan me llamó para decirme que había investigado por su cuenta sobre el nombre de Antonia Valverde: había encontrado algo que podía tener relación con el caso. Me remitía a un enlace donde se contaba una historia sobrecogedora.

El 23 de diciembre de 1936, a las 12.30 del mediodía, la ciudad fue bombardeada por la aviación republicana.[120] Aparte de los daños materiales, hubo multitud de heridos graves y de víctimas mortales. Entre los fallecidos había tres niñas que regresaban del colegio de Las Josefinas, que quedaba a escasos trescientos metros del arco de Trajano y, por tanto, muy cerca del supermercado en el que estábamos investigando. Emilia Sánchez de la Montaña, amiga de las tres víctimas, declaró:

> Salimos del colegio de Las Josefinas (próximo al arco de Trajano) a las 12.00. Nos dirigíamos a nuestras casas, pero antes teníamos la costumbre de entrar en la zapatería Sudón, propiedad de Juan Sudón, padre de una de mis amigas, a conversar.
> A las 12.30 la explosión de una de las bombas mató a mis tres mejores amigas.[121]

Las niñas se llamaban Candela Sudón, Ascensión Gijón y... Antonia Valverde. Esta última era hija del reputado médico Andrés Valverde Grimaldi, una verdadera institución en la ciudad que recibió la noticia de la muerte de su hija mientras estaba operando a los

120 Moisés Domínguez. «Los silenciados bombardeos frentepopulistas sobre Mérida: el Guernica extremeño», *Libertad Digital*, 28 de noviembre de 2018.

121 Moisés Domínguez, «Mérida: la "Guernica" extremeña», *Desde mi campanario*, 8 de julio de 2012.

heridos de gravedad. Su actitud ante la fatal noticia fue realmente ejemplar y le convirtió en uno de los héroes de la ciudad:

> Preguntó si realmente estaba muerta. Se lo confirmaron y dijo a sus ayudantes: «¿Cuántos enfermos quedan por operar?». «Veinticinco», contestó uno de ellos. «Pues sigamos, llevad a mi hija a casa, acostarla en su camita y ahora iré a darle el último beso.»[122]

Aquella reacción heroica le valió la medalla de la Cruz del Mérito Militar. Además, tal y como revelaba el artículo sobre la saga familiar de los Valverde en Mérida, «en 1957, con motivo de sus bodas de oro en la profesión, se le rindió un homenaje y se le nombró hijo predilecto y medalla de plata de la ciudad. Se le concedió la Gran Cruz de Sanidad y un bisturí de oro».[123]

Compartí todos estos datos con Israel Espino, a quien llamé por teléfono emocionado por la coincidencia. Me dijo que conocía la historia de Antonia Valverde, pero no se le había ocurrido vincularla porque Aldo había hablado de una mujer de edad avanzada, y Antoñita, conocida por sus amigas como la Morena, murió siendo una niña pequeña. Había una gran diferencia. Sin embargo, Aldo había enfatizado: «Valverde, Antonia Valverde», sin especificar que fuera el nombre de la mujer. ¿Y si se trataba de un mensaje en lugar de una presentación formal?

Cuando pregunté a Aldo por estos detalles, él no supo responderme. Me confirmó que la mujer no había dicho en ningún momento que ese fuera su nombre. Simplemente repetía y enfatizaba el apellido Valverde. Lo que sí dijo es que a ella la conocían en toda la calle. Por tanto, ¿y si se trataba de otro miembro de la familia, que preguntaba o reclamaba por la pequeña Antonia, asesinada en 1936?

Lo cierto es que, tras nuestra visita, se vivió una época de calma en el supermercado, como si aquellos fenómenos hubieran tenido la finalidad de lanzar un mensaje claro. Una vez recibido («Valverde, Antonia Valverde»), todo volvió a la normalidad.

Quizá parte de estos fenómenos sean una personificación de un pasado que reclama no caer en el olvido.

---

122 «Raíces de la familia Valverde en Mérida (IV)», *El Periódico de Extremadura*, 12 de junio de 2005.

123 *Ibid.*

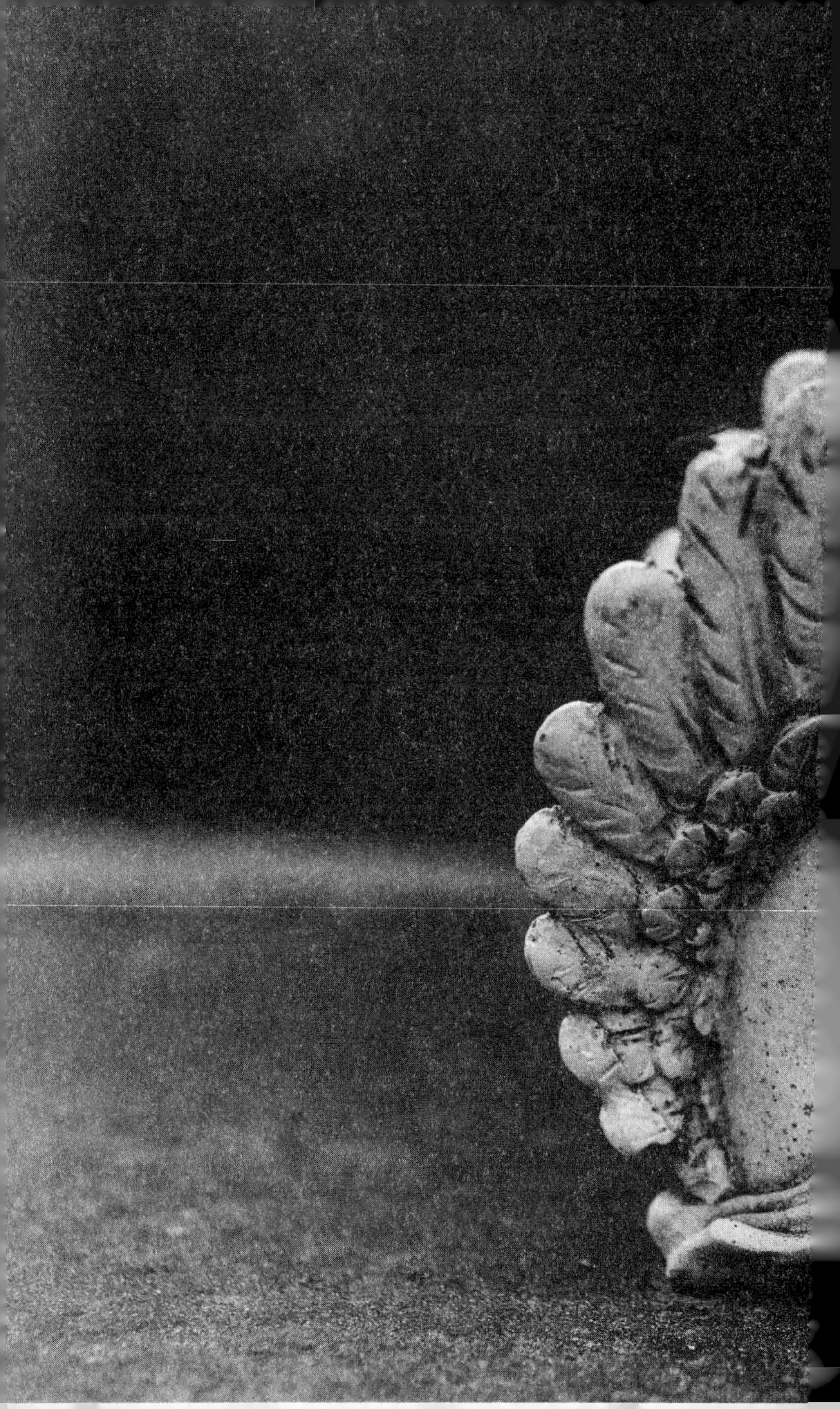

## QUINTA PARTE

# Guardianes

Mirad que no despreciéis a uno de estos pequeñitos, porque os digo que sus ángeles contemplan siempre el rostro de mi padre, que está en los cielos.

MATEO, 18:10-14

ME ACERCABA AL FINAL DE MI INVESTIGACIÓN SOBRE los Inocentes tras un largo recorrido por España, conociendo a testigos que se habían topado con ellos directamente y rescatando apuntes y libretas con casos estudiados tiempo atrás, en busca de datos que pudieran ser concordantes y relevantes para esta aventura.

Pero aún faltaba un último reporte: el que vinculaba a estos niños espectrales con experiencias milagrosas.

Durante unos años había explorado el mundo de las apariciones que salvan vidas; gente que, como Ron DiFrancesco en la torre sur del World Trade Center, había sobrevivido a una muerte inevitable gracias a un encuentro misterioso. Aquella búsqueda, que culminó con la publicación de mi libro *Los Guardianes*,[124] hizo que me diera cuenta de que muchas de esas figuras casi angelicales solían adquirir la forma de un niño. Precisamente por eso en muchas culturas y religiones se representa a los ángeles con rostros aniñados y de pequeño tamaño.

Pero resulta llamativo que muchas de las personas que han tenido encuentros con estos niños guardianes no profesaran ningún tipo de fe. Es decir, no estaban influidos por ninguna creencia ni eran personas supersticiosas o altamente sugestionables.

Uno de los casos más extraños que pude documentar en mi libro fue el de Aron Ralston, un experimentado montañero que en mayo de 2003 quedó atrapado en el cañón de Utah, en Colorado, cuando una enorme roca le cayó encima y le aprisionó la mano derecha contra la pared. Pasó seis días atrapado, con solo un litro de agua en su

---

124 Javier Pérez Campo, *Los Guardianes*, Barcelona, Ed. Planeta, 2019.

cantimplora y un par de barritas energéticas en el bolsillo. Estaba literalmente a punto de morir cuando decidió grabar un último mensaje para sus padres en la videocámara que llevaba consigo. Acto seguido, utilizó su pequeña navaja multiusos para escribir su nombre en la piedra, a modo de epitafio. Esa noche vivió un encuentro que cambiaría su destino. Tal y como él mismo describió:

> Un niño rubio de tres años vestido con un polo rojo se me acerca corriendo por un suelo de madera iluminado por el sol que, sin saber por qué, tengo la certeza de que pertenece a mi hogar futuro. La misma intuición me revela que se trata de mi hijo. Me agacho para cogerlo con mi brazo izquierdo y utilizo el derecho, manco, para mantenerlo en equilibrio, y ambos reímos mientras trepa por mi espalda y se sube a caballito. [...] Vuelvo a estar en la angostura, pero los ecos de las risas del niño resuenan en mi cabeza, y de algún modo, inconscientemente, me convencen de que sobreviviré a esta aventura. Me había resignado a aceptar que moriría aquí antes de que llegara la ayuda, pero ahora estoy convencido de que viviré. Y esa convicción lo cambia todo.[125]

Hasta ese momento, Ralston ni siquiera tenía una pareja estable. Era estudiante de Medicina y disfrutaba de su juventud, sin ataduras. Pero ver a ese niño, al que reconoció como su hijo del futuro, todavía no nacido, le dio la fuerza suficiente para tomar una decisión drástica: utilizar la navaja multiusos para practicarse una amputación allí mismo, deshaciéndose de la atadura física en que se había convertido su propio brazo, para dejarlo colgando entre la pared y la roca de quinientos kilos que le había caído encima, como si su extremidad fuera algo totalmente ajeno e innecesario.

El montañero salvó su vida gracias a ese niño de cabello rubio, y solo un año y medio después nació su primer hijo. Al cumplir los cuatro años, Ralston lo reconoció como el mismo al que había visto mientras luchaba por sobrevivir en el interior de una grieta del Cañón de Colorado.

---

125 Aron Ralston, *127 horas*, Barcelona, Ed. Indicios, 2011.

La periodista Sol Blanco Soler se preguntaba en uno de sus trabajos qué ocurre cuando un niño muere; si mantiene su estado infantil en el otro lado, si su alma evoluciona y es indistinguible a la de un adulto fallecido, o incluso quién cuidaba de ellos si sus padres aún estaban vivos.[126]

A este respecto, pude documentar una dolorosa vivencia cuyo protagonista fue John Geiger, gobernador de la Royal Canadian Geographical Society, que había escrito un libro fundamental sobre las apariciones que salvan vidas, titulado *El tercer hombre*.[127]

Después de estudiar a fondo este fenómeno, Geiger terminó convirtiéndose en protagonista de uno de sus propios relatos, pues tuvo la desgracia de ver morir a su hijo recién nacido, James, el 15 de junio de 2007, debido al síndrome del corazón izquierdo hipoplásico, una afección cardíaca congénita. Una semana después de llegar al mundo, James volvió a abandonarlo. Y, a pesar de haber vivido sin él toda la vida, el dolor de verlo desaparecer le era insoportable, por lo que John y su esposa se vieron sumidos en un prolongado duelo que se transformó en una profunda depresión.

Geiger decidió volcarse en su trabajo para intentar alejar el vacío de su interior, que se asemejaba a un monstruo abriéndose paso a mordiscos desde el estómago. Solo la labor de investigación le mantenía concentrado en algo que no fuera su propio dolor, y así pasó varias semanas, hasta que una noche, mientras escribía en el ordenador, sintió una poderosa presencia a su espalda. Una fuerza imponente que le reconfortó al instante. Allí había alguien acompañándolo, sin duda, a pesar de que no pudiera verlo. Tal y como escribió Geiger:

> Tuve la poderosa sensación de que alguien me estaba observando, muy cerca de mi hombro derecho. Me pareció ver a alguien a través de la visión periférica. No era raro ni inquietante porque pronto supe de quién se trataba. Me sorprendí a mí mismo diciendo en voz alta: «¿James?». Pero no necesité girarme para comprobarlo. Era una conciencia poderosa y vívida. James ya no era como permanecía en mi

---

126 Sol Blanco Soler, *Casas encantadas, tesoros y niños perdidos*, Barcelona, Ed. Cúpula, 2014.
127 John Geiger, *El tercer hombre*, Barcelona Ed. Ariel, 2009.

memoria. [...] Ahora me impresionaba sentirlo como un adulto. O al menos tenía la sensación de que ya era un niño más mayor. Finalmente me di la vuelta por completo, esperando verlo. No vi nada. Pero sabía que estaba allí.[128]

Con mente analítica, se preguntaba si había tenido una experiencia religiosa o si fue un efecto de su propio cerebro, intentando aliviar todo el dolor que arrastraba desde hacía semanas. Aquello, en cualquier caso, le sirvió para profundizar en otros encuentros similares, que terminaría publicando con el título *El factor ángel*.

Hasta ahora hemos conocido la aparición de un niño del futuro (Ralston) y de otro niño del pasado (Geiger). Pero en la mayoría de estos encuentros el testigo no reconoce a la figura que aparece ante él, ni entiende por qué ha sido tocado por el prodigio (como si tuviera que haber una razón).

Un ejemplo es el incidente que tuvo lugar en la Navidad de 1979, cuando Nelson Sousa y su compañero John estaban trabajando en la construcción de un puente en Somers Point, una pequeña ciudad ubicada en Nueva Jersey. Al volver a casa, el estruendo de varias sirenas de policía les puso en alerta. Corrieron al foco de aquel caos y descubrieron a varios agentes intentando contener a una multitud de vecinos que se acercaban, gritando, al lago helado. Decían que acababa de caer un niño de seis años, que debía de estar ahogado o congelándose en las negras aguas del lago Magnolia.

Muy cerca de la orilla yacían tumbados varios vecinos que habían intentado salvar al pequeño sin ningún éxito y que estaban al borde de la hipotermia, con los labios morados sobre los rostros pálidos.

Nelson Sousa, sin pensarlo dos veces, saltó al agua helada y empezó a bucear en busca del pequeño. Al principio sintió un millón de agujas clavándose en su piel y el corazón golpeando con fuerza, bombeando sangre de manera urgente. Un mecanismo perfecto, luchando contra la congelación.

---

128 John Geiger, *The Angel Effect*, Ed. Harper Perennial, 2013.

A lo lejos vio a una figura de pequeño tamaño y cabello rubio, en el exterior, subido a una placa de hielo, que señalaba con su mano derecha a un punto en el agua. Nelson se frotó los ojos, escupiendo agua con fragmentos de hielo, y volvió a verlo. Un niño, completamente vestido de blanco, que señalaba a un punto del lago. Nadó hacia allí, interpretando que estaba indicándole la ubicación del niño ahogado, y al volver a penetrar en la profundidad vio una silueta espectral con el pelo ascendiendo en ondas, moviendo los brazos lentamente, como un pianista interpretando un réquiem.

Era, sin duda, el niño, que danzaba inconsciente al son del agua helada. Nadó hacia él a toda velocidad y consiguió sacarlo a flote, gritando con desesperación palabras de auxilio. Buscó a aquella figura que le había indicado la ubicación del pequeño, pero ya no estaba. Los vecinos corrieron a ayudarlo y pudieron sacar al niño, que sobrevivió contra todo pronóstico a aquella inmersión gélida.[129] Pero aquel ángel de pequeño tamaño que le había indicado dónde estaba el niño se había marchado nada más cumplir su función. Al preguntar por él, nadie más lo había visto.

Durante las siguientes semanas, Nelson se interesó por los lentos avances del niño que había caído al lago, que se llamaba Michael Polukard, y que pasó varios días en coma, ingresado en el hospital.

Cuando volvió a la vida, Michael les dijo a sus padres que un pequeño ángel le había estado cuidando a los pies de la cama del hospital. Cuando lo describió, Nelson se quedó impresionado... Era la misma persona que él había visto sobre aquel inmaculado paraje blanco, señalando con su mano el punto exacto en el que Michael estuvo a punto de morir aquella tarde de Navidad.

Era, qué duda cabía, su pequeño ángel de la guarda.

129 Guidepost Editors, *Angels in our midst: Encounters with Heavenly Messengers from the Bible to Helen Steiner Rice and Billy Graham*, Nueva York, Ed. WaterBrook, 2009.

CAPÍTULO 14

# La niña vampiro

—¡Su cuerpo! —exclamó el entrevistador—. No crecería jamás.
El vampiro asintió.
—Sería una niña demoníaca para siempre —dijo, y su voz fue suave como si se sorprendiese de ello.

*Entrevista con el vampiro*, ANNE RICE

LAS HISTORIAS DE NIÑOS GUARDIANES Y DE Inocentes están vinculadas inevitablemente con la muerte. Es el matiz más doloroso para quienes reconocen en estas apariciones a familiares perdidos tiempo atrás. Algunos se manifiestan de manera literal después del entierro, o bien a través de su propia figura, o bien a través de voces o sensaciones claras de presencia. Pero hay otras, la mayoría, en que el Inocente perdura a través de la memoria, como un fantasma anclado en el recuerdo que, a veces, acaba transformándose en una obra inmortal.

Algo así le sucedió a Anne Rice, la creadora de una de las novelas más vendidas del siglo XX, *Entrevista con el vampiro*, que narra la historia del príncipe Lestat después de convertirse en un no muerto. Pero esta exitosa obra, que se convirtió en una serie de trece novelas, no habría sido posible sin una experiencia traumática que Anne Rice arrastró hasta el reciente día de su muerte.

## DEBES BEBER PARA CURARTE

Las últimas fotos de Michelle Rice muestran a una niña de cabellos dorados, ojos curiosos y tierna sonrisa. Tal y como permanecería en el recuerdo de Anne, su madre, y de su padre, el poeta Stan Rice.

Durante los primeros meses de 1972, Anne empezó a ser víctima de una pesadilla recurrente en la que su hija era envenenada con algo que afectaba a su sangre y la hacía pudrirse desde dentro. Por desgracia, el sueño terminó cumpliéndose, y ese mismo año, la niña empezó a manifestar una serie de dolores que terminaron confirmándose como los síntomas de una leucemia infantil, que acabó con su vida a los pocos meses del diagnóstico. La pequeña Michelle Rice, llena de sueños, de aspiraciones y de curiosidad, nunca llegó a cumplir los seis años.

Fue entonces cuando su madre empezó a sentirse acompañada por la constante sombra de su hija, y pensó que, a pesar del paso del tiempo y de que ella envejecería, su pequeña seguiría perenne en el recuerdo con sus floridos vestiditos de volantes, jugando con la colección de muñecas que la había hecho tan feliz.

La imagen fue tan poderosa que Rice, que había estudiado un grado de escritura creativa, intentó aplacar su dolor escribiendo, alejándose del mundo en lo más profundo de la ficción, donde su hija encontraría un lugar en el que poder vivir para siempre.

Solo necesitó cinco semanas para escribir el primer manuscrito de una obra de 372 páginas que llevaría por título *Entrevista con el vampiro* y que, a pesar de no ser un éxito inmediato, mantuvo sus ventas a lo largo del tiempo, hasta que en 1994 fue adaptada a la gran pantalla, con Brad Pitt y Tom Cruise interpretando los papeles principales.[130] Para algunas personas influyentes del momento como Oprah Winfrey, la película era demasiado desagradable y provocó que algunos salieran de la sala del cine en medio de la proyección. Al parecer, la oscuridad que vivía Anne Rice mientras escribía la historia había terminado volcándose en ella. Pero, curiosamente, la propia Rice reconoció no haber sido consciente de ello mientras sucedía, y fue solo con el tiempo cuando pudo analizar el texto con perspectiva y percatarse de que algunas escenas habían brotado como una flor negra de lo más profundo de su trauma.

Una de las referencias más evidentes es la de una niña llamada Claudia, de cinco años, a la que Lestat convierte en vampiro. Parte fundamental de la trama de la novela será el paso del tiempo y la maduración de Claudia, que, sesenta y cinco años después de haber sido mordida, se preguntará por qué ella nunca podrá alcanzar el estado de madurez de las mujeres con las que se encuentra en su camino, rebelándose contra el monstruo que la condenó, a través de la sangre, a tener cinco años para siempre.

Años después de la publicación, Anne Rice manifestó a través

---

130 *Entrevista con el vampiro*, Neil Jordan, 1994.

de sus redes sociales, que utilizaba de manera habitual para mantenerse en contacto con sus lectores:

> Claudia, mi amada niña vampiro, fue inspirada por mi propia hija Michelle, que murió de leucemia antes de que escribiera el libro. Al principio no quería reconocerlo. No hay duda de que es la simbología que surge de un terrible dolor. Si entonces alguien me hubiera dicho que estaba escribiendo sobre mi hija, mi marido y mi vida, me hubiera bloqueado. Tuve que refugiarme en un mundo de fantasía para escribir sobre el dolor y la pérdida.

De algún modo, Claudia era la personificación en la ficción del fantasma de su propia hija, que se había instalado en el recuerdo. De hecho, el 21 de septiembre del año 2012, la escritora publicó un mensaje recordando aún a la pequeña Michelle:

> *In memoriam*: Michele Rice nació este día, el 21 de septiembre de 1966. Murió el 5 de agosto de 1972.

Claudia, en la novela, tendrá que aprender a cazar y a beber la sangre de sus víctimas para poder sobrevivir. «Debes beber para curarte», le especifica Lestat en un pasaje en el que ella termina alimentándose de un ser humano:

> Ella había bebido suficiente y tomó asiento a su lado, recostándose contra el respaldo del largo sofá. El muchacho murió a los pocos segundos. Me sentía agotado y descompuesto, como si la noche hubiera durado mil años. Me quedé mirándolos; la niña se acercó a Lestat y se apoyó en él cuando este le pasó un brazo por el hombro, aunque sus ojos indiferentes seguían fijos en el cadáver. Luego me miró.
>
> —¿Dónde está mi mamá? —preguntó la niña en voz baja.[131]

Un poco más adelante, el periodista que entrevista a Louis, el vampiro protagonista, se horrorizará, recalcando el hecho de que la

131 Anne Rice, *Entrevista con el vampiro*, Barcelona, Ed. B de Bolsillo, 2021.

niña no crecerá jamás, algo que Louis confirma con una frase espeluznante: «Sería una niña demoníaca para siempre».

Y es que Anne Rice vivió acechada por la muerte desde muy joven, cuando su madre murió tragándose su propia lengua en una crisis producida por el alcoholismo. Después perdió a su hija y más tarde a su mejor amigo, el escritor John Preston. Ella misma manifestó haber tenido encuentros sobrenaturales a lo largo de su vida, debido a su interés por vivir en las casas más embrujadas de Nueva Orleans. Esta curiosidad procedía de su creencia profunda en el mundo de los fantasmas:

> Creo que hay un montón de información en primera persona sobre fantasmas para indicar que estos se manifiestan y siempre lo han hecho; si son almas terrestres o espíritus de algún otro lugar, no lo sé. Sigo al tanto de toda la investigación seria sobre fantasmas y apariciones. Leo los libros más actuales sobre esta investigación.

Ese interés la llevó a vivir en la mansión Brevard-Clapp (ahora conocida como Brevard-Rice, en honor de su más insigne propietaria), una casa construida en 1857 en la zona de la ciudad en la que se levantaron las construcciones más lujosas, y que estaría aún habitada por el espíritu de Albert Hamilton Brevard, el que fue su primer propietario, un importante comerciante que murió allí solo dos años después de comprar la vivienda. Muchos lo han visto como una figura nebulosa que surge en las noches de luna llena.

También vivió en St. Elizabeth's Home, construida en 1860 como escuela católica y orfanato para niñas. En este caso, dijo Anne Rice, el fantasma que la habitaba era benigno.

Y fue en una de estas construcciones donde una noche aseguró sentir la presencia de su amigo difunto John Preston, a la vez que una frase se manifestaba con fuerza en su mente, surgida como una revelación: «Algún día moriré y todo habrá acabado».

Precisamente, la escritora anduvo muy cerca de la muerte en varias ocasiones, por ejemplo, en 1998, cuando un coma diabético estuvo a punto de acabar con su vida. Cuando se recuperó, dijo que se había convertido al catolicismo y publicó una trilogía sobre el

Mesías y las *Crónicas angélicas*, renegando de sus obras vampíricas por atentar contra la existencia de Dios. Dijo que no quería escribir sobre Lestat, el príncipe vampiro que había regido su vida y que empezaba a aparecer, casi como una manifestación física de su propio pensamiento: «Ojalá Lestat me dejara tranquila, pero me sigue a todas partes. Aparece en los lugares más inesperados. Se ríe, me guiña el ojo, sonríe. Siempre está aquí, acechando».

Así que esa presencia habitual de Lestat en su vida la llevó a continuar escribiendo sobre los vampiros que la habían catapultado a la fama. Además, una serie de experiencias familiares hicieron que rechazara públicamente a la Iglesia años después de haberse declarado ferviente cristiana:

> Hoy dejé de ser cristiana... Sigo comprometida con Cristo como siempre, pero no con ser «cristiano» o con ser parte del cristianismo. Es simplemente imposible para mí «pertenecer» a este grupo pendenciero, hostil, controvertido y merecidamente infame. Seguir a Cristo no significa seguir a sus seguidores.

Sus redes sociales eran una pizarra en la que a diario escribía también parte de sus reflexiones, sus ideas y estos cambios personales, que compartía con todos sus seguidores. El último mensaje que apareció en estas redes lo escribió, en realidad, su hijo, Christopher, para anunciar la muerte de la escritora por un derrame cerebral en diciembre de 2021.

> Vamos a mantener la esperanza de que Anne está ahora experimentando de primera mano las respuestas a muchas de las grandes preguntas espirituales y cósmicas cuya búsqueda definió su vida y su carrera.[132]

La conclusión del texto que comunicaba la muerte nos revelaba, una vez más, la fascinación de la escritora por el mundo de lo sobrenatural. Un interés que la acompañó desde que su pequeña Miche-

132 Jacinto Antón, «Muere Anne Rice, autora de *Entrevista con el vampiro*, a los 80 años», *El País*, 12 de diciembre de 2021.

lle desapareció para convertirse en una presencia fundamental para la creación de la obra que cambiaría su vida.

La sombra de Michelle, su hija muerta con cinco años, sobreviviría a la propia autora a través de la ficción. Ahora, al igual que Claudia, la niña vampiro de la novela, también sería inmortal.

CAPÍTULO 15

# El niño de las estrellas

> Si entonces un niño llega hacia vosotros, si ríe, si tiene cabellos de oro, si no responde cuando se le interroga, adivinaréis quién es. ¡Sed amables entonces! No me dejéis tan triste. Escribidme enseguida, decidme que el Principito ha vuelto...
>
> ANTOINE DE SAINT-EXUPÉRY, *El Principito*

LA FASCINACIÓN DE ANTOINE DE SAINT-EXUPÉRY por el mundo de la aviación le llegó a la edad de veintiún años, de manera forzosa, mientras cumplía con el servicio militar en Estrasburgo. Ser rechazado en la escuela naval le hizo descubrir una pasión escondida que terminaría marcando el rumbo de su existencia y también su propio final.

Trabajó durante años en la Compañía General Aeropostal, haciendo rutas aéreas entre Toulouse, Barcelona, Málaga, Tetuán o el Sáhara.

Durante aquellos años escribió su primera obra, *Correo del sur*, a medio camino entre la ficción y la autobiografía, a la que siguió *Vuelo nocturno*, donde narra la historia de un piloto que terminará desapareciendo durante una misión; se convirtió en una obra profética, pues es exactamente lo que le ocurrirá al autor catorce años después de la publicación.

Pero una de las experiencias que le cambiaría la vida para siempre ocurrió el 30 de diciembre de 1935, mientras sobrevolaba el Sáhara rumbo a Saigón en compañía de su amigo André Prevot.

Al atravesar una serie de nubes, una extraña luz les salió al paso, haciendo movimientos anómalos alrededor de la avioneta. Tal y como describió el propio Exupéry:

> Una estrella verde emerge frente a mí, deslumbrante como un faro. ¿Es una estrella o un faro? Tampoco me gusta esta claridad sobrenatural, este astro de rey mago, esta peligrosa invitación [...]. Los dos hemos visto esta trampa destellante. ¡Es cosa de brujas! ¿Dónde estaba ese faro fantasma, esta imagen nocturna?[133]

---

133 Antoine de Saint-Exupéry, *Tierra de hombres*, Barcelona, Ed. Círculo de Lectores, 2000.

Tras el encuentro con aquel objeto volante no identificado, la avioneta empezó a perder altura, hasta terminar chocando contra una enorme duna, poco después de que Prevot y Exupéry saltaran en marcha, a pocos metros del suelo.

Cayeron en la arena, ligeramente malheridos y perdidos en medio de la nada, con un racimo de uvas, unas naranjas y una bota con unas gotas de vino en su interior. Las posibilidades de sobrevivir en un entorno tan hostil serían nulas si nadie los encontraba en las siguientes horas.

Exupéry, que estaba en mejor estado físico que su amigo, decidió salir a inspeccionar el entorno: recorrió hasta cuarenta kilómetros alrededor de la avioneta siniestrada, pero no halló en el trayecto ningún rastro de vida.

Al regresar al obligado campamento base, encontró a su amigo Prévot junto a un fuego improvisado entre los asientos y otros fragmentos desperdigados de la avioneta. Le ofreció unas mandarinas y cuidó de él en esas primeras horas de la noche, arropados con sus chubasqueros bajo un impresionante manto de estrellas que vibraba sobre sus cabezas. La única vida que parecían capaces de contemplar se encontraba a mil años luz de allí.

## UNA VOZ INFANTIL

Durante el relato de aquella experiencia traumática en la que luchó por su supervivencia, Exupéry reveló sin ningún pudor que había sufrido alucinaciones visuales y auditivas, especialmente a partir del segundo día. Por ejemplo, recordaba con todo detalle la aparición de tres luminarias lejanas que le hicieron pensar en la presencia de tres beduinos que vendrían a rescatarlos:

> Las tres linternas siguen haciendo señales de aviso. Esta noche no estoy loco. Me encuentro bien. Estoy en paz. Miro con atención. Hay tres linternas a quinientos metros.[134]

---

134 *Ibid.*

Pero la aparición más recurrente fue la de una voz interior totalmente distinta a la suya, con una tonalidad casi infantil, que no dejó de hacerle preguntas y de ayudarle a luchar y a encontrar la esperanza en aquel escenario desolador. El mismo autor reconoció que se sentía alentado por aquellas alucinaciones, y que de hecho hubo un momento en que las necesitaba para seguir con vida: «Sé muy bien que es un espejismo. ¡A mí no me engaña! Pero ¿y si a mí me apetece meterme en un espejismo?».

Para muchos de sus biógrafos, familiares y amigos, esa fue la revelación fundamental que dio origen a la maravillosa figura del Principito, ese ángel guardián que, en forma de niño, aparece para dar aliento y explicar el sentido auténtico y profundo de la vida a un aviador perdido en el desierto.

Curiosamente, Exupéry ya estaba acostumbrado a las experiencias traumáticas y a los encuentros cercanos con la muerte. Tal y como recoge un artículo de 1951 que guardo en mi archivo:

> Antoine de Saint-Exupéry, el famoso escritor y héroe de la aviación deportiva y militar francesa, muerto al ser derribado su aparato durante el desembarco en Normandía, cayó antes con su avión en el Mediterráneo. Según él mismo relata en una de sus obras, quedó aprisionado en su asiento de piloto y pasó más de tres minutos bajo el agua, sin respirar. Cuando lo hizo se le llenaron de agua los pulmones, pero no sintió la menor angustia, sino una especie de bienestar agradable. Al fin pudo abrir una puerta, atravesar la cabina y salir casi milagrosamente a la superficie.[135]

Efectivamente, el mismo autor recordó durante su peregrinación por el desierto aquella vez en que estuvo tan cerca de la muerte y, sin embargo, no había sentido esa angustia de la que tanto le habían hablado. Pero cuando estaba a punto de tirar la toalla en varias ocasiones, la voz interior que todo lo cuestionaba le hizo imaginar cómo sufrirían todos sus amigos y familiares cuando se ente-

---

135 «La muerte es dulce», *Alcotán*, n.º 1, Ediciones Cliper, 1951.

rasen de que su cuerpo había desaparecido bajo las arenas del desierto. Una vez más, la voz, que parecía proceder directamente de su propia infancia, le obligó a caminar y a buscar la salvación.

El tercer día, Exupéry conoció a otro de los personajes fundamentales que terminarían formando parte de *El Principito*: el zorro del desierto. Primero vio un curioso rastro de pequeñas huellas que formaban un trazo zigzagueante. Al seguirlo se topó con el primer animalillo, que le observaba con ojos curiosos como quien observa a un ser venido de otro planeta:

> Son, sin duda, fénechs o zorros de las arenas, animales pequeños, gruesos como conejos y tocados con largas orejas. No puedo resistirme a la tentación y sigo el rastro de uno de ellos. Me conduce a un estrecho río de arena en el que todos los pasos se marcan con claridad. Admiro la hermosa palma formada por tres dedos en abanico. Imagino a mi amigo trotando suavemente al alba y lamiendo el rocío de las piedras [...]. Le digo: «Zorrito mío, estoy perdido, pero es curioso, eso no ha impedido interesarme por ti».[136]

A lo largo de esos tres días perdidos en el desierto, Prevot no experimentó ninguna de las alucinaciones ni de las revelaciones casi místicas de su compañero, pero Exupéry dio un último mensaje que muchos han relacionado con el misterioso origen del Principito: «Yo me debatía bajo el peso del ángel. Nunca me encontré solo en el desierto».

Tres días más tarde, gracias a la intuición, Exupéry terminó poniendo sus pies en una ruta comercial, donde un beduino cargado de agua y alimento se encontró con él.

Sus vidas estaban salvadas.

## EL PRINCIPITO

Para Simone de Saint-Exupéry, la vida de su hermano, el afamado aviador y escritor, nunca volvió a ser la misma tras su regreso del

---

136 Antoine de Saint-Exupéry, *Tierra de hombres*, Barcelona, Ed. Círculo de Lectores, 2000.

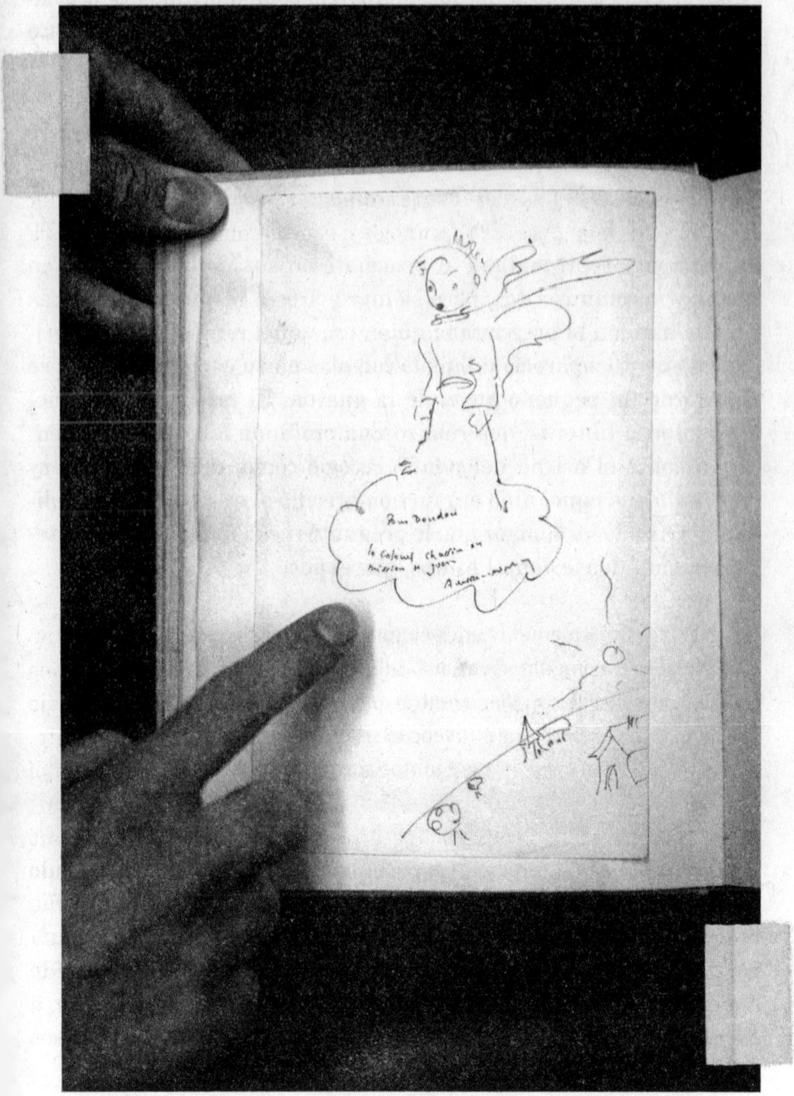

Los primeros bocetos originales de *El Principito,* dibujados años antes de la publicación por Antoine de Saint-Exupéry, mostraban a un niño alado, como un ángel de la guarda.

Sáhara. Pasó casi una década dibujando compulsivamente una figura de pequeño tamaño, con cabellos dorados y ondulados. Según ella misma declaró:

> Un *alter ego* infantil volvió de alguna manera a visitar al aviador expuesto a los peligros, a las penas en el desierto, a la sed, a la angustia y a la soledad de las arenas donde acechan las serpientes amarillas.[137]

Exupéry representaba al principito en sus notas privadas, en cartas y en manuscritos, pero siempre ofrecía respuestas crípticas cuando alguien le preguntaba quién era aquel niño que, en un primer momento, aparecía dibujado con alas en su espalda, como si se tratara de un pequeño ángel de la guarda. El catedrático Gabriel María Jordà Lliteras, que realizó una profunda labor de documentación sobre el origen del relato, recogió cómo, una vez, Exupéry respondió que aquel niño era un hombrecillo al que guardaba fidelidad.[138] Otro de los amigos que le preguntó fue el fotógrafo y reportero estadounidense John Phillips, que explicó:

> Había visto a menudo surgir el Principito de sus papeles, antes de atreverme a preguntarle a Saint-Exupéry cómo se le había impuesto ese duendecillo. Un día, mientras tenía los ojos fijos en la hoja en blanco, me explicó que el jovencito se le había aparecido.
>
> —¿Quién eres? —le preguntó Saint-Exupéry.
>
> —Soy el Principito.[139]

En definitiva, muchos sospechaban que se había encontrado con él durante su odisea en el desierto; algunos sostienen que fue una de las múltiples alucinaciones que sufrió, y otros que era una parte de él que se desdobló para darle aliento, como les ha sucedido a multitud de personas al borde de la muerte. En cualquier caso, a partir de ese momento, el autor decidió emplear todos los recursos

---

137 Antoine De Saint-Exupéry, *El Principito, la historia completa* (edición 70.º aniversario), Barcelona, Editorial Salamandra, 2015.

138 Antoine de Saint-Exupéry, *Tierra de hombres*, Barcelona, Ed. Círculo de Lectores, 2000.

139 Antoine de Saint-Exupéry, *El Principito, la historia completa* (edición 70.º aniversario), Barcelona, Editorial Salamandra, 2015.

para contar la historia de aquel niño, sin saber jamás que se convertiría en una obra maestra universal.

Pasó años perfilando la historia de un aviador que, tras sufrir un accidente, recibía la visita de un niño venido de las estrellas, que se convertiría en una especie de guardián en la soledad del desierto. La trama, evidentemente, es muy similar a la experiencia que él mismo vivió en 1935 y que había narrado con todo lujo de detalles en su obra autobiográfica *Tierra de hombres*. Así presenta, de hecho, al personaje del aviador en el inicio de *El Principito*, en un fragmento que bien podría ser también autobiográfico:

> Viví así, solo, sin nadie con quien hablar verdaderamente, hasta que tuve una avería en el desierto del Sáhara, hace seis años. Algo se había roto en mi motor [...]. La primera noche dormí sobre la arena a mil millas de toda tierra habitada. Estaba más aislado que un náufrago sobre una balsa en medio del océano.[140]

El proceso de escritura fue largo y se prolongó durante años. Para el autor no resultó fácil, pues especificaba dónde tenía que ir cada dibujo, qué tamaño debía ocupar en el papel, y dio órdenes precisas de la distribución de cada página del manuscrito. Además, hubo un profundo componente emocional cuando Exupéry escribió la página final, donde aparecen dibujadas dos dunas solitarias bajo una estrella. El texto de la página contigua dice:

> Este es, para mí, el más bello y más triste paisaje del mundo. Es el mismo paisaje de la página precedente, pero lo he dibujado una vez más para mostrároslo bien. Aquí fue donde el principito apareció en la Tierra, y luego desapareció.
>
> Mirad atentamente este paisaje a fin de estar seguros de que habréis de reconocerlo, si viajáis un día por el África, en el desierto. Y si llegáis a pasar por allí, os suplico: no os apresuréis; esperad un momento, exactamente debajo de la estrella. Si entonces un niño llega hacia vosotros, si ríe, si tiene cabellos de oro, si no responde cuando se le interroga, adivinaréis quién es. ¡Sed amables entonces! No me

140 *Ibid.*

> dejéis tan triste. Escribidme enseguida, decidme que el Principito ha vuelto...[141]

El periodista Pierre Lazareff, que mantuvo contacto con Exupéry durante gran parte de la escritura del texto, compartió un emotivo pasaje personal que tuvo lugar mientras el escritor redactaba el final de *El Principito*:

> A menudo Saint-Exupéry me llamaba por la noche para decirme: «Acabo de escribir cinco páginas. Se las leo. ¿Qué le parece?». Cuando terminó su relato, me leyó el final llorando, como si presintiera que su propio fin se parecería al del Principito.[142]

Cuando se editó la obra, buenos amigos fueron testigos de cómo Exupéry hablaba de ella casi como si se tratara de una vivencia real. Pierre Guillain de Bénouville, escritor y político francés, relató que era habitual que Exupéry regalara algunos ejemplares de sus libros durante sus visitas: «Ofrecía sus libros, sobre todo ese *Principito* que estaba claro que él consideraba una autobiografía. Nos lo tendía sonriendo, un poco como si nos ofreciera su propia fotografía».[143]

A este respecto, otros expertos, como el doctor en letras Olivier Odaert, también opinan que había elementos de sobra para interpretar *El Principito* como parcialmente autobiográfica, «pues hasta ese momento todos sus libros parecían haber estado en contacto directo con la realidad, y narraban acontecimientos en los que el autor, célebre aviador de la Aéropostale, había participado directamente».

Pero estamos ya en 1943, y aunque el libro se ha publicado en Estados Unidos, a manos de la editorial Reynal & Hitchcock, *El Principito* no llegará a Francia hasta 1945. Y para entonces Antoine de Saint-Exupéry habrá desaparecido, como el mismo Principito, rumbo a las estrellas.

---

141 *Ibid.*

142 *Ibid.*

143 *Ibid.*

## «YO NACÍ PARA JARDINERO»

Varias incógnitas ocurrieron pocas horas antes de la desaparición de Antoine de Saint-Exupéry. Antes de partir desde el aeródromo de Bastia, en la isla de Córcega, en una misión de reconocimiento de las defensas alemanas como paso previo a la operación Dragoon, que permitió el desembarco de los aliados en el sureste de la Francia ocupada por los nazis, se reunió con el capitán Gavoille, jefe de su escuadrilla, para entregarle un misterioso maletín. Se trataba de un manuscrito inédito que llevaba por título *Ciudadela*.

Precisamente, Exupéry ya había anticipado algunos detalles de esa obra e incluso había leído algunos pasajes a alguno de sus amigos, como el ensayista suizo Denis De Rougemont, que recordaba así el momento: «Por la noche nos lee fragmentos de un libro enorme ("¡Os voy a leer mi obra póstuma!") y el que me parece el más bello de los que ha escrito (*Ciudadela*)». Las órdenes que Exupéry le dio a Gavoille fueron muy claras: quería que, si le pasaba algo, enviara el maletín, con el código de seguridad, a una amiga.

Después de eso, en su despacho, antes de partir, dejó una última nota manuscrita:

> Si me derriban, no extrañaré nada. El hormiguero del futuro me asusta y odio su virtud robótica. Yo nací para jardinero. Me despido,
>
> ANTOINE DE SAINT-EXUPÉRY[144]

El 31 de julio de 1944, a las 8.40 de la mañana, Antoine de Saint-Exupéry subió a bordo del Lockheed P-38 Lightning, uno de los cazas estadounidenses más importantes de la Segunda Guerra Mundial, con el depósito de gasolina lleno para seis horas de vuelo. Su misión era fotografiar la posición de los soldados alemanes en las zonas ocupadas por el ejército nazi alrededor de la región de la Provenza.

Pero, tres horas después del despegue, su rastro, marcado en el verde sobre negro de la pantalla del radar, se apagó para siempre.

144 Benjamín Prado, «El nuevo y enigmático vuelo del difunto Antoine de Saint-Exupéry», *El País*, 1 de agosto de 2004.

Por aquellas fechas, el Mediterráneo vomitaba multitud de cadáveres, pero ninguno portaba el uniforme del comandante Exupéry, por lo que su cuerpo nunca pudo ser identificado. Oficialmente, hoy todavía descansa bajo las aguas del mar.

*El Principito* se publicó en Francia un año después, con enorme éxito, pero su autor no pudo ser testigo de cómo aquel niño llegado de otro planeta que conquistó su corazón mientras estaba perdido en el Sáhara se adentraba también en los corazones de millones de niños de todo el mundo.

## EL ÚLTIMO RASTRO

Jean Claude Bianco siempre echaba sus redes en las costas de la Provenza francesa, donde faenaba durante la noche hasta la llegada de los primeros rayos del sol. Acto seguido llevaba las cajas con el pescado fresco a la lonja del Puerto Viejo de Marsella, donde se subastaban para los mejores restaurantes de la ciudad.

Pero la madrugada del 7 de septiembre de 1998 algo extraño apareció entre la montaña de salmonetes que aún brincaban y aleteaban dentro de la malla. Era un objeto brillante que resaltaba entre los peces. Extrañado, Bianco metió su mano entre las escamas húmedas y viscosas, y consiguió agarrar aquel objeto totalmente fuera de lugar que había ido a parar a sus redes. Se trataba de una esclava de plata con un texto grabado, pero apenas legible por los efectos corrosivos del salitre.

Cuando consiguió leer parte del mensaje de la pulsera, el pescador decidió conducir apresuradamente su barco, bautizado L'Horizon, hacia el puerto, para compartir el reciente hallazgo con el resto de los pescadores. Durante el trayecto, acarició con sus dedos las líneas que se abrían sobre el metal precioso formando las palabras:

Antoine de Saint-Exupéry.
Reynal and Hitchcock Inc. 3864th Ave. NY City USA[145]

145 José Luis Barbería, «Una pulsera hallada en el mar desvela el rastro de Saint-Exupéry», *El País*, 29 de octubre de 1998.

La posibilidad de que las corrientes arrastraran la pulsera del autor de *El Principito* hacia las redes de un pescador medio siglo después de su desaparición parecería inconcebible incluso en la ficción. Pero, por fortuna, a veces la magia también se funde con lo cotidiano.

Por lo que hoy sabemos, esa pulsera la podría haber encargado la periodista Silvia Hamilton, que también tuvo una especie de pálpito cuando supo que su amigo iba a partir a Francia para una misión de reconocimiento:

> El momento de su partida se acercaba. Yo quería que volviera sano y salvo. Le ofrecí encargar para él una pulsera de identidad de oro, pero no tenía la información necesaria. Él me la escribió: grupo sanguíneo, etc. La hice grabar en la pulsera que le entregué a la mañana siguiente, cuando vino para despedirse.[146]

La dirección de la esclava pertenecía a sus editores en Nueva York. Además, en la parte trasera también aparecía el nombre de Consuelo, la que fue la mujer de su vida, con la que se casó y con quien vivió una relación tormentosa.[147]

Pero la sorprendente historia no quedó ahí, y aquel hallazgo sirvió para acotar la zona de búsqueda, tratando de localizar los restos del escritor. Fue entonces cuando el buceador y explorador submarino Luc Vanrell, famoso por haber localizado multitud de pecios anegados en las costas francesas, decidió que trataría de localizar los restos del caza de Exupéry.

Pasó varios meses sumergido, junto a su equipo, en los alrededores de la isla de Riu, donde se había perdido para siempre el rastro del escritor. En el año 2000, Vanrell descubrió lo que parecían los restos de un turbocompresor propio de los cazas norteamericanos de la Segunda Guerra Mundial. Muy cerca de allí se encontraban otros fragmentos de un Lockheed P-38 Lightning como el que había pilotado Exupéry. En 2004, el Departamento de Investigaciones Arqueológicas Submarinas de Francia anunció oficialmente que

---

146 Antoine de Saint-Exupéry, Antoine, *El Principito, la historia completa* (edición 70.º aniversario), Barcelona, Editorial Salamandra, 2015.

147 Consuelo de Saint-Exupéry. *Memorias de la rosa*, Barcelona, Ed. DeBolsillo, 2000.

habían encontrado la aeronave en la que había desaparecido uno de los escritores más importantes de la lengua francesa. El detalle clave es que entre dichos restos apareció una pieza que incluía la matrícula militar del avión: 2734.[148]

Hoy en día, parte del hallazgo puede visitarse en el museo del Aire y del Espacio de Bourget, cerca de París. Pero las aguas que rodean la isla de Riu siguen guardando multitud de secretos y se han convertido, para mí, como anunciaba Exupéry al final de *El Principito*, en el más bello y más triste paisaje del mundo.

148 «Hallados restos del avión de Saint-Exupéry, muerto en 1944», *El País*, 4 de abril de 2004.

# EPÍLOGO **TODO ES AHORA**

Creo que todos los mundos son mágicos.
Simplemente, nos acostumbramos a ellos.

*Cuento de hadas*, STEPHEN KING (2022)

Para todas las culturas a lo largo de la historia, incluida la nuestra, el fantasma del niño es, sin duda, el más temido.

Desde que empecé a investigar este tipo de encuentros, allá por el año 2005, me he podido entrevistar con multitud de personas que los han visto. Muchos de esos casos aparecen en este libro, y otros quedan almacenados en mi cuaderno de campo junto con apuntes y fotografías. Por ejemplo, un caso que recogí en 2010, mientras investigaba las apariciones de un supuesto fantasma en la cuenca minera del Nalón, en Asturias, en 1972.[149] Después de entrevistarme con un periodista de *La Nueva España* que conoció a algunos implicados en la historia, este me pasó una dirección que podría ser de mi interés: era la casa de una mujer en la que estaban sucediendo cosas extrañas tras la muerte de su hijo pequeño.

Así que esa tarde, antes de visitar el paraje del Nalón, me acerqué a la casa de Gloria, que vivía a las afueras de Langreo.

Lo primero que me llamó la atención al cruzar el umbral de su puerta fue el ambiente del hogar. Una vivienda reformada hacía poco, bastante luminosa y acogedora. Y, sin embargo, parecía haber perdido parte del color. Era como si allí la vida transcurriera en blanco y negro. Había una pesadez en el ambiente, una densidad que no era objetiva y que, sin embargo, casi podía palparse.

La mujer me explicó que Carlos, su hijo de seis años, había muerto unos meses atrás a causa de una leucemia infantil. Desde entonces, el niño seguía manifestándose en la casa. A veces lo oía

149 El caso aparece recogido en el libro del mismo autor, *En busca de lo imposible* (Madrid, Ed. Oberon, 2012).

caminar por el pasillo, de madrugada, como cuando se despertaba casi sonámbulo para ir al baño. Otras veces les movía objetos de sitio e incluso los escondía en los mismos lugares donde él los colocaba cuando estaba vivo. Me llevó después al salón, donde guardaba las cenizas sobre la estantería frente al sofá, para poder tenerlas siempre presentes.

Por aquel entonces yo tenía cierta inquietud por la muerte, pues, aunque todavía no había experimentado el dolor que supone perder a un ser querido, me fascinaban estos fenómenos de difícil explicación que suceden a su alrededor. Me interesaba la posibilidad del fantasma, y también la opción de que el dolor estuviera provocando aquellas evocaciones que Oliver Sacks denominaría *alucinaciones de duelo* (especialmente propias en las pérdidas infantiles): la posibilidad de un recuerdo al que no dejaban ir y que era tan fuerte que provocaba manifestaciones físicas.

Fui empático con Gloria e intenté animarla todo lo posible antes de marcharme al bosque para seguir indagando sobre las apariciones del Nalón.

Con los años olvidé la historia, que quedó almacenada en mi colección de cuadernos, pero ahora, escribiendo las últimas páginas de este viaje, Gloria y su desconsuelo han vuelto a mi memoria. Quizá porque entonces mi interés por la muerte no se parecía en nada al auténtico miedo que experimenté desde el momento en que nacieron mis hijos. Un miedo que no había sentido jamás y que debía de guardar almacenado en lo más profundo de mi ADN, preparado para aparecer cuando vi a mi mujer entrar en el quirófano, cuando oí el llanto de mi hijo y cuando el tiempo se estiró como un chicle hasta que oí, por fin, el de mi hija, solo unos minutos después del primero, pero tras una fracción de tiempo que se me hizo eterna.

A las pocas horas, en la madrugada solitaria y silenciosa, pude ver por primera vez a Mario y Chloe, mis dos hijos. Estaban en la incubadora y no podía tocarlos, pero puse mi mano sobre el cristal y pensé: «Sois las personas a las que primero he conocido. Vuestra curiosidad os ha hecho llegar dos meses antes de tiempo. Y aunque no sé dónde habéis estado hasta ahora, siento que os quiero desde el principio y que todo lo que ha pasado en mi vida me ha conducido hasta vosotros».

La siguiente imagen fue la de Celia, recién intervenida y casi sin dormir, en una silla de ruedas, rumbo a la incubadora. Al llegar puso los pies en el suelo y se levantó, sin poder erguirse del todo. Su mirada agotada contrastaba con la felicidad que la desbordaba. Ella era ternura, era fuerza, era poder. Era el reflejo de Mario y Chloe, que, con apenas cuarenta centímetros, nos estaban irradiando amor, pero también nuevos miedos.

Unas semanas después, cuando nos dieron el alta y pudimos volver a casa, empecé a recibir información de casos que tenían que ver con apariciones de niños. Como ya empezamos a conocernos, intuirás que aquello, para mí, fue como una invitación que debía tener un sentido oculto y que rápidamente me lancé a investigar. Mi óptica, además, ya no tenía nada que ver con la de aquel joven que entrevistó a Gloria más de diez años atrás. Ahora era más consciente de lo que podía suponer una pérdida tan cercana.

Por eso, llego a esta última reflexión pensando que, quizá, el fantasma de un niño esté más relacionado con el dolor de los que nos quedamos que con el pequeño que se ha marchado. Pero también creo que nuestra necesidad de apego, de retener lo que amamos, no les deja irse del todo. El amor funciona como un pegamento infinito que intenta fijar incluso los desgarrones más profundos e incurables, y se manifiesta de las formas más increíbles. De hecho, si las emociones pueden perdurar según su grado de intensidad, las que genera un hijo podrían mantenerse en el espacio y en el tiempo durante siglos. Y quién sabe si quizá ese recuerdo pueda materializarse como una proyección interna en según qué condiciones.

Lo último que creo, en este momento, es que la muerte de un niño es la mayor tragedia del mundo. Como decía el escritor John Connolly, es ese millón de infinitos futuros que llega a su fin. No hay nada más incomprensible ni más terrible.

Así, el fantasma de un niño es un espejo en el que vemos reflejada nuestra propia fugacidad; hemos inventado la existencia de un pacto que nos dejará vivir hasta, por lo menos, los ochenta años, según últimas cifras de la esperanza de vida. Pero el contrato, en realidad, no es vinculante y puede romperse en cualquier momento. Da igual la edad, dan igual los proyectos, da igual toda la vida por delante. No importa.

¡Zas!

Y todo desaparece en un momento.

El fantasma del niño nos aterra porque viene a recordarnos que nada tiene por qué ser justo ni equilibrado. Nos susurra, con su cuerpecito pálido bajo la luz de la luna, que él ha muerto a deshora y que, por tanto, tampoco existe la certeza de un mañana para nosotros.

Por eso, ahora que termina este viaje, ya no hago planes para el siguiente. Solo pienso en los próximos minutos, cuando cierre el ordenador y abrace a mi mujer y a mis hijos. Después llamaré a los míos, a todos los que están.

Y lo haré consciente al fin, gracias a esta galería de pequeños espectros, de que eso es todo lo que tengo, y tengo todo.

Porque todo es ahora.

Ciudad Real
22 de octubre de 2021 - 22 de mayo de 2023

# CONTACTO

Si quieres contactar con el autor, puedes hacerlo a través de su correo electrónico: javipcampos@gmail.com

O de sus redes sociales:

@Javiperezcampos

https://www.facebook.com/JaviPerezCamposCM/

Un niño es una lámpara de vida.
Un niño es un aceite inextinguible.

Francisco Umbral

**Otros títulos del autor en Booket**